Dados Internacionais de Catalogação na Publicação (CIP)
(Câmara Brasileira do Livro, SP, Brasil)

Tolstoi, Léon (Espírito).
Mulheres fascinantes / ditado por Léon Tolstoi ; [psicografado por] Cirinéia Iolanda Maffei. – Catanduva, SP : Boa Nova Editora, 2006.

ISBN 85-99772-03-1

1. Contos espírita 2. Espiritismo 3. Psicografia I. Maffei, Cirinéia Iolanda. II. Título.

06-1059 CDD-133.93

Índices para catálogo sistemático:
1. Contos espíritas 133.93

Impresso no Brasil/*Presita en Brazilo*

Cirinéia Iolanda Maffei

ditado por Léon Tolstoi

Mulheres Fascinantes

A presença feminina na vida de Jesus

AMIGA ANA YEDDA,
A PRESEÇA DO MEIGO E MESTRE JESUS E O EXEMPLO DAQUELAS QUE NOS PRECEDERAM NA MARCHA EVOLUTI-VA, SERVIRÁ DE LENITIVO E MOTIVA-ÇÃO PARA NUNCA DESANI-MARMOS. COM VOTOS DE PAZ,
V. EDUARDO MAIA
JP, 06/09/2006

boanova

Instituto Beneficente Boa Nova
Entidade coligada à Sociedade Espírita Boa Nova
Av. Porto Ferreira, 1.031 | Caixa Postal 143
Catanduva/SP | CEP 15809-020
www.boanova.net | boanova@boanova.net
Fone: (17) 3531-4444

1ª edição
10.000 exemplares
Abril/2006

Capa
Direção de arte
Francisco do Espírito Santo Neto
Designer
Cristina Fanhani Meira

Revisão
Maria de Lourdes Pio Gasparin

Editoração eletrônica
Cristina Fanhani Meira

O produto da venda desta obra é destinado à manutenção das atividades assistenciais do Grupo de Estudos Espíritas Cairbar Schutel, de Porecatu, PR, e da Sociedade Espírita Boa Nova, de Catanduva, SP.

Sumário

O autor espiritual

Jesus! Nas caminhadas pelos locais que marcaram Seu messianato de Luz, Ele estabeleceu contatos e ligações que, nos séculos vindouros, influenciaram a trajetória espiritual daqueles que se iluminaram com Sua Doutrina de Amor. Breves e fugidios momentos com o Homem de refulgentes olhos claros, sedosos cabelos soltos ao vento, sonora e melodiosa voz bastaram para que eles se candidatassem como semeadores na Seara do Senhor, muito embora muitos demorassem milênios para assumir tal realidade. Suas vozes, não raro incultas e humildes, revestem-se de brilho e ardor incomuns, levando adiante a Mensagem Divina.

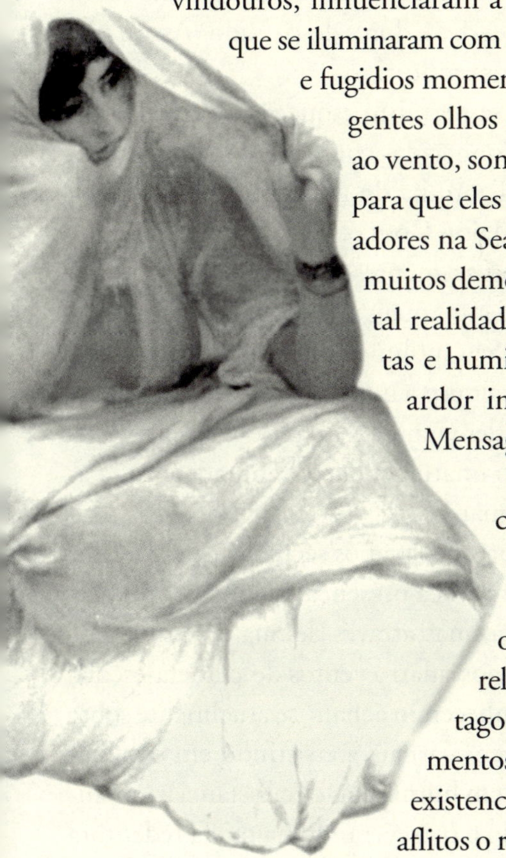

Os Evangelhos descrevem encontros belíssimos, registrados há mais de dois mil anos, porém atualíssimos! Será que outros existiram e não foram relatados? Certamente! Seus protagonistas O conheceram nos momentos de dor e sofrimento, de busca existencial, retirando de seus corações aflitos o ressentimento amarguroso das desilusões do mundo, ao benéfico influxo de Seus ensinamentos e de Seu amor incondicional. Jesus os compreendeu, amou-os, apontou-lhes o caminho! À semelhança dos apóstolos, instalou-os em seguro barco, em viagem por promissoras e inconquistadas terras, ensinando-os a enfrentar com serenidade tempestades e contratempos. Ao leme do barco da Esperança e do Amor, sempre Ele: Jesus!

Este livro destina-se a todos que ainda se acham a bordo do barco das sucessivas reencarnações na Terra. Relata os encontros de pessoas anônimas com o Divino Amigo. Projetos nossos anteriores demonstram o especial carinho com o assunto. Como poderia assim não ser, quando escutamos de fontes originais os relatos impregnados de ternura e emoção, vemos as lágrimas, vibramos com as narrativas, repartindo as alegrias e dores do passado? Assim não fosse, certamente não seríamos escritor!

Quem O sentiu, jamais se permitiu esquecê-lO. Espalhados por lugares diversos, em desconhecidas condições ou em ressaltados postos conferidos pela hierarquia do mundo, continuaram a entendê-lO como o Amigo Maior. Com o Mestre conquistaram a paz e os sofredores deles se acercaram, pressentindo-lhes a iluminação interior, ainda que incipiente, quais frágeis mariposas esvoaçando à luz das candeias. Em Seu sublime fulgor, queimaram-se as ilusões do mundo, deixando cair um a um os véus que encobriam a real percepção do Espírito. E eles viram a Verdade e ela os libertou!

Outros, ainda demasiado imaturos, não O entenderam... Pacientemente, Jesus por eles aguarda.

O Mestre amigo continua, século após século, a Se encontrar com os pequeninos. Já não em física presença, como quando percorria as estradas da Palestina, mas através de Sua doutrina e de todos aqueles que a semeiam aos quatro ventos do planeta-escola, a Terra. Muitos dos que O conheceram acham-se atualmente sobre a crosta terrestre, em roupagens carnais, persistindo em espalhar Suas palavras, a maioria deles em humílimas circunstâncias, amando simplesmente, trabalhando e perseverando na tarefa redentora de educação. Em suas mãos, o Mestre depôs os tesouros de esperança, consolo, caridade pura...

Os contos desta singela obra são pequeninos e simples como o foram seus protagonistas, seres humanos sujeitos às imperfeições e qualidades comuns aos encarnados. Neles veremos o orgulho, a vaidade, a humildade, a dor, o ódio, a inveja, a raiva, a frustração, a desesperança, a renúncia, a abnegação, o altruísmo... Foram-nos narrados no Mundo Espiritual em encontros dos mais diversos, em especial os de iluminação e amparo a necessitados. Uma vez escritor, sempre escritor! Por considerá-los belíssimos depoimentos, dignos do conhecimento geral, colocamo-nos à disposição para transmiti-los através da psicografia, incorporando-os à vasta literatura Espírita.

Neles o Mestre renasce em corpo e alma! Vemo-lO novamente nas estradas! Espíritos carentes que ainda somos, sonhamos encontrá-lO pessoalmente e tocá-lO, como outros o fizeram. Identificamo-nos com os personagens e nos tornamos um pouquinho de cada um... Eis a magia das histórias! Esquecemos que, viajores da embarcação conduzida por Sua forte e compassiva mão, com Ele convivemos dia a dia e Ele nos conhece um a um...

Fechemos os olhos, especialmente nas horas de tristeza e dor, e deixemos que nossa alma, liberta dos impedimentos do mundo, siga ao encontro dEle. Como há dois mil anos, Ele de nós Se aproximará! Estaremos na praia, aos primeiros raios de sol... Ao longe, junto aos barcos, cercado por humildes, Jesus... Não nos ignorará! Caminhará ao nosso encontro, jamais esperando que tomemos a iniciativa, pois assim tem sido sempre. Mesmo quando O desconhecermos ou O negarmos, ainda assim Se adiantará, luz e amor, entendimento e razão. Uma vez mais nos envolverá, dizendo-nos:

– Eis-me aqui! Que quereis de mim?

Desta vez, saibamos responder!

O amor do Cristo sempre nos ilumine! Na simplicidade destas páginas, possamos encontrar alento para prosseguirmos com alegria.

Porecatu (PR), 10 de maio de 2004.

Léon Tolstoi

Prefácio

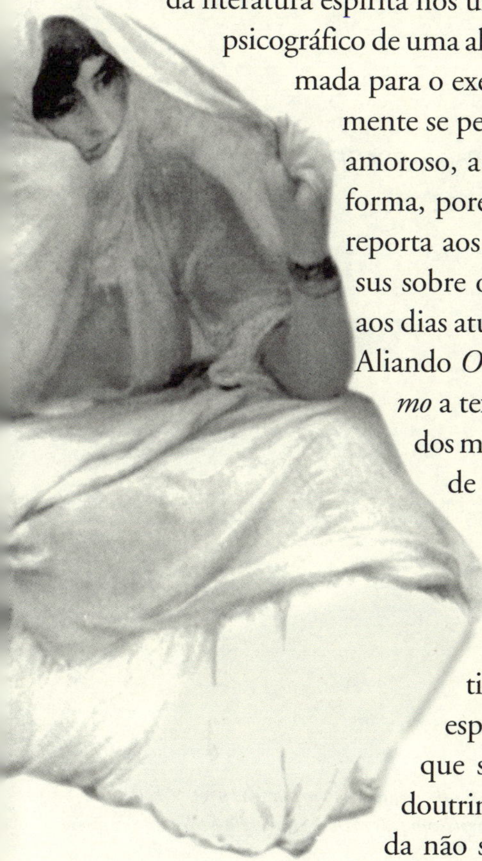

O amor ao Mestre Jesus continua a incendiar os corações determinados em servir a Ele. Prova inconteste constitui o aumento da literatura espírita nos últimos anos. Primeiro trabalho psicográfico de uma alma que há muito tem sido chamada para o exército do Divino Amigo, finalmente se permitindo aceder ao jugo leve e amoroso, a presente obra, singela em sua forma, porém grandiosa em sua essência, reporta aos tempos do Messianato de Jesus sobre o planeta Terra, estendendo-se aos dias atuais.

Aliando *O Evangelho Segundo o Espiritismo* a textos bíblicos, a contos repassados mediunicamente e a depoimentos de personagens que participaram dessas histórias reais e comoventes, o autor espiritual, Léon Tolstoi, apresenta um trabalho literário especialmente destinado, a meu ver, a palestrantes espíritas, principalmente àqueles que se dirigem a principiantes na doutrina ou aos espiritualistas que ainda não se decidiram quanto ao rumo religioso de suas existências. A médium, ela mesma uma palestrante, por sugestão nossa inseriu um ou outro conto em seus contatos com públicos diversos, constatando a emoção dos ouvintes e identificando a empatia e o interesse de muitos em ampliar os incipientes conhecimentos doutrinários a partir das narrativas repletas de emoção e envoltas na doce e pacificadora luz do Mestre. Longe de estarmos preocupados em lotar Casas Espíritas, propomo-nos, em um tempo em que o materialismo, a descrença e a promessa de fáceis conquistas espirituais prosperam, a levar Jesus até aqueles que anseiam por Ele, de forma singela e linda, relembrando o eterno encanto do Mestre da Galiléia.

Com especial carinho, depomos em vossas mãos, leitor, um trabalho realizado com Amor.

Porecatu (PR), 12 de maio de 2004
Cairbar Schutel

Nota da autora
As citações bíblicas foram extraídas da Bíblia de Jerusalém, edição de 1998, Ed. Paulus. Os textos de ***O Evangelho Segundo o Espiritismo*** *reportam à edição da Federação Espírita Brasileira, ano de 2002.*

Rebeca, a neta da viúva

"E, sentado frente ao Tesouro do Templo, observava como a multidão lançava pequenas moedas no Tesouro, e muitos ricos lançavam muitas moedas. Vindo uma pobre viúva, lançou duas moedinhas, isto é, um quadrante. E chamando a si os discípulos, disse-lhes: 'Em verdade eu vos digo que esta viúva que é pobre lançou mais do que todos os que ofereceram moedas ao Tesouro. Pois todos os outros deram do que lhes sobrava. Ela, porém, na sua penúria, ofereceu tudo o que tinha, tudo o que possuía para viver.' " (Marcos, cap. XII, v. 41 a 44).

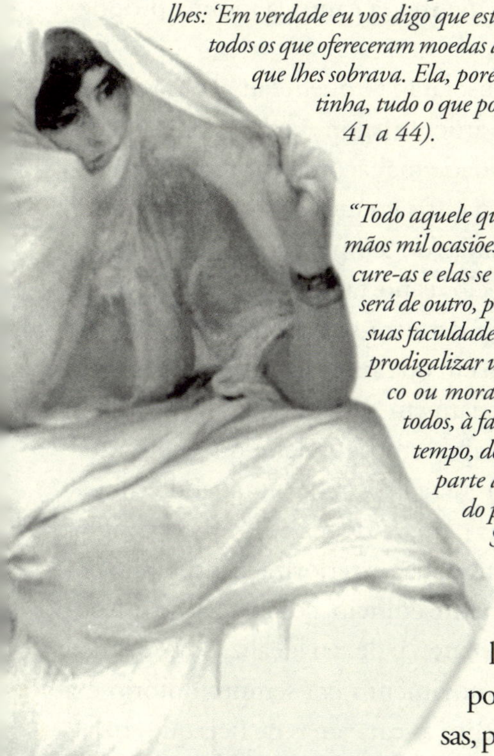

"Todo aquele que sinceramente deseja ser útil a seus irmãos mil ocasiões encontrará de realizar o seu desejo. Procure-as e elas se lhe depararão; se não for de um modo, será de outro, porque ninguém há que, no pleno gozo de suas faculdades, não possa prestar um serviço qualquer, prodigalizar um consolo, minorar um sofrimento físico ou moral, fazer um esforço útil. Não dispõem todos, à falta de dinheiro, do seu trabalho, do seu tempo, do seu repouso, para de tudo isso dar uma parte ao próximo? Também aí está a dádiva do pobre, o óbolo da viúva." (O Evangelho Segundo o Espiritismo, cap. XIII).

Homens traçaram sobre a Terra luminosas trajetórias, sobrepondo-se ao anonimato das massas, profetizando e expondo verdades, detendo em suas mãos e consciências a tarefa de promover a elevação espiritual dos habitantes do planeta-escola.

Um deles, conhecido como João Batista, a voz clamante no deserto, preparou os caminhos para Outro, Jesus, Aquele que sobreviveria à morte considerada ignominiosa e instalaria os prenúncios de uma nova era, a do Amor. O doce Rabi nazareno, com sua perspicácia e sabedoria, costumava extrair dos fatos corriqueiros do cotidiano o tema para suas conversas e preleções, expondo verdades que ensejariam uma análise mais acurada de sentimentos, atitudes, crenças, valores, estimulando os indivíduos a reposicionamentos e mudanças. Diziam seus discípulos: "Nosso Mestre abre os olhos dos que julgam ver...". De forma amena e interessante, repassava lições que ultrapassariam as barreiras do tempo, chegando aos nossos dias com a mesma força, o mesmo encanto, a mesma propriedade de há dois mil anos.

A manhã apresentava-se ensolarada e quente; mal saíra o astro rei e já se anunciava um dia de ardente calor. As claras construções refletiam a ofuscante luz e a cidade mal acordada mergulhava em uma atmosfera abafada e morna. Os crentes se espalhavam pelas ruas, concentrando-se nas cercanias do templo de Jerusalém, aguardando que suas enormes e preciosas portas se descerrassem. Uma caravana de humílimo aspecto detivera-se em uma das vias que desembocavam na ampla praça em que se inseria o edifício religioso, e seus integrantes permaneciam em ansiosa espera.

Sucedia, naqueles idos tempos em Jerusalém, que eram muitos que se dirigiam à cidade considerada sagrada, intentando cultuar o Deus único de Israel entre as paredes de seu magnífico templo; aos judeus eram restritas determinadas exteriorizações de culto em locais diferentes do impressionante edifício, concretização dos sonhos de supremacia religiosa e material de seu idealizador e de toda a raça judia. Assim sendo, o movimento era sempre notório e a urbe se renovava diariamente com as caravanas de fiéis que chegavam continuamente. À época desta narrativa, Roma estendera suas asas de águia conquistadora, subjugando o povo hebreu, o que contristava profundamente a nação judaica. Os mandatários e legados romanos, embora mantivessem a diplomática política de boa vizinhança, nem por isso deixavam de impor dissimuladamente aos vencidos seus ídolos e crenças, advindos de uma cultura essencialmente politeísta. As estátuas belíssimas, em níveas pedras ou preciosos metais, seduziam os olhos dos incautos e menos fervorosos em relação à religião de seus ancestrais. A classe religiosa preocupava-se sobremaneira. Moisés havia deixado bem claro nas escrituras a abominação dos ídolos, mas a maleabilidade das massas e sua inconstância se tornaram patentes desde seus idos tempos. Afinal, ao descer do Monte Sinai, o grande médium e legislador não encontrara o assim denominado "povo de Deus" prosternado diante de um bezerro de ouro, fundido com o metal precioso de suas poucas jóias? Haviam se esquecido todos dos feitos surpreendentes que envolveram o êxodo do Egito e o resgate à escravidão! Como confiar? A classe sacerdotal, graças a essas circunstâncias e temores e à natureza de seus próprios sentimentos, apresentava-se rígida e zelosa, atendo-se cada vez mais a exterioridades, olvidando a verdadeira finalidade da religião junto ao povo: a de impulsionar a evolução espiritual.

Naquele dia em especial, velha senhora de grisalhos cabelos e trêmulas mãos, em vão buscava controlar a ansiedade. Acompanhava-a uma jovem de excepcional formosura, que as roupas simples e gastas não conseguiam ocultar. Com gestos e voz gentis, confortava a anciã:

– Breve abrirão as portas, avozinha, e poderemos entrar. Senta-te aqui, neste banco de pedra. Aguarda com paciência, afinal, a parte mais penosa da viagem passou e realizarás teu sonho de adentrar o templo e depositar tua oferenda. Estive pensando, sabes? A volta será bem mais fácil, porque nosso coração estará repleto de alegria e inundado por doces esperanças e energias incríveis captadas do sagrado recinto. Quero guardar cada detalhe para nada esquecer e poder contar aos nossos amigos da aldeia! Logo estaremos em nossa casinha e te sentirás melhor, descansarás à sombra das velhas e copadas árvores do pomar... Como queima este sol refletido pelas pedras!

Débil sorriso iluminou as cansadas faces vincadas por rugas. Realmente, muito sonhara com o momento. Suas mãos frágeis buscaram entre as vestes, em um bolso oculto, o contato com as moedinhas de ínfimo valor, que deitaria no gazofilácio, óbolo economizado a duras penas, pois difícil era a vida de uma viúva, deixada com uma neta desde pequenina a seu encargo, em uma sociedade quase tão somente reservada aos homens, cabendo à mulher aceitação passiva, renúncia pura e pouquíssimas oportunidades de trabalho remunerado.

Grande agitação marcou a presença de alguns assistentes sacerdotais, que procederam à abertura dos imensos portais, organizando a entrada dos fiéis que se aglomeravam; os mais novos e ágeis adiantaram-se, restando às duas a retaguarda da extensa fila, sob o sol causticante de verão.

Curiosos acompanhavam a costumeira movimentação e os comentários enchiam os ares. Um homem, de altaneira postura e brandos gestos e olhar, também observava e viu quando a anciã e a mocinha subiram os degraus; a mais velha, como que subitamente revigorada, aprumou-se, dispensando a ajuda da jovem, aproximando-se sozinha do receptáculo das oferendas, onde depôs as moedas, cuidadosamente retiradas das vestes. O Homem, sempre atento, fez do gesto da pobre viúva uma das grandes lições do Evangelho: era Jesus.

Neste mesmo Evangelho, de refulgente e inextinguível luz, deixam seus redatores à viúva do gazofilácio uma função estritamente temporal, em que o Mestre a observa e faz os comentários sábios e justos e ela se perde no anonimato da multidão, embora preservada para a posteridade.

– "Em verdade eu vos digo que esta viúva que é pobre lançou mais do que todos os que ofereceram moedas ao Tesouro..."

O que teria acontecido depois?

As duas mulheres misturaram-se aos demais fiéis. Cumpridos os rituais religiosos, retornaram ao ponto em que a caravana aportara. Impossível o retorno no mesmo dia, pelo cansaço dos animais e dos humanos. Dirigiram-se todos, com exceção da velha e da mocinha, à pequena hospedaria, buscando o conforto de um leito e o alimento de que se privavam desde cedo. A velha senhora e sua neta acomodaram-se em um dos carroções. Ali passariam a tarde e a noite, pois não dispunham da parca quantia necessária às despesas da estalagem. A menina buscou no farnel quase vazio um pedaço de endurecido pão, estendendo-o à velhinha. Depois, com sincera alegria, encheu um cântaro com a cristalina água que jorrava de uma fonte nas proximidades, providencialmente represada em abençoado tanque. Repartiram o pão e, mãos dadas e olhos fitos no céu, agradeceram, louvando a Deus pelo alimento do corpo e do espírito obtido naquele dia muito especial. Pela manhã retornariam à distante vilazinha e a vida seguiria sua rotina.

Quis o destino que, naquela noite de límpido céu pontilhado de refulgentes estrelas, o espírito da velha senhora se desprendesse do gasto corpo, empreendendo a viagem de retorno à pátria espiritual. Ao acordar, a neta encontrou-a morta, doce sorriso a lhe iluminar o rosto sereno.

Comoção e tristeza invadiram o coração da menina. Criada pela avó desde que a mãe falecera, abandonada pelo pai, inconseqüente criatura que preferira as aventuras e ilusões do mundo às alegrias da paternidade e do dever cumprido, todo o carinho e ternura haviam se concentrado na frágil velhinha, cuja força de vontade férrea, confiança em Deus e acentuados sentimentos de renúncia e amor conduziram a criancinha pelos retos e árduos caminhos do bem.

Os serviços fúnebres foram rápidos, como exigiam as circunstâncias, acompanhados somente por alguns dos integrantes da caravana e pela desolada jovem. Era preciso que, cumpridas as formalidades inadiáveis, retornassem, pois os poucos recursos se esgotavam e o conforto do lar os esperava.

Naquele decisivo momento, um fato inesperado viria modificar completamente o destino da neta da viúva. Voltavam todos do local do sepultamento, a moça mais atrás, isolada e triste, quando, de passagem por escusa ruela, sentiu-se arrastar por fortes mãos, enquanto sujo pano lhe vedava a boca, impedindo-a de gritar por socorro. Horrorizada, viu-se às voltas com um homem de avantajada estatura e assustador aspecto, que a enlaçava tenazmente. Observou desesperada que nenhum dos companheiros de viagem se apercebera da audaciosa manobra do malfeitor, enquanto sentia nas faces o hálito fétido, tresandando a bebida e dentes podres, e o cheiro de sujeira e suor exalado do corpo e roupas do agressor. Tudo rodopiou à sua volta e sentiu-se cair, cair, mergulhando em um desmaio prolongado e piedoso.

Ao acordar, anoitecia novamente e ela se encontrava na mesma viela suja e deserta, sob a proteção de um alpendre de velha construção em ruínas. Imensas ratazanas remexiam no lixo acumulado nas cercanias e ela se encolheu amedrontada. O corpo doía terrivelmente e as vestes rasgadas e amarfanhadas confirmavam a desgraça que as dores no baixo ventre denunciavam. Lágrimas cegaram-na e ela se entregou a desolado pranto. Foram horas de desespero e dor, até que a aurora, colorindo os céus, reacendeu em seu coraçãozinho resquícios de serenidade. Custosamente levantou-se. Onde estaria, meu Deus? Recordava-se do ataque como se houvesse ocorrido há muito. Afastara-se dos outros, deixando-os seguir à frente; alheios à sua dor, conversavam sobre assuntos outros que não lhe interessavam. Embora ansiasse pelo abraço e consolo de alguém, com a mesma ternura e carinho da avozinha, confortando-a na hora da difícil perda, eles caminhavam insensíveis à sua dor, como se a velhinha recém sepultada nada representasse. Acostumada à segurança da aldeia, sequer imaginara algo tão terrível: alguém agarrando-a, em plena tarde, concretizando criminosos propósitos, em plena Jerusalém! Como fora ingênua! Por que não seguira junto com os demais? Onde estariam eles? Certamente procurando-a, para a volta ao lar. Lar! A recordação da casa pequenina, em meio ao jardim de flores mil, asseada e arrumada com zelo, encheu o ulcerado coração de conforto. Lá estaria em paz e em segurança!

Arrastou-se para os lados onde estariam estacionados. Encontrá-los-ia preocupados com seu sumiço! Que diria? A verdade ou uma história forjada para fugir à vergonha da desonra?

A grande praça estava vazia. Haviam partido, deixando-a para trás! Desespero e indignação envolveram-na. Cansada, exaurida pelas violentas emoções, terminou por se acomodar junto às pedras da entrada do templo, escassamente iluminada pelos primeiros albores do dia, adormecendo.

Acordou com o toque insistente de pés e áspera voz:

– Levanta-te, vadia! Que fazes aqui? Afasta-te da Casa do Senhor! Se não tens o que fazer, não o faças aqui! Respeita o sagrado local de Deus!

Quis objetar, contar, pelo menos em parte, o ocorrido, mas a voz a atalhou sem cerimônia:

– Cala-te, não queremos saber de tuas histórias, guarda-as para ti. Não tens onde ficar?

Meneou a cabeça e o homem levantou-a com brusquidão, colocando em suas mãos pequena moeda, enquanto explicava rudemente:

– Aqui tens! Segue adiante, por aquela rua. Passarás por muitas construções. Continua sempre e, ao final, depararás com enorme casa de coloridas paredes e chamativo aspecto. Lá é teu lugar, infeliz!

A aturdida mocinha pensou em devolver à áspera criatura a moedinha, mas o estômago doía de fome e a esmola representava um pedaço de pão. Além do mais, a avó lhe ensinara a não ser orgulhosa, reconhecendo a necessidade e aceitando ajuda com gratidão. Abaixou a cabeça, envergonhada ao extremo, murmurando:

– Grata, meu senhor. Que Deus vos retorne em bênçãos de paz e saúde.

O homem empurrou-a violentamente em direção à rota indicada e afastou-se, continuando a inspeção da enorme praça. Agora amanhecia finalmente e os primeiros fiéis se apresentariam em breve. O homem suspirou, antevendo confusão e serviço. Felizes os sacerdotes, que não contatavam com o povo, mantendo-se à distância! Dentro do edifício, percorreu os amplos espaços imersos em silêncio, enquanto seus pensamentos perambulavam pelos meandros dos interesses materiais.

Iniciava-se mais um dia no templo de Jerusalém.

A jovem seguiu a ordem do irritado personagem. Pelas vestes, compreendia tratar-se de um dos servidores do templo, certamente indignado com sua presença feminina desgrenhada e de rompidas vestes na área considerada santa...

Os primeiros vendedores de guloseimas ajeitavam-se na praça e ela se aproximou de um deles. O sol a incomodava, tamanho seu ardor àquelas cediças horas; o corpo dolorido e brutalizado lembrava-lhe o horror da véspera. Lágrimas incontroláveis desceram pelas faces e uma saudade imensa da avozinha a envolveu. Perdera sua protetora, a doce criatura que lhe guiara os passos com sabedoria e ternura!

O pão ainda quente a reanimou. Mentalmente, agradeceu a Deus pelo alimento, envolvendo o estranho do templo em emanações de gratidão pela esmola, enquanto devorava a porção cheirosa. Seguiu caminho, envolvendo-se nas vestes rasgadas, recompondo-se da melhor maneira para evitar maiores constrangimentos.

A casa ficava longe, bem o dissera o homem. Ao término da extensa rua, em local ermo, erguia-se a estranha e colorida construção, de duvidoso gosto. O aspecto do lugar desagradou-a imediatamente, mas estava tão cansada! A porta achava-se aberta e ela entrou, olhando surpresa as pesadas cortinas em seda vermelha e os inúmeros triclínios, ao gosto romano, que ocupavam a enorme sala, estrategicamente espalhados pelos cantos, protegidos por folhagens e fontes artificiais. O ambiente recendia a perfume e vinho. Uma mulher, também vestida com sedas e espalhafatosamente adornada, foi ao seu encontro. Havia desconfiança e muda avaliação no olhar com que a envolveu da cabeça aos pés.

– Que queres aqui, menina?

Ao impacto da voz rouca, a mocinha estremeceu. Em poucas

e temerosas palavras, narrou o encontro à entrada do templo, procurando ser breve para não exasperá-la, a exemplo daquele. A mulher escutou-a em silêncio e, à menção do ocorrido, riu alegremente, comentando:

– Deve tratar-se de Jediadah! Não te amofines, ele é assim mesmo. Incomodam-no as mulheres, vendo em todas nós pecado e perversão. Esquece! Mas dize-me, menina, deixando de lado que dormias em local proibido pelo implicante, por que aqui vieste? Vê-se que não és das ruas... Por que não voltas para casa?

A história triste brotou dos lábios da mocinha. A enfeitada criatura ouvia-a com atenção, maldizendo baixinho nos pedaços mais contundentes da narrativa:

– Não se tem mais sossego em Jerusalém! Nos dias de hoje, principalmente para as mulheres belas como tu, todo cuidado é pouco. Foste vítima de um dos muitos desocupados e bêbados que campeiam pela cidade, tocaiando vítimas indefesas. São o resultado da miséria, minha linda! Quanto a aqui ficares, esquece. Compreendes onde estás?

Encontrando os ingênuos e confiantes olhos da menina, a mulher meneou a cabeça de pintados cachos, acrescentando:

– Isto aqui nada mais é do que um prostíbulo. Somos mulheres da vida, vendemos prazer a quem puder pagar! Não me parece que te enquadres nisso, mas quem sabe?

– E o que farei, senhora? Vós me dissestes que a rua é perigosa. Morro de medo só de pensar em me sujeitar a mais uma noite sozinha, no escuro desta cidade, à mercê de outro bandido! Senhora, deixai-me ficar! Realmente, não conseguirei exercer vossa profissão, enxergastes certo e justo; posso, contudo, limpar, lavar, cozinhar, servir... Senhora, não vos arrependereis, juro-vos. Tende piedade!

Fugidio lampejo de pena iluminou os maquiados olhos:

– És muito bela, mesmo suja e andrajosa. Serás assediada e não te poderei proteger para não ofender os clientes. No ardor da paixão e da bebida, alguns se tornam mais do que inconvenientes, se me entendes... Sempre poderás procurar trabalho em outro lugar...

Bruscamente, como se a consciência da real situação da mocinha a envolvesse, riu ironicamente:

– A quem quero enganar? Que bobagens estou a te dizer! Que resta a uma mulher só a não ser se submeter à vontade do mais forte? Realmente, será muito mais triste lá fora! Aqui pelo menos terás casa e comida e uma chance. Pior ficares na rua! Não sei por que me arrisco, mas ajudarei. Durante o dia poucos vêm aqui e terás tempo para os serviços. Pagar-te-ei com estadia e comida e, ocasionalmente, algumas moedas. Pouca coisa... Se te serve... À noite, permitir-te-ei a reclusão ao quartinho dos fundos. Evita que os homens te vejam, pois, se algum deles te cobiçar, terei que aceder. Estamos entendidas? Agora tomarás um banho, pois fedes, e comerás algo. Na cozinha encontrarás o que sobrou da ceia noturna... Será mais do que suficiente. Depois, avia-te, não sou a rainha da bondade! Quero trabalho de boa qualidade...

Por que, mesmo nas espalhafatosas roupas, faces pintadas escandalosamente e bruscos gestos, aquela mulher lhe transmitia segurança e paz? Aproximou-se, tomando de uma das mãos de longas unhas e pesados anéis, depositando nela um beijo de agradecimento. A senhora poderia tê-la forçado a exercer a função de prostituta, mas lhe respeitara os desejos. Gratidão e alívio inundavam-lhe o peito e ela se afastou para os fundos da casa, acompanhando uma escrava que, da porta, espionava-a curiosamente.

A perplexa mulher, enxugando os olhos disfarçadamente, murmurava:

– Tanta mulher à disposição e um canalha ataca esta quase menina! E ela vem parar aqui, em uma das casas de prostituição de Jerusalém, pedindo auxílio a mim, que quase nada posso oferecer, a quem todos apontam com desprezo e voltam o rosto. Os que me bajulam no anonimato da noite fingem não me conhecer durante o dia! Será que não existe alguém melhor que eu nesta grande cidade, meu Deus, para socorrê-la? Decididamente, estou ficando velha e sentimental ou a canseira da noite está a me amolecer os ânimos!

Subiu a escada lentamente, sempre pensativa.

Uma nova vida iniciou-se para a mocinha. Embora chocada com as licenciosidades vistas e ouvidas, acabou por se acostumar com as moças que integravam a casa, à medida que elas lhe mostravam o lado humano de suas personalidades, aquele que os homens ignoravam, vendo-as somente como meros instrumentos de prazer. Percebeu que teria sérios problemas quando se mostrou aos primeiros clientes. Embora pobremente vestida, sem qualquer pintura no rosto, olhos baixos, causou devastador efeito. Antes que o pior sucedesse, engendrou um plano simples, obtendo a anuência e o envolvimento das mulheres, todas elas sensibilizadas e divertidas com a situação. Talvez, naquela jovem disposta a lutar por seus ideais e honra, elas se reconhecessem no passado, pois as histórias guardavam tantas semelhanças! Quantas não haviam sido lançadas àquela vida à revelia de suas vontades, premidas pelas circunstâncias? Auxiliando-a, sentiam-se vitoriosas também! Assim, providenciaram amplo véu negro, com o qual ela se cobriu, e combinaram a história, repetida aos curiosos:

– Queimou-se a pobrezinha, horrivelmente. Está totalmente deformada e usa o véu para não nos constranger ao olhá-la. Melhor assim, se não teríamos que lhe dispensar os serviços...

Às objeções dos mais exigentes, ajuntavam:

– Ela trabalha muito bem, é asseada e cozinha maravilhosamente. Além do mais, sai-nos praticamente de graça. Vede a perfeição dos lençóis e rendas engomados e a ceia magnífica! Além do mais, tendes a nós para olhar. Que importa uma serva?!

Assim acreditavam ter-se resolvido o problema e a vida transcorria pacificamente na enorme e concorrida casa. A jovem decidira amealhar cuidadosamente as moedas que recebia, pensando em retornar ao lar, mas logo se conscientizou da dolorosa realidade. Que faria na aldeia, onde não havia serviço fora do âmbito familiar? Arriscar-se-ia ao incerto e muito provavelmente seria lançada à prostituição, único meio de vida que restava às mulheres belas e sós. Ou então, na melhor das hipóteses, casar-se-ia sem amor, pela necessidade somente. A alma sensível e corajosa acabou por aceitar a vida em Jerusalém, pois ali dispunha de trabalho, moradia e alimentação. Incrivelmente, encontrara nas moças da casa o afeto de que se privara com a desencarnação da avozinha, aprendendo a entendê-las e a respeitá-las, sendo informalmente eleita como confidente e conselheira para seus problemas, que não eram poucos, diga-se de passagem. Perguntava-se freqüentemente o motivo pelo qual aquelas criaturas se abriam com ela, tão jovem e inexperiente, sentindo-se impotente para auxiliá-las, ignorando as palavras certas, embora as sentisse represadas dentro de si, faltando alguma coisa para explodir em consoladores mananciais de amor fraterno. Intuía que não bastava escutá-las, necessitava transmitir àquelas criaturas algo que impulsionasse mudanças em suas existências, algo muito importante, que desconhecia ainda...

Às vezes, concediam-lhe folgas, que ela ainda assim dedicava ao trabalho, considerando-o a maior das terapias, o salutar remédio que espantava tristezas e solidão. Além do prometido pela proprietária, recebia moedas das moças da casa, por conta de serviços domésticos extras, muitas até, usando poucas para suas necessidades pessoais. Como que por encanto, sempre aparecia alguém em dificuldades e elas se iam, sem pesar, como se a gratidão pelo auxílio que recebera no momento mais difícil de sua vida se expressasse através do gesto de incondicional doação. Reconhecia-se responsável em relação ao sofrimento do próximo, no sentido de minorá-lo com alimento e conforto espiritual...

Lembrava-se da avozinha e se perguntava: "Onde estarás? Será que estou me comportando adequadamente? Sou digna do que me ensinaste? Sinto tanto tua falta! Envergonho-me do que sucedeu, mas nada posso fazer para apagar o fato... Contudo, prosseguirei, procurando honrar-te. Acaso te magoa o local onde trabalho? Se tu conheceres estas mulheres como eu, verás que choram e sofrem como qualquer ser humano, que têm sonhos e esperanças, que são solidárias em sua penúria de amor e aceitação. Queria tanto ajudá-las, mas não sei como, avozinha!"

As recordações da fatídica viagem não a abandonavam. Haviam-na realizado para concretizar um antigo e constante sonho da avó: depositar sua pequena contribuição nos cofres do templo de Jerusalém e orar em seu sagrado recinto. Estimulada pela lembrança, certo dia, ao receber uma gorjeta de gentil cliente da casa, coisa rara em se tratando da disfarçada serva, a jovem olhou a moeda brilhando em suas maltratadas mãos, estragadas pelo serviço pesado, e se decidiu: "Esta vai para o templo!"

Uma frágil criatura, envolta em negro véu, cumpriu o dever com o coração em festa. Seus olhos, mal deitara a moeda na arca repleta, encontraram, pela primeira vez, os olhos claros e serenos do Mestre. Ele a reconheceu imediatamente e, porque lesse as entrelinhas das existências das criaturas, vendo mais que o simples exterior, compreendeu a portentosa luta que a mocinha vinha travando contra os preconceitos e costumes sociais, buscando sobreviver à custa de seu trabalho, recusando-se a comercializar o corpo e a aceitar essa prerrogativa como a única viável a seu sexo, nas condições de solidão e desamparo em que se encontrava. Entendeu também o imenso desejo da mesma em auxiliar as companheiras, cumprindo o primeiro e maior dos mandamentos: amar ao próximo! Enterneceu-se uma vez mais com a dádiva, recordando que, há bem pouco tempo, ela acompanhara a velha senhora; reparou na pobreza das vestes impecavelmente limpas, puídas em muitos lugares e desbotadas. Um véu ocultava as feições aos estranhos, mas Seu olhar penetrou além dele, enxergando a face belíssima de alva cútis, os enormes olhos azuis, os cabelos escuros e sedosos. Sorriu, compreendendo a razão do engenhoso artifício, comentando com Pedro, à meia voz:

– Lírios de extrema alvura e doce perfume emergem dos charcos, querido companheiro... Em vão os ventos e a chuva os balançam e fustigam, neles tentando respingar fétida lama; continuam lá, belos e puros, altaneiros, exalando inigualável aroma, alegrando e confortando corações...

O pescador nada entendeu. Lírios? Que teria visto o Mestre que Lhe recordasse flores? Seu olhar perpassou pela multidão e nada encontrou que pudesse suscitar o comentário.

Levantou-Se Jesus, encaminhando-Se para a jovem, que já abandonava, discreta e silenciosamente, o templo. Ela estacou respeitosamente, encantada com a figura iluminada pelo sol da manhã. Que homem mais belo! No entanto, a beleza não se refletia tão somente nos traços, excedia, transmudada em indescritíveis sensações e emoções, como se ela toda estivesse a ponto de levitar, pairando acima do mundo e suas vicissitudes. O Homem falou e sua voz era enérgica e doce ao mesmo tempo:

– Rebeca, sê bem-vinda entre aqueles que foram escolhidos para divulgar as verdades de meu Pai! Vem conosco, pois precisamos conversar. Comerás de nosso pão e partilharás do alimento da alma. É chegada a hora em que, apesar da pouca idade e da suposta fragilidade, assumirás a missão escolhida por teu espírito na dimensão espiritual, completando um ciclo que se iniciou com inevitável resgate e se consumará em radiosa tarefa. Não me entendes agora, mas o futuro te reservará batalhas e profundas alegrias, se o quiseres. Vem, acompanha-nos.

Sequer questionou o convite; nenhum temor, nenhuma dúvida! A casa humilde acolheu-os com intimidade e carinho e ela se assentou à mesa tosca e alva, permitindo-se deixar cair o véu. Como era bom revelar-se para os que ali a cercavam, livre do disfarce constrangedor, sentir nas faces a brisa suave e perfumada da manhã. Após a frugal refeição, Jesus falou finalmente e ela se deslumbrou com a propriedade de suas colocações e a beleza de concepções. Como entendia a alma humana! As palavras vinham de encontro às suas expectativas, deitando por terra as dúvidas, aclarando, afastando indecisões e incertezas, alicerçando confiança e fé. Lembrou-se das moças do prostíbulo e das inúmeras vezes em que se sentira impotente para ajudar, ansiando falar, descortinar uma verdade maior que lhes ampliasse os limitados horizontes. Aquelas eram, sem dúvida alguma, as verdades!

Sereno, o doce Rabi fornecia os subsídios imprescindíveis à realização da tarefa pela qual seu coração ansiava, e cada frase, embora dirigida a todos, calava fundo na alma de Rebeca, como se endereçada particularmente à sua pessoa. Entardecia quando deixou o local, novamente envolta em véus, retornando ao prostíbulo. Ao fitar as luzes e vislumbrar as silhuetas das companheiras, compreendeu que aquele edifício iluminado se tornara o seu lar. Pela porta aberta, a figura da proprietária se impunha às demais. Naquela noite, envolvera-se em refulgente seda rosa e depusera nos cabelos de falso loiro flores da mesma cor, entremeadas com pedras de suspeito valor. Imensa onda de carinho a envolveu, pois aquela mulher, a quem os ditos respeitáveis apedrejariam se pudessem, soubera ampará-la na penosa hora, respeitando-lhe os anseios de dignidade. Sabendo-a desonrada e só, compreendera, com rara delicadeza, que somente o corpo fora violado, permanecendo imaculado o espírito. Não se restringira à esmola de uma moeda; ofertara-lhe a solidariedade que reergue. Aquele homem do templo, afeito às escrituras e aos cultos, colocara em suas trêmulas mãos a moeda que lhe mitigara a fome, mas a empurrara a um destino terrível, ignorando seu sofrimento e sua história. Doce sorriso acompanhava os pensamentos de Rebeca. Ainda assim, através dele ela chegara a seu destino na cidade estranha e lhe seria sempre agradecida.

Jamais estivera fora por tanto tempo e as moças aguardavam-na com aflitas reprimendas e incontida curiosidade:

– Rebeca, estás louca?! Onde te detinhas até esta hora? Os clientes estão para chegar! Mata-nos de susto!

Falar de Jesus... Por mais que se esforçasse, as palavras pareceriam pequenas e pobres diante da grandeza do Rabi. Escutaram-na, perplexas e mudas, reservando para mais tarde as perguntas, pois os primeiros visitantes da noite atravessavam as portas. Encobrindo o rosto rapidamente, desapareceu na cozinha. Sobre a mesa, as iguarias que comporiam a ceia noturna. Com eficiência e presteza, complementou alguns pratos, aprimorando-os. Depois, certificando-se de que tudo estava em ordem, retirou-se para o pequenino quarto, adormecendo serenamente.

Nos dias seguintes, surpreendeu a dona do bordel com incomuns pedidos de folga. Esta intuiu a importância que os encontros com Jesus representavam para a serviçal e acedeu sem maiores delongas, flexibilizando-lhe o horário de trabalho. Impossível descrever o que aquilo representou para o crescimento espiritual da jovem! Aprender com o Mestre, acompanhá-lO em suas andanças e pregações... Dormia tarde, pois, ao retornar, executava todo o serviço sob sua alçada; madrugava, deixando prontos os afazeres matinais, antes de ir ao encontro do Messias. Sabia que logo se enquadraria na rotina porque o Mestre iria para outros lugares, sempre divulgando a Boa Nova. Aprendera tanto naquele últimos dias que às vezes julgava estar somente rememorando! Quem sabe... Vendo-a distante, os imensos olhos mergulhados no nada, Jesus, sorrindo, indagava:

– Rebeca, o que estás a sonhar?

– Senhor, ouço-Vos falar e, muitas vezes, tenho a estranha sensação de já ter escutado alhures essas mesmas colocações. Como pode ser?

Então, Ele lhe falava sobre a evolução espiritual, alcançada gradativamente em sucessivas encarnações, acumulando experiências e conhecimentos que, embora aparentemente esquecidos quando o espírito se reveste do invólucro carnal, continuavam a fazer parte do acervo do ser, conquista inalienável e intransferível.

Rindo, alvos e perfeitos dentes, sedosa barba, o Mestre complementava:

– Trabalharás como minha discípula, meiga Rebeca. Doarás mais que a moedinha deposta no gazofilácio, doarás o coração!

Quão rápido passaram aqueles dias! Para Jesus, urgia partir, pois o tempo se findava. Foram-se, deixando-a saudosa e cheia de temor pelas responsabilidades que assumira. Ao partir, o Rabi lhe falou pela última vez:

– Está quase chegada a hora em que o Filho do Homem concluirá sua missão sobre a Terra, cumprindo os desígnios a que veio. Não mais me verás como encarnado, mas nem por isso deixaremos de estar juntos, ligados pelos pensamentos e pelas profundas afinidades vibracionais. Nossos objetivos e ideais se irmanaram... Quando em definitivo me for, o que não se dará na hora de minha morte, mas tempos depois, terei colocado em mãos responsáveis a continuidade da obra e confiarei em todos os meus amados para prosseguir, carregando o estandarte glorioso da verdade e do amor incondicional. Tu és uma das eleitas. Ouviste o que foi dito: repudiar-te-ão por mim, chorarás lágrimas acerbas, contudo prosseguirás, sendo-me fiel, cumprindo o dever acima e além de teu próprio bem-estar. Confia, ama e segue adiante sempre, minha irmãzinha!

Tristes e pungentes palavras aquelas, com gosto de irreversível despedida e travo de saudade. No entanto, uma confiança e uma paz tão grandes naquele Homem!

Cumpriram-se as profecias do Amigo: crucificaram-nO. Indignou-se com a injustiça, todavia calou, lembrando as palavras do Mestre, preconizando o perdão, a paciência, a aceitação, o não julgamento... Os pensamentos, no entanto, martelavam sua cabeça. Por que O chacinavam se nada fizera de mal, somente auxiliava e amava? Homens maus estavam livres por todo canto, sequer incomodados! Que fizera o Rabi, a não ser amar? Ao saber da notícia, deixara a casa, correndo pelas ruas, a tempo de assistir ao suplício do Amigo. Olhando a turba a insultá-lO, sentira-se enlouquecer de dor. Ainda assim, a voz do Mestre, nos felizes dias de convivência, não lhe abandonava os ouvidos, exortando-a à razão:

– Rebeca, as criaturas são como crianças: em infância espiritual, vezes sem conta agem com inconseqüência. Presenciarás coisas que te magoarão e terás que conviver com elas sem perder a serenidade, uma vez que fazem parte do estágio evolutivo do mundo que habitas. Jamais te afastes do convívio social, muito embora não compactues com os desmandos e erros. Exemplifica, simplesmente, calando quando tua voz não puder ser ouvida. Silencia, aguardando pacientemente a hora do despertar dos adormecidos espíritos. Não te preocupes, pois a cada dia basta a sua carga e tudo virá a seu tempo e na medida exata. Ama, espera, confia, trabalha... E não guardes ressentimentos pelas pedradas recebidas no caminho, acreditando que cada uma delas revestirá a difícil senda da evolução se tu a acolheres com o coração aberto e confiante.

Quanta saudade! Dias transcorreram e a cena de flagelação e morte a perseguia. Buscou por Seus discípulos, mas haviam sumido, provavelmente temerosos de represálias. Entendia-os, pois a primitividade do ser humano encontrava regozijo em torturar seus semelhantes e, com a morte do Mestre, Seus companheiros estavam à mercê da chacota e dos maus tratos.

O grande bordel movimentava-se, a cada noite, não havendo tempo ruim. Nas adversidades, quando as desgraças e infortúnios se abatiam sobre as pessoas, maior se fazia a necessidade de mergulhar nos prazeres da carne, anestesiando a razão. Naquela noite em especial, receberiam soldados e importante oficial do império romano, recém instalado em Jerusalém. Preocupados com uma possível insurreição dos seguidores de Jesus, reforçavam-se os batalhões com soldados romanos transladados de cidade próxima. Vinham sedentos de vinho e de mulheres e representariam lucro certo. Desde cedo, a casa fora preparada com esmero. À jovem Rebeca coubera o preparo da ceia, porquanto exímia cozinheira. Recebeu também a especial e ingrata incumbência de prover a mesa de iguarias durante a função noturna, nada deixando faltar. Quis negar-se, mas a proprietária mostrou-se inabalável, justificando:

– Preciso de ti! A quem posso confiar o bom andamento das coisas senão a ti? Estas servas simplórias mal sabem limpar o chão! Deitariam tudo a perder. Temes por tua integridade? Continua envolta em teus véus e estarás segura! No mais, assim que coordenares a tarefa dos criados, caso notes algo perigoso para ti, retorna à cozinha, local onde nenhum conviva será tentado a esmiuçar. Mas não descuides da sala, ouviste? Não me abandones nesta hora, minha menina! Recompensar-te-ei com rica moeda!

O coraçãozinho opresso alertava-a para se ocultar no quartinho, todavia era impossível fugir às ordens e súplicas.

Mal escurecera, eles chegaram... O bulício instalado na enorme sala amedrontou-a. Em meio às mulheres garridamente vestidas e adornadas, sua figura encoberta levantou perguntas e comentários jocosos entre os novos freqüentadores. Magoaram-na as observações porque, embora linda, assumira de tal maneira a condição de feiúra que a insensibilidade daqueles homens feria. Falava-se de tudo e de todos até que, em meio à confusão reinante, uma frase despertou-lhe o interesse:

– ...Estão dizendo que ressuscitou...Provavelmente histórias de Seus seguidores. Os homens que O acompanhavam, ditos Seus discípulos, sumiram, escondidos não se sabe onde, com medo de ter o mesmo destino do Rabi. São considerados perigosos para o império romano, sabe-se lá o que poderiam fazer!

As palavras vinham de um grupo de oficiais, rodeado por inúmeras jovens. Embora destituídas de reprovação, limitando-se a apresentar os fatos, na boca do homem que as pronunciava assumiam maior valor. Olhando-o, sentiu disparar o coração, até então indiferente às questões de amor entre homem e mulher. O moço era tão belo que impossível desviar dele o olhar. Alto, bronzeado pelo sol inclemente da terra, com surpreendentes olhos verdes e cabelos negros. Falava de Jesus, inquestionavelmente. Então, Ele voltara do mundo dos mortos, como Se comprometera! Sentiu-se feliz, mergulhando nas recordações do passado. Estava tão distraída que sequer notou a forte mão a lhe estender a taça vazia, esperando que a enchesse com o vinho. Irritado com a atitude da serva, atribuindo a pouco caso, o oficial exclamou:

– Estás a dormir, criatura? Acordar-te-ei!

O gesto foi tão rápido que não teve tempo de se defender. Sentiu o longo e negro véu ser arrancado de sua cabeça e a luz das inúmeras velas incidir em cheio sobre o rosto que protegia com tamanho zelo!

– Ora, ora, então não és feia? Estás a nos enganar?!

A mão levantou-lhe o queixo, analisando as feições com divertido interesse.

– Diria que sobrepujas todas as mulheres da sala, minha beleza!

De olhos cerrados, as lágrimas descendo, a moça agradecia a Deus pelo estado de embriaguez dos freqüentadores, possivelmente alheios à cena.

Abriu vagarosamente os olhos azuis orlados de grandes cílios escuros, e encarou o irônico personagem.

– Senhor, desculpai-me, não quis vos ofender. Com vossa permissão, retirar-me-ei.

E se perdeu na sala movimentada, tendo novamente protegido o rosto com o véu, indo refugiar-se na cozinha, onde suspirou aliviada, pensando:

– Jesus, protegei-me! Aqui ele não se atreverá a vir!

Durou pouco o sossego. Ouviu risos e a voz da proprietária objetando:

– Meu senhor, com tantas moças lindas e experientes em minha humilde casa e vos interessais pela mais ínfima das serviçais?!

E desfiava nomes e qualidades, tentando distrair a atenção do moço. Em vão! O belo oficial adentrou a enorme cozinha e seus olhos analisaram rapidamente o ambiente, dirigindo-se finalmente para a aterrorizada mocinha, acuada a um canto.

– Não adianta te cobrires com o véu. Conheço-te agora e a lei me faculta o direito de te possuir, se assim eu o desejar, pois estás em uma casa de prazeres, minha bela!

– Senhor, poupai a pobre menina, ajuntava a aflita proprietária. Ela não recebe homens, meu nobre oficial. Vede o véu escuro! Para lhe esconder a beleza, facultando-lhe paz!

– Então é intocada a nossa preciosidade?!

– Senhor, poupai-a, repito! Sua história é muito triste e a deixei aqui viver para que não ficasse ao relento das ruas. Escolhei outra, suplico-vos. Não precisareis nada pagar e eu vos ficarei eternamente devedora.

Um brilho estranho fez refulgir os olhos do romano. Aquela certamente era muito especial, merecendo a intercessão da proprietária, justificando isenção de pagamento... Que lhe interessavam as outras?

– Estás a me aborrecer, senhora! Então, ela não faz parte da casa? Melhor! Levá-la-ei comigo sem remorsos de estar prejudicando teu negócio!

E, levantando o corpo leve da moça nos braços, com ela saiu do prostíbulo. Em instantes, o ruído de patas do cavalo galopando dizia que haviam partido, desaparecendo na escuridão da noite.

– Deus, estava tardando para isto acontecer. Bem que eu temia! Resta-nos esperar. Ele a devolverá quando se cansar dela... Pobrezinha!

O animal vencia a distância velozmente. Sentindo o corpo quente do romano às suas costas, a moça tremia incontrolavelmente, enquanto sentimentos conflitantes e estranhas emoções a envolviam. Por que o coração batia tanto? Medo? Sim, contudo, algo mais também, algo assustador! Ele lhe agradava, o toque de suas mãos a seduzia. Era tão bonito como jamais vira antes. Sentiu-se perdida. Provavelmente a usaria, expulsando-a no outro dia como sarnento cão. Uma imensa sensação de perda e angústia a assaltou e as lágrimas vieram, copiosas e mansas.

Para sua surpresa, a casa era grande e confortável, até luxuosa. Um servo os recebeu, olhando com estranheza o fardo que o amo carregava nos braços.

– Senhor, aconteceu alguma desgraça?

– Nada de mais, meu bom Abdias! Deixa-me, pois tenho coisas importantes a resolver. Providencia vinho, frutas, doces e tortas. Leva tudo a meus aposentos... Imediatamente!

Seguiu por extenso e amplo corredor, adornado com belíssimas peças de arte, adentrando aposentos de dormir. Depôs a emudecida jovem sobre um triclínio, olhando-a com divertida expressão. Uma das mãos puxou novamente o véu, revelando o rosto banhado em lágrimas.

– Por que choras? Acaso achas que vou te violentar? Olhando-te assim, bem que sinto acelerar o sangue, mas tenho princípios e eles não condizem com o que pensa e faz a maioria dos companheiros. Sabes o motivo de te trazer?

Ante o silêncio da jovem, continuou:

– Não fui o único a ver teu semblante perfeito, que não ostenta queimadura alguma. Não me interessasse eu e outros o fariam. Acabarias a noite não em um leito, mas em diversos, pois aquela boa mulher seria impotente para refrear soldados bêbados e excitados. Assim, dos males o menor! Trazer-te comigo foi a solução.

Estupefação a envolveu. Estaria escutando direito? Que homem seria aquele, orgulhoso romano, que se preocupava com uma pobre serva de bordel?

– Deves estar com fome e sede. Resolveremos o assunto, pois também nada comi, não tive tempo. Desculpa-me ter arrancado o véu. Foi um gesto impensado e cruel. Sinto-me responsável pelos infortúnios que possam advir de minha atitude, prejudicando-te. Acalma-te! Não é sempre que os soldados têm moedas para caro prostíbulo e certamente de lá sairão com as bolsas vazias. Assim, provavelmente não retornarão por muito tempo e te esquecerão. Quanto a mim, embora reconheça que és belíssima, ouso dispensar-te, uma vez que não me agrada forçar ninguém.

Imenso alívio sobreveio às palavras do jovem romano. Estava salva! Sentiu que a sala girava e pequeninos pontos negros se formavam à sua frente. Resvalou suavemente para o chão, desmaiando.

Ao despertar, sentindo no rosto ardente a refrescante frieza de uma toalha úmida, estava acomodada em amplo leito e uma escrava de aspecto bondoso e gentis modos a acudia, ao mesmo tempo em que prestava informações ao amo:

– Acordou finalmente, meu senhor! Está exausta, vê-se. Dar-lhe-ei uma xícara de leite morno com mel e ervas calmantes e o sono fará por ela muito mais do que um médico!

Abandonou o recinto, retornando em poucos minutos, portando uma taça com aquecida mistura, que a mocinha sorveu lentamente. Tinha um gosto bom e sentiu-se relaxar de imediato, os olhos pesaram e a última visão foi a do preocupado romano. Uma sensação estranha envolveu-a: conhecia-o! Como Jesus lhe explicara, provavelmente de anterior existência... Amava-o, laços profundos os uniam! Sorriu docemente e estendeu a mão direita, agarrando a forte mão do amado. Estava em casa, finalmente. Somente então se entregou ao sono reparador.

O oficial surpreendeu-se com o gesto. A mão da jovem estava fria e trêmula e ele a aqueceu entre as suas, sentado à beira do leito. Observou as unhas partidas, os calos, a feia queimadura em um dos lados, provavelmente resultante de gordura quente, que a houvesse atingido ao lidar com o enorme tacho que vislumbrara na cozinha do prostíbulo. Pobrezinha...

Saiu mansamente do quarto, ordenando ao servo que lhe arrumasse outro para aquela noite. Como que envergonhado pelas emoções que o dominavam, o moço ajuntou:

– Não convém que a incomodemos! Amanhã providenciarás um dos aposentos desocupados, provê-lo-ás dos mimos que uma jovem mulher possa desejar e a transladarás. Mais: destina-lhe os serviços da escrava que a atendeu hoje. Não poupes esforços para agradá-la, entendeste?

No dormitório, deitou-se na cama, fechando os olhos. Quem diria que o destino lhe pregaria tal peça, mal chegara a Jerusalém! Uma judia! E, ainda por cima, quase uma escrava! E trabalhando em um prostíbulo, disfarçada por escuros véus! Riu baixinho, divertindo-se com a insólita situação. De repente, sentiu-se cansado, exausto mesmo. Dormiria e, no dia seguinte, veria como a mocinha se portaria. Certamente ficaria deslumbrada com as roupa, as jóias, os mimos...

Chovia a cântaros ao amanhecer. O barulho da água no telhado constituía doce acalanto ao sono dos jovens e já era tarde quando despertaram. A moça acordou lentamente, como se ainda imersa em sonho, mágico letargo do qual era penoso fugir: estava tão bom, entre macias e perfumadas cobertas, ao abrigo da chuva e do frio úmido que fazia lá fora... O trabalho! Estava atrasada, sentia que era muito tarde! Sentou-se na ampla cama e só então as lembranças da noite anterior lhe vieram à memória, com força total. O oficial romano, de início prepotente e irônico; sua figura bela revelando seu segredo, expondo-a aos olhares. Lágrimas acompanharam as recordações: teria que arrumar outro serviço, mas onde? Seria muito arriscado continuar na casa de prazeres após o ocorrido!

Suaves batidas na porta antecederam a entrada da serva, carregando uma enorme bandeja com o desjejum. Preocupou-se ainda mais. Quem seria aquele homem que lhe cedia aposentos tão luxuosos, os seus, provavelmente e destinava uma escrava para servir a ela, que sempre servira aos outros?!

A fome a fez esquecer momentaneamente as apreensões. Devorou a refeição sob o olhar compreensivo da mulher. Depois esta lhe comunicou a premência da mudança, pois se achava nos aposentos particulares do jovem amo. Enrubesceu violentamente, mas se acalmou quando a sensível escrava acrescentou rapidamente que ele dormira em outro quarto, receoso de lhe causar incômodo. Rebeca se apressou em dizer:

– Não é necessário, minha senhora. Ir-me-ei, mesmo porque me esperam no serviço. Tenho minhas obrigações, a chuva cessou e já se faz tarde... Estou tão envergonhada em vos dar tanto trabalho... Eu, uma simples criada, alojada em um quarto de tamanho luxo, a importunar a todos...

Pulou do leito, mas a decidida mulher lhe atalhou os passos, afirmando categoricamente cumprir as ordens do jovem senhor, respondendo com sua integridade física pela presença e bem-estar da hóspede. Ela somente poderia ir quando o oficial romano a liberasse!

A mocinha indignou-se. Prisioneira, era prisioneira do fascinante personagem da noite anterior! Com que direito se atrevia ele a lhe cercear os movimentos, encerrando-a naquela prisão dourada? Calou-se, compreendendo a inutilidade de discutir com a criatura humilde, que somente obedecia às ordens do amo. Seguiu-a mansamente e deparou com belíssimo aposento de banho. Tépida e perfumada água a aguardava em nívea banheira de mármore e, embora constrangida, viu-se despida e banhada pelas hábeis mãos da criada. Vestes de seda a aguardavam e o enorme espelho refletiu sua imagem envolta em primorosos trajes. Depois, a silenciosa serva penteou-lhe os longos e macios cabelos negros, trançando-os com fitas e minúsculas flores; acrescentou jóias delicadas nas pequeninas orelhas, no pescoço e no pulso, contemplando satisfeita o resultado do trabalho: estava belíssima!

– Estais linda, minha senhora. Agora, deixai-me cuidar da feia queimadura em vossa mão, antes que inflame!

Muda e assustada, a jovem se perguntava: onde acabaria tudo aquilo, Senhor Deus? Os tempos passados no prostíbulo, não obstante manter-se longe das atividades peculiares à casa, haviam demonstrado que os homens costumavam agradar visando à conquista de determinados objetivos, todos ligados à posse do corpo. Aquele orgulhoso romano não seria diferente dos demais! Olhando a serviçal a massagear com imenso cuidado a ferida, cobrindo-a de pomada, mais uma vez se calou para não ofendê-la. Aguardaria o responsável por toda aquela parafernália e lhe barraria as reprováveis intenções! Não era uma prostituta e, embora o respeito que guardasse por elas como seres humanos, recusava-se a enveredar pelos caminhos que palmilhavam, preferindo esfregar chão, gastar as mãos na lavagem de roupa, queimar-se nas grandes panelas de comida... Seu pensamento elevou-se a Deus, agradecendo pela oportunidade de ganhar com trabalho honesto e digno o sustento do corpo, mantendo se à parte do que se desenrolava na casa de prazeres, amparando e auxiliando, não julgando, mas escolhendo a própria estrada, mesmo que estreitas as portas e ásperas as sendas! Enterneceu-se, pensando nas moças, quase todas carentes de real afeto, esperando pelo homem certo que nunca chegava, ou sufocando no luxo desenfreado as reais necessidades de amor. Agora, quando Jesus lhe iluminara o entendimento, facultando-lhe condições de melhor entendê-las e assisti-las, via-se bruscamente afastada, sujeita a ceder aos instintos do romano? Jamais! Acalmou-se, recordando as palavras do Mestre:

– Não te preocupes nunca, minha menina. Sofrerás antecipadamente! A cada dia, a cada hora, bastam suas preocupações. Ora e vigia, faze a tua parte e confia, pois o Pai te dará sempre o melhor, mesmo que, a teus olhos ainda restritos à presente encarnação e alheios à imortalidade do espírito, assim não pareça!

Mal acabara a serva de completar o curativo, quando batidas na porta precederam a entrada do dono da casa.

Fitaram-se longamente. A moça, envergonhada e temerosa, abaixou primeiro os olhos, enrubescendo violentamente.

– Ora, ora. Que transformação! A mais bela flor da casa dos prazeres seguramente se escondia na cozinha!

– Senhor – apressou-se em adiantar a jovem –, enganai-vos! Não sou, repito, uma das moças da senhora; somente faço a limpeza, lavo, cozinho! Vede minhas mãos! Parecem as de alguém que negocia o corpo? Peço-vos respeitar minha vontade, sou livre por nascimento e opção. Deixai-me ir, voltar a meus afazeres humildes e honestos. Sei que, devido ao vosso gesto impensado, provavelmente terei que abandonar a casa que me serviu de refúgio e lar nos últimos meses, pois meu disfarce foi destruído, e outros, como vós, julgar-me-ão disponível. Não o sou, digno senhor! Embora pertença à maioria dos desamparados e pobres desta terra, recuso-me a aceitar as adversidades como fator de degradação do ser humano, acreditando que de nós depende a construção de nosso destino, donos que somos de livre arbítrio e de inteligência para buscar soluções. Sobreviverei em outro local, sem ter que aceder a caprichos masculinos!

O moço olhava-a com imensa surpresa. Rara criatura aquela, aliando beleza à inteligência, fragilidade à força de vontade férrea! Lacrimejavam os imensos olhos azuis, tremia a voz suave, mas seus argumentos tinham o poder da verdade. Irritou-se, desacostumado de tamanha franqueza advinda de uma judia, que lhe devia obediência e respeito, pois parte de um povo subjugado pelas hostes romanas! Atrevida!

– Ficarás aqui e farás as minhas vontades, se queres saber! Quem me privará de meus direitos? Tu? Por hora, descansa e acalma teus ímpetos de liberdade! Virei mais tarde e conversaremos. Então verás que as coisas se processam de maneira bem diversa daquela que colocaste com tamanha veemência. Agradar-te-ás de mim e dos benefícios que advirão de minha pessoa. Tudo dependerá de ti. Acaso desejas continuar na vida que levavas naquele bordel? A mais simples de minhas escravas tem maiores regalias e não se mata no serviço como tu! Olha tuas mãos! Orgulhas-te delas? Seriam mais belas e macias se não se machucassem nos esfregões... Vejo que a bondosa Naftali cuidou da feia queimadura... Por acaso aprecias lidar com tachos de gordura fervente?

Aproximando-se, virou-a para o imenso espelho, continuando:

– Mira-te! Mereces sedas e perfumes, flores e pérolas! Não acredito que eu te desagrade, pois teus olhos brilham ao me fitar e em vão tentas esconder o que te vai na alma!

Rindo, retirou-se, após elegante curvatura, digna da mais nobre patrícia romana.

Como acertara em cheio a respeito do que sentia! Seria tão evidente? A quem buscava enganar, senão a si própria... Apaixonara-se ao primeiro olhar e temia não conseguir refrear a vontade imensa de tocá-lo, de retribuir os carinhos que ele se atrevesse a fazer...

O dia arrastou-se lentamente e, embora o conforto dos aposentos, as frutas e doces, os mimos que deveriam lhe entreter a atenção, sentia-se agitada, ansiosa. Esperava-o, conquanto se esforçasse para o expulsar do pensamento... Altas horas da noite, ouviu-o chegar. Correu às janelas, afastando as cortinas cautelosamente. Imensa lua clareava o pátio da casa e ela observou-o entregar às mãos de um criado o belo animal, não sem antes acarinhar sua cabeça. Escutou os passos dele na escadaria e, coração acelerado, preparou-se para o encontro. Frente à porta, ele estacou por alguns segundos e depois se foi, rumo ao quarto onde a alojara na noite anterior. Alívio e decepção, acompanhados de singular saudade, envolveram-na.

Dias decorreram sem que ele retornasse. Inventou explicações, justificativas, perdeu o sono, julgou que o moço deixara de se interessar. Discretamente tentou obter alguma informação com Naftali, mas foi inútil. Que teria acontecido? O orgulho a impediu de se expor mais, claramente interrogando a gentil criatura a respeito do amo.

O oficial romano, após a primeira entrevista, extremamente reveladora e intrigante, caíra em profundas cismas. De elevados ideais e moral muito diversa da época, embora convivesse com as liberalidades da sociedade por força do trabalho e exigências sociais, fora surpreendido com os posicionamentos da mocinha. A instintiva e natural postura de repúdio à rejeição da bela judia foi substituída por admiração. Seguramente, tratava-se de uma mulher incomum! Alguém que preferia o trabalho duríssimo às fáceis vantagens que sua beleza lhe conferiria! Escondera sob véus a formosura para salvaguardar a honra! Com que facilidade e objetividade se expressara, reivindicando direitos, opondo deveres que assumiria em contrapartida. Acostumado à passividade feminina, rodeado por mulheres que lhe solicitavam a atenção, a delicada mas firme recusa da moça o abalara e impressionara. Insegurança e ansiedade passaram a fazer parte de seus dias, coisa incomum a ele, de natural autoconfiança. Estaria vendo demais ao julgar entrever afeto naqueles olhos de claro azul? Voluntariamente se afastou dos aposentos da surpreendente hóspede, prevendo que um encontro em tais circunstâncias provavelmente terminaria mal. Não estava preparado para as idéias e reivindicações da moça, embora algo interior lhe soprasse a sensatez e a justiça nelas existentes. Melhor aguardar...

Após dez penosos dias, a saudade encaminhou-o ao aposento tão dificilmente evitado. Para não constrangê-la, ordenou à serva Naftali que avisasse à jovem seu intento de visitá-la naquela noite e cear com ela.

Finalmente! Rebeca sentiu-se sufocar e preocupações pueris a invadiram. Que trajes a fariam mais sedutora? As mãos, graças aos ungüentos e cremes aplicados pela serva, achavam-se macias e a marca da queimadura praticamente invisível. Os longos cabelos haviam sido tratados com máscaras de beleza à base de ervas e óleos naturais e brilhavam em ondas sedosas. Jamais estivera tão bela. À tarde, a serviçal trouxe enorme caixa onde se abrigavam vestes de alvinitente seda, bordadas a fios de prata. Impressionante tiara de límpidas e brilhantes pedras, acompanhada de colar e brincos, refulgia entre veludos. Espantou-se, atrevendo-se a indagar:

– De onde tira vosso senhor tanta riqueza?

– Ah, senhora! Nosso amo pertence à rica família de patrícios romanos, não se tratando de alguém que vive do soldo. Vedes esta casa e os criados? Os carros? Os animais de raça? Trata-se de nobre romano que escolheu a carreira de armas como rápido meio de ascensão. Os que se destacam nas lides de guerra, em especial nos altos postos de comando, além de tudo nobres por nascimento, ricos e belos, voltam como heróis a Roma e passam a ocupar cargos de destaque. É o caso do amo! Demorar-se-á pouco nestas terras inóspitas. Talvez devesse me calar, mas acredito devais vos cientificar de algumas coisas que ignorais...

Encontrando os límpidos olhos da moça no espelho, após rápida indecisão, ajuntou:

– O senhor não é dado a aventuras amorosas como estes romanos devassos, a bem falar a maioria, minha senhorinha! As mulheres correm atrás dele, não lhe dão sossego, mas são raras as que conseguem lhe acessar o coração. Como não poderia deixar de ser, pois não sou surda, ouvi vossa primeira conversa e dou-vos um conselho precioso: acalmai-vos, pois o amo não é homem de atacar ninguém, muito menos uma mulher. Talvez esteja meio confuso, pois vos pegou em um bordel... Ele, sempre rico e poderoso, não compreende a realidade das mulheres desprotegidas e sós... Sois livre, senhora, mas bem insignificante é a liberdade da mulher nestes tempos! Conversando com imparcialidade e jeitinho conseguireis a saída desta casa, caso assim o desejardes. Se o amo fosse um crápula, não estaríeis intocada até hoje! Tratai-o bem, com respeito, e partireis em segurança e sem embargo.

Partir? A simples idéia de não vê-lo mais doía-lhe insuportavelmente. No entanto, urgia abandonar o palacete, estabelecer segura distância, volver à rotina que lhe pertencia, a de simples serva.

Recebeu-o, trêmula e tímida, lendo-lhe nos olhos a admiração. Realmente, estava belíssima! As alvas sedas ressaltavam os cabelos escuros e a pele clara. A escrava, com rara habilidade, recolhera os fartos cabelos ao alto da cabeça e eles caíam em opulenta cascata pelas espáduas, adornados pelas refulgentes pedras. Cumprimentou-o, olhos baixos, estremecendo quando ele lhe tomou as mãos, levando-as aos lábios, encaminhando-a em direção de um dos triclínios, onde a instalou entre almofadas, sentando se à sua frente.

A ceia foi servida e, como que por encanto, sentiu-se mais calma, agradecendo intimamente à escrava pelos sábios conselhos. Conversaram. Que teria ela, pobre moça do interior, obscura serviçal de um prostíbulo, a dizer ao rico romano? As palavras, todavia, fluíram naturalmente, expondo sua pureza d'alma, a mesma pureza entrevista pelo Mestre no templo. Encantamento e surpresa envolveram o jovem. Ao término da noite, despediu-se gentilmente, sugerindo que o agradável encontro se repetisse.

Assim aconteceu. Para surpresa de Rebeca, as portas dos aposentos não mais se fecharam à chave pelo lado de fora e ela teve livre acesso à casa, deliciando-se especialmente com os jardins e as obras de arte. Poderia ter ido embora a qualquer momento, mas a maior e mais poderosa das cadeias a retinha: o amor.

Dois segredos a jovem guardava cuidadosamente: o primeiro, a agressão de que fora vítima, que, segundo as crenças da época, invalidava-a para relacionamentos sérios como o casamento, por exemplo; o segundo, luz a lhe nortear os passos, os dias que compartilhara com Jesus, abraçando-Lhe a causa redentora, aceitando a incumbência que ainda não se definira. Ambos a deixavam ansiosa, por mais que tentasse se asserenar: inolvidável ofensa moral aquele, luminosa missão este. Onde se encaixariam no encontro com o amado? Recordava-se de que, naquela noite no prostíbulo, ele mencionara o Rabi crucificado. Que pensaria a respeito de Jesus? Estaria corretamente informado a respeito dEle? Não lhe notara animosidade nas palavras, parecendo muito mais uma colocação profissional do que um assunto pessoal. Temia que ambas as questões viessem à baila, receando fazer desmoronar a felicidade dos últimos tempos. Que fazer, doce Jesus, conselheiro e amigo? A resposta parecia não chegar.

Naquela tarde, acomodada em um dos bancos do jardim, surpreendeu-se. Noventa dias! O tempo corria célere, embora não tivesse noção disso, totalmente envolvida emocionalmente. O ruído do fogoso corcel despertou-a dos sonhos. Ele chegara mais cedo e a encontrou debaixo de encantadora pérgula formada por perfumada trepadeira. Vendo-o, abandonou o bordado e as cismas, correndo a seu encontro.

– Viestes mais cedo. Que bom! Assim teremos tempo de contemplar o pôr-do-sol e nos maravilharmos com as belezas que Deus nos oferece! Vede! O céu explode em chamas!

– Tenho razões muito sérias para chegar mais cedo, minha querida. Não que o espetáculo do sol poente não me agrade, mas necessito vos falar com urgência. Volto a Roma daqui a sete dias!

A notícia atingiu-a como uma pancada. Perdê-lo-ia! Os olhos claros encheram-se de lágrimas, que ela dominou a custo para não constrangê-lo e revelar o sentimento que a possuía.

– Mas já? Acabastes de chegar a nossas terras! Julguei que demoraríeis muito mais, pois há tantas coisas a fazer por aqui!

– A notícia surpreendeu-me também, mas importante promoção se esconde por detrás dela. Impossível reclamar ou contestar, pois vem atender a meus anseios – redargüiu o moço – e, até certo ponto, felicita-me.

Feliz? Então não lhe importava ficar longe dela? Certamente a enviaria de volta à casa de prostituição, restando apenas lembranças agradáveis! Iludira-se, julgando que ele também a amasse! Calou-se, embora imensa dor lhe apertasse o peito. A voz do jovem vinha de longe e foi envolta em intensa onda dolorosa que o ouviu dizer:

– Julgo que tenhais adivinhado o que me vai pela alma, tamanhos os indícios de afeto que tenho manifestado nos últimos tempos. Desejo consolidar o que nos une, se assim também o quiserdes.

Ato contínuo, apresentava-lhe magnífico anel, acrescentando:

– Foi de minha mãe. Com ele meu pai selou o imenso amor que os ligou durante praticamente uma existência. Reservei-o para uma mulher muito especial, com a qual meu coração desejaria se unir para sempre. Quereis aceitá-lo, tornando-se minha esposa?

Um raio no céu claro não a teria atingido com tamanho impacto. Casar-se? Imensa onda de felicidade arrebatou-a e se sentiu flutuar. Depois, funesta lembrança lhe pungiu a alma. Se ele soubesse a desgraça que a atingira! Seria capaz de passar por cima de tudo? Imensa luta travou-se em seu coraçãozinho: se ocultasse a verdade, haveria pouquíssima probabilidade de que ele descobrisse, principalmente porque iriam para longe. Garantiria sua felicidade! Imensa tristeza a invadiu, pois sabia que impossível omitir, enganar, construir uma sólida relação sobre enganos e mentiras. Baixinho, as lágrimas deslizando pela face, desnudou o passado. Ele ouviu calado, sério, apertando nervosamente as mãos. Após algum tempo, perguntou-lhe:

– Por que me contastes? Estou tão apaixonado, tão envolvido, tão maravilhado, que jamais suspeitaria de algo de tal sorte! Para mim, por tudo que foi dito e demonstrado até hoje, representáveis a pureza!

– Julgais, meu amado – obtemperou a moça – que a pureza reside no corpo? Mentiria se dissesse que o ocorrido não me envergonha, mas o fato somente maculou a matéria indefesa e inconsciente, jamais o espírito. Este continua livre e impoluto, pronto para o homem certo e os sentimentos elevados. Naquela ruela infecta, privada dos sentidos e sem chances de me defender, aconteceu-me uma agressão do mundo. Nos tempos que se seguiram, mais e mais se tornou clara a luta pela manutenção da dignidade. Combate difícil este, meu querido, pois exige o sacrifício de vaidades e orgulhos; uma luta constante que travamos com nossas imperfeições e, verdade seja dita, as vitórias são anônimas e nem sempre compreendidas pelos que nos observam de fora, com os olhos físicos tão somente. Calando-me, teria perdido a mais importante das batalhas, aprisionando-me por toda existência na mentira desta hora. Escolho a verdade, uma vez mais. Deixarei esta casa como cheguei, entendendo-vos o repúdio, caso não me consigais relevar o passado.

Fechou os olhos, tomando alento, prosseguindo:

– Tem mais, senhor. Pertenço àqueles que acreditam no Nazareno e seguem Sua doutrina de Amor. Sei que os romanos O consideram criminoso, reprovam Seus seguidores e ameaçam-nos com represálias terríveis.

O romano ergueu-se do banco, aturdido com as inesperadas confissões. Aquele Rabi, crucificado entre ladrões, execrado pelos maiorais de seu próprio povo... Facilmente a subtrairia de Seu encanto e perniciosa influência. Mas o estupro! Sentia-se traído, injuriado, lesado... Não fora fácil se decidir. Embora a amasse, a opção exigiria que passasse por cima de preconceitos, assumindo uma moça de outra raça, considerada menos digna e inferior, sem família, pobre. Tratava-se de séria resolução, pois não lhe propusera simples concubinato ou relação efêmera de amantes, mas casamento, com todas as implicações legais, afetivas e sociais, incluindo respeito, lealdade, amor. Virando-se, olhou-a: chorava silenciosamente. Imensa ternura o envolveu. Que culpa tivera? Fora vítima de um bandido, em momento de muita tristeza...

Por que as pessoas simplesmente rotulavam os fatos, sem atentar para as circunstâncias atenuantes e qualidades da pessoa envolvida?! Sequer ela tivera condições de se defender! Perguntava-se, interiormente, qual a extensão do pretenso crime da jovem, pois não houvera consentimento, conivência. Mesmo enviada ao prostíbulo, defendera suas convicções, as mãos calosas e machucadas o atestavam. Teria sido tão mais fácil ceder, utilizar a beleza, se não fosse tão íntegra! Envergonhou-se, voltando vagarosamente para debaixo do florido dossel, abraçando-a.

– Não falemos mais nisso, meu amor. Pertence ao passado, vivamos o presente! Que achais de marcarmos a data das bodas com urgência? Volverei a Roma casado! Deixemos para trás as lembranças odiosas e tratemos de nossa felicidade.

Nenhuma menção a Jesus... A jovem também se calou.

Uma semana depois, o casal embarcava em luxuosa galera, em direção a Roma. Corria o ano de 34 D.C.

A enorme cidade surpreendeu a recém desposada judia. Muito embora houvesse convivido com as licenciosidades de um prostíbulo, constatou com desagrado e espanto os depravados costumes e a permissividade que medravam no seio das tradicionais famílias romanas e da plebe. Roma fervilhava ao influxo de dinheiro, poder e sexo. Por toda parte, buscava-se o prazer inconseqüente em desenfreadas orgias, verdadeiras festas de ilusões perniciosas. Espíritos ignorantes da destinação real do ser, os romanos aturdiam-se na materialidade. Rebeca sentiu-se ilhada em meio a uma sociedade em que os vícios eram exaltados. Pudor, honestidade, sinceridade, lealdade, para quê? O Cristo, com Seus conceitos profundos e retificadores, jamais encontraria guarida nos pétreos corações da maioria dos cidadãos...

O esposo rapidamente se adequou às novas atividades, passando o dia fora de casa, atendendo aos dispositivos do importante cargo a que presidia. Sozinha na casa luxuosa e confortável, cercada por servos inúmeros, a moça se indagava mentalmente sobre as maneiras de levar a efeito o compromisso assumido com o doce Amigo, em sua distante terra natal. Após muito meditar, concluiu que aguardaria o momento em que o Messias resolvesse solicitar seus préstimos. Afinal, Ele era o dono da seara e ela, simples serva a Seu dispor e conveniência. Apaziguou-se.

Impossível não notar as desigualdades que medravam por toda parte. Ouro, pedrarias, mármores, recepções onde vinho e iguarias se desperdiçavam, tudo ao lado de contristadora miséria, expressa em doenças, fome, sede, abandono social. Agravando o quadro, a crueldade resultante do orgulho e vaidade exacerbados, do egoísmo gritante, chaga a corroer as entranhas do povo romano. Escravos morriam debaixo do açoite, o povo gemia sob os impostos pesadíssimos. A plebe, como a denominavam, nascia e morria à míngua de direitos e opções. Alguns poucos patrícios se constrangiam com o que ocorria, buscando remediar a situação, atuando na surdina para não serem vítimas do escárnio dos demais e até de represálias. Ela, profundamente sensibilizada, a doutrina de fraternidade do Mestre clamando alto em seu peito, engrossou as fileiras dos poucos anônimos que buscavam minorar o sofrimento de muitos. Essa mesma sensibilidade e o contato com Jesus determinaram uma análise da situação dos sofredores sem desnecessários julgamentos. Por toda parte, ignorância da realidade do espírito, apego à matéria, egoísmo. Privados das mais simples condições de digna sobrevivência, eram, sobretudo, destituídos de iluminação espiritual que lhes poderia facultar uma existência melhor e mais produtiva, não obstante as aflições. Que fazer? Como ajudar efetivamente? O esposo, embora bondoso e justo, jamais lhe permitiria falar em Jesus, pois era extremamente ligado às tradições e avesso a mudanças. Assim, para não tumultuar a paz doméstica e não o magoar, silenciou temporariamente, respeitando-lhe o livre arbítrio. Dos tempos decorridos ao lado de Jesus, guardava lições maravilhosas, principalmente no que se referia à paciência com que o Amigo conduzia os assuntos relativos à transformação da criatura, sempre apostando na centelha divina existente em cada ser, concedendo a cada um, diferenciadamente, o instante próprio e particular de evolução. Quem mais do que Ele soubera exemplificar e testemunhar as verdades, sem nada exigir, aguardando pacientemente que o tempo propiciasse os momentos incentivadores das transmudações?

Como que atraídos por luminosa chama, os necessitados começaram a buscá-la e ela lhes concedia o pão material e o espiritual. Tudo sem alarde, sutilmente, respeitando os desejos do esposo muito amado, serenamente levando as palavras do doce Rabi sem nominá-lO, mas sempre Ele a norteá-la. O companheiro, constatando a fila de carentes, porque também bondoso e sensível, aquiescia, abrindo generosamente os cofres, recomendando apenas comedimento e equilíbrio. Costumava acrescentar:

– Ajuda, sim, mas cuidado, minha querida! Não te envolvas em demasia. Lembra-te de nossa posição social e de meu cargo público... E, sobretudo, cuidado com os tais seguidores de Jesus... O Estado os vê com péssimos olhos e não queremos confusão...

Rebeca calava, compreendendo-lhe os temores, mas seu coração doía. Ah, se ele soubesse quão especial era o Mestre! Um dia, não importa quanto demorasse, ele se renderia ao Crucificado Nazareno e seus braços se abririam incondicionalmente aos filhos do calvário, os deserdados da Terra. Enquanto isso não acontecesse, respeitaria sua opinião e o direito de tê-la, mas seguiria adiante, na tarefa amorosa, sublime, humilde.

Os anos se passaram. Vieram filhos e os criaram com muito carinho. Cultuavam os deuses e numes familiares, respeitando a crença paterna, mas a mãe lhes repassava o que aprendera com Jesus, embora guardasse oculto o nome do Mestre. Serena, ponderava que os exemplos impressionariam muito mais do que as meras palavras... Que importava se os filhos não soubessem o nome dAquele que lhe modificara a existência, desde que seguissem Seus ensinamentos?

Paciente e perseverantemente, conduzia as tarefas beneficentes, difundindo as palavras do Nazareno de permeio com alimentos e remédios. Essas, quais sementes da parábola que ouvira dos lábios do Mestre, caíam em diferentes solos; muitas sufocavam na agrura do mundo e dos corações, mas, no solo fértil de muitas almas, brotavam e vicejavam, frutificando e se espalhando pela cidade buliçosa e insensível. Em toda parte, mais e mais pessoas abraçavam a doutrina do Messias, pacificando-se em contato com Seus preceitos de Amor. Assim, os humildes semeadores cumpriam sua missão, anônimos servos do Mestre.

Os rigores da repressão acentuavam-se de forma preocupante. Em meio aos depravados e corruptos hábitos da sociedade romana comandada por Nero, que brotavam nos suntuosos palácios e desciam para os míseros casebres, atingindo poderosos e paupérrimos, a vida simples e reta dos seguidores de Jesus, os cristãos, constituía motivo de indignação, intolerância e acerba inveja, pois ao vicioso causa extrema irritação a sobriedade e felicidade alheias, impulsionando a eliminação do que foge ao lugar comum. Assim, quando Nero fez incendiar Roma, atendendo a seus megalomaníacos propósitos de construir uma cidade ideal e bela, e o fogo extrapolou os limites, queimando importantes patrimônios públicos e particulares e ocasionando incontável número de mortes, um bode expiatório surgiu pela própria boca da massa, fornecendo ao insano imperador o álibi para sua ação nefanda e o estopim que desencadearia a matança legalizada: morte aos cristãos! Com eles às feras, ao fogo, ao martírio!

Reconstruiu-se então a Roma destruída pelas chamas, em esplendores de níveos mármores e suntuosidades nunca imaginadas. Festas comemoravam a perfeição e a beleza da nova cidade, que ressurgia das cinzas qual fênix mitológica. Enquanto isso, os cristãos eram retirados de seus lares, aprisionados em secretas reuniões evangélicas. Devassavam-se as catacumbas, dantes seguros abrigos religiosos! Homens, mulheres, crianças, nada escapava à fúria dos algozes, e os métodos de tortura e sacrifício inovavam-se constantemente. Levas e mais levas de criaturas, assustadas e temerosas, eram lançadas aos calabouços das prisões, aguardando o momento de adentrarem o circo. E o povo delirava, extravasando crueldade, inconsciente e ignorante.

Impossível retratar fielmente os horrores e tristezas deste período. Também impossível passar para o papel as angústias que nublavam o coração da antiga serviçal do prostíbulo de Jerusalém, agora em seu papel de matrona romana. Resguardada em sua luxuosa casa, protegida pela figura intocável do esposo, senador cuja lealdade ao império e repúdio aos ideais e concepções cristãos eram notórios, sentia-se omissa e covarde, controlando-se para não revelar aos quatro cantos da desarmônica cidade: " Sou cristã também. Eis-me aqui!"

Uma vez mais, calou. Uma voz vibrava mentalmente, aconselhando-a:

– Paciência. Continua a amorosa tarefa, iluminando consciências. Muitos tombam em meu nome. De que me serviria tua morte agora? Aqueles que adentram os circos consolidam o reinado de verdades sobre este planeta através dos testemunhos de fé. É a hora deles... De ti, no entanto, espero a perseverança. Persiste, em abençoado silêncio. Prossegue, jamais esquecendo que tua mão esquerda não necessita saber daquilo de bom que a direita praticou. Darás do material e do espiritual sem nada esperar como retorno e não deves te surpreender com a ingratidão do mundo, pois que a mim, e tão somente a mim, estarás ofertando. Dias virão em que essas ponderações te servirão de consolo à alma amargurada pela traição, dulcificando e expulsando improdutivas mágoas, chamando uma vez mais ao amor sem condições, aquele que nada aguarda, somente doa de si, realimentando-se em luminoso e gratificante ciclo, que independe do outro para se consolidar.

A voz continuava, repercutindo em sua alma, com as mesmas doces e suaves vibrações de anos atrás, nas saudosas plagas da Palestina:

– Achas pouco o que fazes, amparando os pequeninos? Aos

sentidos puramente materiais importam, sempre, as exterioridades, aquilo que aparece e reluz, que pode ser visto, tocado, ouvido, mensurado... Assim, atos heróicos do ponto de vista mundano sobressaem, ofuscando a grandeza das rotineiras e preciosas tarefas, anonimamente levadas a cabo durante inteiras existências, desconhecidas de todos e, muitas vezes, até daquele que as empreende, por sua humildade e inconsciência. Eu, porém, afirmo: estas detêm valor e honra superiores a muitos feitos considerados e endeusados pelo mundo, pois que alicerçadas em renúncia e verdadeiro amor ao semelhante. Portanto, silencia e prossegue, iluminando, esclarecendo, amando acima de tudo.

A moça asserenava-se.

Intensificavam-se, mais e mais, os desmandos, assumindo proporções aterradoras. Nero excedia-se e, sob o despotismo de seu poder, caíam justos e injustos, em um verdadeiro banho de sangue, ao sabor de suas vontades e insanidades. Profundamente indignado com a onda de arbitrariedades que se abatiam sobre o império e, em especial, sobre Roma, acreditando que o elevado posto de senador lhe outorgava o direito e a responsabilidade de alertar o enlouquecido imperador no tocante a violências desnecessárias e injustiças fragorosas, ousou o esposo de Rebeca postar-se-lhe frente a frente, sugerindo maior discernimento e comedimento nas prisões e execuções que se sucediam. Julgava, então, encontrar no representante dos romanos alma semelhante à sua, digna, correta, honesta, sincera, interessada no bem estar do povo... Para seu espanto, Nero conhecia muito bem as atrocidades perpetradas, avalizando-as, incentivando a matança. A sinceridade custou ao senador a prisão! Infecta cela recebeu-o e ele amargurou, em malcheirosa penumbra, na companhia de ratos e baratas, a ousadia de bem aconselhar.

Inicialmente, o choque fê-lo ensimesmar-se. Pensamentos nada animadores pululavam em sua mente, torturando-o. Que seria dos seus? Atrever-se-ia a maldosa corja de adeptos do perverso imperador a estender o castigo a seus entes queridos? Desesperado, tentou abrir os pesados cadeados, gritou, ameaçou e, finalmente, aquietou-se. Pouco a pouco, a razão voltou a lhe comandar os atos. Estava em cela individual, em ala especialmente destinada a cidadãos romanos ou portadores de títulos de cidadania. Conhecia muito bem o setor, sabendo-o destinado aos que aguardavam o pronunciamento final do excêntrico imperador. Não seria simplesmente executado ou largado ali. Menos mal! Julgá-lo-iam e teria a oportunidade de se explicar. Nero era célebre pelos castigos humilhantes, destinados a dobrar a altivez dos que se arriscavam a questioná-lo, submetendo-os. Embora indignado com a absurda situação, na impossibilidade de alterá-la, acalmou os ânimos excitados.

Então, anoitecia em Roma. Ligeira nesga de céu entrevia-se pela minúscula abertura que ligava o cubículo ao exterior. Longe, ruídos de vozes e lamentos. Certamente vinham dos locais onde se encarceravam os cristãos destinados ao circo romano. O senador arrepiou-se incontrolavelmente, ponderando sobre o que aguardaria aquelas pessoas. Repugnavam-lhe as atrocidades, tão ao gosto de nobres e plebeus, considerando-as indignas de seres que se diziam civilizados e detentores de vasta e aprimorada cultura. Que alegria e prazer adviriam da tortura de seus semelhantes? Embora engrossasse as fileiras dos que temiam as idéias deixadas pelo Nazareno, considerando-as perniciosas ao poderio nacional, discordava dos horrores repressivos e punitivos praticados em nome da soberania. Intimamente, questionava-se como, sujeitos a sanções e à morte, perseveravam os seguidores de Jesus, não O abandonando, continuando a propagar Sua doutrina. Fanáticos, loucos certamente!

Jamais estivera nos espetáculos circenses destinados ao sacrifícios humanos, muito embora insistissem para que se fizesse presente. Abominava-os, considerando-os ofensivos à justiça e à dignidade. Assistira, algumas vezes, às prisões de cristãos e se surpreendera com a serenidade dos mesmos frente aos algozes. Havia em seus olhos uma paz estranha, incomum. Poucos se descontrolavam, as lágrimas isentavam-se de revolta, o medo natural não os impulsionava à negação do Mestre a que serviam... Estranhos, incompreensíveis na realidade. De onde viria tal força?

A prisão ficou imersa em escuridão. Soldados trouxeram tochas, anexando-as aos suportes constantes das enegrecidas paredes. As chamas bruxuleantes lançavam sombras nas pedras, formando fantasmagóricos desenhos. Sentiu o coração apertar e a saudade do lar bateu forte no peito. Recordou-se da esposa e não pôde evitar o sorriso. Estavam juntos há cerca de trinta anos. As circunstâncias incomuns do início do relacionamento voltaram à lembrança. Ao arrancar o escuro véu que protegia a bela e jovem serva do prostíbulo em Jerusalém, apaixonara-se. Primeiramente, pela beleza estonteante e isenta de artifícios; depois, por uma beleza maior, a do espírito, que o conquistara definitivamente. Haviam sido anos de muito amor e alegrias infindas! Passou a mão pelos cabelos que começavam a se tornar grisalhos e sorriu novamente. Estavam envelhecendo ambos. Todavia, o amor crescera, amadurecendo, transmutando-se, excedendo meros limites carnais, conquanto ainda se reconhecesse apaixonado, não cogitando a existência longe dela. Cenas da vida em comum, momentos especiais desfilavam em sua mente. Repentinamente, localizou uma frase do passado:

–"... pertenço àqueles que acreditam no Nazareno e seguem Sua doutrina de Amor..."

Estranho medo confrangeu-lhe o coração, um pressentimento... Nunca mais a mulher amada falara em Jesus, principalmente após a enfática proibição nos primeiros tempos de casamento. Certamente abdicara de tais idéias para não desagradar a ele! Caridosa ao extremo, mas certamente isso nada tinha a ver com o tal Messias!

Suspirando fundo, o romano falava consigo mesmo:

– Estais a ver perigos onde não existem! Ela não é cristã! Se fosse, vós o saberíeis!

Imenso silêncio reinava nos corredores lúgubres. Observou as celas vizinhas. Algumas estavam ocupadas e pôde ouvir gemidos. Provavelmente seus ocupantes haviam sido torturados, coisa comum nas prisões de Nero.

Sua atenção concentrou-se na cela em frente. Incomum figura a habitava: tratava-se de um homem franzino, sentado sobre improvisada cama. Ao contrário das outras repartições, a sua estava limpa e ele vislumbrou, em um dos cantos, rústica vassoura. A luz da tocha dianteira incidia sobre seu rosto contemplativo e sereno, onde grisalha barba se destacava. Cicatrizes marcavam faces e mãos e, com a experiência de antigo soldado, compreendeu que datavam de épocas diferentes, em uma sucessão de maus tratos. Um caixote, à guisa de mesa, abrigava pergaminhos, tintas e estiletes próprios para a escrita. Quem seria o maltratado personagem que teria serenidade para escrever naquele local terrível? Quis falar, conversar, mas compreendeu que o prisioneiro meditava. Esperou, continuando a olhá-lo.

Finalmente, serenos olhos fitaram-no. Animavam o rosto marcado, transmitindo bondade e superior inteligência. Foi então que o homem se levantou e tranqüilamente abriu a porta da cela, saindo para o corredor da prisão. Teriam esquecido de trancafiá-lo? Para sua total estupefação, dirigiu-se à sua cela, dizendo com enérgica e calma voz:

– Vinde, somos esperados. Segui-me.

Como que por encanto e mágica, o pesado cadeado que prendia as correntes da porta caiu ao chão ruidosamente e a porta se abriu, obedecendo a estranho influxo. Um primeiro e incontrolável pensamento impôs-se: fugir dali a qualquer custo! Mas o homem, persuasiva e gentilmente, convidava-o:

– Vinde!

Em poucos instantes atravessavam extensos corredores, parcamente iluminados por tochas aqui e acolá, desembocando nas imensas masmorras que abasteciam o circo romano. Homens, mulheres e crianças comprimiam-se nos grandes espaços, em meio ao nauseante odor de excrementos humanos e corpos impossibilitados de higiene pessoal. Há quantos dias estariam ali? O cheiro sufocou-o momentaneamente. Por toda parte, sujeira e sofrimento. A seu lado, sereno, o homem retirou das vestes rotas um pergaminho amarfanhado, preparando-se para lê-lo.

Vozes amorosas e subitamente consoladas saudaram-no:

– Paulo!

Ele sorria e, naquele espaço triste, seu sorriso assemelhava-se a uma fonte de alegria e confiança. Não havia medo, ou dor, ou revolta; simplesmente confiança, entrega irrestrita.

– Meus irmãozinhos, escutemos as palavras de Jesus e meditemos, nesta hora em que somos chamados ao testemunho. Recordemos que Ele não fugiu ao martírio nem amaldiçoou seus algozes, sabendo a necessidade do sacrifício e conhecendo profundamente as imperfeições humanas. Delegou-nos Ele, nesta hora de transformações no planeta, a tarefa de testemunhar, em palavras e atos, Sua doutrina de Amor, estendendo-a a outras criaturas, mesmo que ao preço de nossas vidas. Ouçamos, abastecendo-nos de energias salutares e coragem para a hora que se aproxima. Saibamos bem morrer, nós que nem sempre soubemos bem viver, mas que encontramos o Mestre em nossa existência...

Às primeiras palavras do pregador, a reação instintiva do senador romano foi recuar, evitando conhecer as idéias do Profeta que rejeitava há três décadas, todavia, a situação dificílima dos prisioneiros e a ascendência espiritual do velho impediram-no de fugir. Escutou, pois.

Espanto, admiração, concordância... Caíram por terra os preconceitos, as crenças ultrapassadas. Aquele Jesus evitado e incompreendido era justo, sábio, objetivo; também Ele repelia os absurdos perpetrados em nome do poder, ansiava pela paz, tinha fome e sede de justiça, esclarecia, confortava. O velho terminava a brilhante prédica e ele se surpreendeu querendo conhecer mais sobre o Mestre. Invejou os que O teriam conhecido pessoalmente: impressionante certamente teria sido o Nazareno!

Vozes femininas irmanavam-se em improvisado coro:

"Jesus, amigo de todas as horas,

Escuta nosso canto de amor!
Dá-nos a coragem no testemunho,
Guia-nos na difícil hora de dor.
Derrama sobre nossos corações vacilantes
o bálsamo da coragem,
para que a senda seja menos áspera!
Mestre, recebe-nos em Teu reino,
Pobres criaturas que nos alegramos em Te servir."

O cântico singelo adquiriu conotações sublimes graças à emotividade geral. Uma das vozes, em especial, despertou saudades profundas no romano aprisionado. Os que estavam à frente das grades cederam lugar às cantoras e elas se achegaram.

Horror e desespero animaram o romano:

– Rebeca!

Correu para os ferros, agarrando-os, como se intentasse arrancá-los, repetindo o nome da companheira amada:

– Rebeca! Rebeca! Que fazes aqui?

Nos imensos olhos azuis leu a verdade, reconhecendo a paz dos que estavam com Jesus. Como fora ingênuo, a ponto de acreditar que ela negaria o Cristo, Aquele que conhecera em Jerusalém, afastando-se de Seus ensinamentos!

Chorando, lamentava:

– Atreveram-se a te jogar aqui! Miseráveis! Infames! Minha ira cairá sobre eles, hei de retirar-te daqui, sairás comigo, volveremos ao nosso lar... Por culpa minha estás prisioneira, sujeita a tamanho sofrimento. Soubesse eu me calar, como outros sábia e prudentemente o fazem, e estaríamos livres, tranqüilos, protegidos... Tolo que fui!

Interrompendo a torrente de palavras, ela ponderava:

– Enganas-te. Primeiramente, não tens culpa de nada. Prender-me-iam, independente de ti. Não sairei daqui a não ser para a arena do circo, para a qual finalmente Jesus me convocou. Deverei passar pelos horrores com que se divertem nossos irmãos, ainda inconscientes de suas responsabilidades. Tuas expressões de rancor e vingança ferem-me profundamente, pois os algozes não sabem o que fazem. Igualar-nos-íamos a eles se buscássemos tais retaliações. Imita o Mestre, meu amor, perdoando e prosseguindo, confiante no amanhã. Tudo passa, meu querido. Conheço-te muito bem. Sei que, embora jamais tenhas aceitado Jesus em teu coração, és bom e generoso e abrigas nobres e sinceros ideais fraternos.

– Sou culpado de aqui estares – repetia o esposo. – Prenderam-te para me punir! Nero é extremamente vingativo...

– Não – repetia a senhora –, denunciaram-me, alguns populares o fizeram, enganados pelos boatos e mentiras que se propagam contra os seguidores de Jesus. A notícia de tua prisão desencadeou estranha fúria, como se a caridade que busco praticar em nome do Mestre os insultasse e prejudicasse. Interessante é que a muitos deles já havia eu auxiliado com alimentos e remédios... Não importa! A primeira lição que o doce Rabi fez questão de nos ministrar, ao concordarmos em servir a Ele, naqueles distantes e maravilhosos dias de juventude, foi que não esperássemos retribuição ou agradecimento e muito menos compreensão. Lembro-me da avozinha, quando fizemos aquela viagem a Jerusalém, e de seu sonho de depositar as moedinhas no gazofilácio do templo. Hoje, rica graças a tua generosidade, a esmola assume proporções ainda mais ínfimas, mas, naqueles tempos, custou-nos tanto poupá-las! Creio que chegou a hora de ofertar mais que moedas: a vida. Sempre anonimamente, humilde servidora, oferecendo tão pouco por Aquele que me abriu as portas da imortalidade da alma, facultando-me a oportunidade de com Ele conviver, de amá-lO, quando muitos ainda não O conhecem.

Tocando com ternura os cabelos do amado, completou:

– Sairás daqui em dias, pois esta não é a hora de teu testemunho. Caso reconheças e aceites Jesus, e confio que o farás finalmente, quero que voltes a nossos filhos e reveles o nome dAquele que nunca esteve ausente em nossa existência. Respeito as tradições e os votos que pronunciei ao nos unirmos, mas, ao cair das vendas que te cegam, justo assumirmos o amor que devotamos ao Rabi da Galiléia. Não te preocupes, pois não incomodarão a ti e a nossos filhos. Em vossos destinos não estão incluídos suplício e morte e sim muita, muita vida. Não te entristeças jamais pela minha morte, porque sucumbindo o corpo físico, libertar-se-á o espírito para as destinações superiores. Agradeço-te o amor de tantos anos, a ternura, a sublime oportunidade de crescimento que me facultaste. Estarei contigo e com as crianças sempre, sempre! Quando a saudade bater mais forte, cerra os olhos do corpo e deixa que os olhos da alma me pressintam...

O ancião, abraçando-o fraternalmente, instava:

– Temos que retornar aos nossos cubículos, irmão. Embora a despedida seja dolorosa, faz-se necessária. Os guardas da próxima ronda não são tão amigáveis como os desta... Além do mais, poderão responsabilizar os inocentes companheiros por nossa pretensa evasão. E os castigos são cruéis, bem sabeis!

Andando pelos corredores, cego pelo pranto, deixando-se guiar pelo braço forte do velho, pensava: "Como viver com tão inesperados conceitos? Ver a mulher amada perecer no circo e perdoar? Perdoar a Nero e a seus cúmplices?" Lágrimas de revolta e desespero agitavam-no. Mal as portas das respectivas celas se fecharam sobre seus passos, a ronda passou ruidosamente. O abatido romano encolheu-se no canto do imundo recinto para que não o notassem. Ansiava por solidão. A madrugada encontrou-o a chorar silenciosamente. Ao longe, rumores. A ala dos cristãos despertava, pois bem cedo se iniciavam as atividades no circo.

Naquele espetáculo, imensas estátuas em translúcidos e alvos mármores, adornadas com sedas e flores, foram custosamente transportadas por hercúleos escravos, em cujos ombros machucados repousavam, inanimadas e frias. Dos inúmeros templos em que se cultuava a bela deusa, desciam suas sacerdotisas, todas formosas, envergando transparentes túnicas, que lhes revelavam os corpos sadios e perfeitos. As arquibancadas ostentavam magníficos arranjos florais e guirlandas enormes pendiam das colunas que sustentavam a construção. Nero, penitenciando-se intimamente pela destruição de antigos e tradicionais templos dos muitos deuses romanos, reconstruíra-os com inexcedível magnificência e, a cada função circense, onde se puniam "os responsáveis" pelo ruinoso incêndio, a cada chacina dos indefesos cristãos, injustamente responsabilizados pelas perdas em patrimônio e vidas, inovava-se, dedicando os sangrentos desempenhos aos deuses. Aquele, particularmente, coubera a Vênus, a deusa do amor. Seguramente, seria um dia memorável, pois não constituía segredo a predileção dos cidadãos pela bela divindade. O povo lotava os imensos espaços, aguardando ansiosamente a chegada do imperador e sua corte. Nas mãos, flores e mais flores, em homenagem à deusa; muitas, logo à entrada, foram depositadas aos pés das desnudas estátuas; outras, as pessoas portavam-nas, aguardando o propício momento da oferta. Piras fumegantes lançavam aos límpidos ares da esplendorosa manhã sutis e inebriantes perfumes.

O sol já ia alto no límpido azul do céu quando o imperador adentrou os camarotes de luxo, protegidos do calor por pálios imensos. Acompanhava-o irrequieta e imensa comitiva. Excêntrico e destituído do senso de ridículo, adornara-se ele como uma mulher, portando nívea e transparente túnica e tendo as faces pintadas como as de uma cortesã. Explicara a uns e outros nobres, com gestos e voz feminis, que homenageava a deusa, assumindo sua personalidade. Afinal, justificava entre trejeitos, como deus que também o era, tudo se tornava possível e permissível. Calaram-se os mais conscientes, exultaram os insensatos... Que fazer?!

Em meio aos gritos, soaram as trombetas. Jovens belíssimas, todas envoltas em branco e azul, transparentes tecidos realçando os corpos, desenvolveram sensual bailado; depois, um arauto garridamente vestido leu longo e maçante poema de autoria do imperador Nero, para evidente entusiasmo do mesmo, sendo precavida e exageradamente aplaudido, o que custou a repetição da página poética vezes seguidas até que o autor se cansou e ordenou prosseguissem as festividades. Os metais estrugiram e uma sacerdotisa de excepcional beleza depôs aos pés da maior das estátuas maravilhosa guirlanda de flores alvas e perfumadas, iniciando suave canto. Como que impulsionados pelo gesto, a turba silenciosa lançou à arena, manchada pelo sangue dos muitos cristãos que já haviam tombado, as flores, formando imenso tapete colorido. Foi sobre este belíssimo revestimento que os condenados adentraram a praça de sacrifício. Seguravam-se as mãos, os mais fortes amparando os que ameaçavam sucumbir. À frente, obedecendo a invisível e silencioso comando, liderando o grupo de mulheres, unidas em doce canto, a esposa do romano, a antiga serviçal do prostíbulo de Jerusalém. Momentaneamente surpresa com o florido tapete, Rebeca passou o olhar pelo povo, detendo-o nas maravilhosas e níveas estátuas, cujo mármore refulgia ao sol. Vênus, que ironia! O pensamento voltou rápido para os dias da terra natal, mas não se deteve nas agruras, e sim em Jesus. Quão bem soubera Ele resgatar o amor às meras sensações carnais e elevá-lo, sublimá-lo em termos de Humanidade, com o precioso equilíbrio de quem reconhece e aceita o momento evolutivo de cada ser e suas necessidades, mas sempre realçando a indispensável espiritualização, o aprimoramento dos sentimentos. Imprescindível à preservação da espécie, incrível mecanismo de permuta de energias e fluidos, manifestação de carinho, ternura, respeito, todavia tão degradado e aviltado pelos humanos que ainda transitam unicamente no campo do instinto. Acreditariam aquelas pessoas que, existindo realmente uma divindade responsável pelo amor, aceitaria tanto sangue e brutalidade em sua honra? Certamente o verdadeiro amor solicitaria vida, respeito, união... Imensa onda de paz, decorrente da consciência do dever cumprido, envolveu-a. Compreendia os duros testemunhos a que fora convocada durante toda uma existência: estupro, prostíbulo, o amor ao romano, a possibilidade da segurança e do luxo se abdicasse da doutrina do Mestre... Sobrevivera a tudo, superando as tentações. Seriam estas as de que o doce Amigo falava em sua oração? "Não nos deixeis cair em tentação, livrai-nos do mal". A morte iminente despiu-se de importância: havia superado mais uma etapa evolutiva. Um dia, talvez séculos após, aquelas criaturas que bradavam pelo sangue de seus semelhantes compreenderiam e aceitariam Jesus. Imensa alegria inundou-a. Uma vez mais fixou as estátuas, ladeando as escadarias das arquibancadas e sorriu. Seres envoltos em luz desciam os degraus, rumo à arena. Não estariam a sós na hora difícil! A voz vibrante e privilegiada elevou-se com mais ardor, sobrepujando os gritos da turba e o medo que sentiam os que iriam morrer. Avançou para o centro da arena, sentindo nos pés descalços a maciez e o frescor das pétalas. Suave perfume de flores esmagadas fazia-se no ar puro da manhã. A fera faminta enxergou-a e seus olhos amarelos faiscaram. Rebeca reconheceu-se jovem novamente, com dezessete anos, vestida com longa túnica branca e, nos negros e longos cabelos, delicada guirlanda de flores do campo. Sentiu-se leve, flutuando. A seu lado, a avozinha, remoçada e feliz. Na arena, o corpo estraçalhado.

Seis dias depois, soltaram-no. O romano, mergulhado em saudade e imensa dor, deixou a prisão, retornando a seu cargo com profunda amargura. Deixara para trás longos anos de amor e companheirismo junto à Rebeca. Recriminava-se intimamente por não os ter melhor aproveitado, pois desconhecera o mais importante lado da esposa quando repudiara Jesus e a impedira de manifestar sua crença livremente, ainda que a âmbito familiar, por questões de segurança e tolos preconceitos.

Os dias que se seguiram à chacina, ainda na prisão, preenchiam-se com as palavras enérgicas e comoventes do ancião da cela ao lado. Estranha e maravilhosa criatura aquela! Visitavam-no pessoas influentes, alguns inclusive conhecidos seus, do círculo de suas relações na corte, patrícios respeitados e probos. Tratavam-no com respeito e carinho e essa deferência se estendia entre os que labutavam nos calabouços, que, de rudes e insensíveis, passavam a encontrar prazer na companhia do velho, escutando-lhe histórias e prédicas. Jesus, nos lábios daquele homem, adquiria uma dimensão inimaginável! Através dele conheceu o Nazareno, entendendo as reais circunstâncias de Seu martírio e o destemor de Seus seguidores. O velho, que afinal não o era tanto assim, mas extremamente maltratado pela difícil vida de apóstolo do Mestre, abandonou temporariamente as epístolas que se imortalizariam um dia, dedicando-se integralmente ao novo discípulo.

– Que farei ao sair daqui? Esperar-me-ão os filhos ou estarão mortos também, vítimas da ferocidade deste homem a quem me obrigo a servir como imperador de Roma? Minha vida mudou! Crenças caíram por terra, valores mostram-se inadequados... Trabalho, casamento, filhos... Como enfrentarei a necessidade de continuar a servir a Nero, se minha alma soçobra em indignação e rancor? Dizeis que devo perdoar, seguir em frente, mas conseguirei?

E o velho, lembrando os dias em que fora chamado ao ministério do Amor por Jesus, reviveu as imensas dificuldades, os longos anos de auto educação dos sentimentos, a paciência, a perseverança... Serenamente, incentivava-o:

– Fá-lo-eis porque assumistes sagrada missão, por vossa livre escolha. Continuareis a educação dos filhos, desempenhareis as funções de vosso cargo ou optareis por outro trabalho, exercereis junto aos deserdados a tarefa da esposa que se foi...

O romano se indignava:

– Entregaram-na às autoridades! Eles, os miseráveis, os rotos, os famintos, a quem ela socorreu, alimentou, vestiu... Julgais que continuarei a auxiliar os pobres depois disto? Que recebeu minha doce Rebeca em troca de todo amor que dispensou àqueles infelizes? Alguém soube lhe reconhecer a ternura e a dedicação?

Serenamente, o apóstolo ponderava:

– Por acaso foi diferente com Jesus, meu irmão? Faz-se necessário amar, somente amar, sem nada esperar. Por acaso o Mestre deixou de amar aqueles que O crucificaram?

Como era difícil entender Jesus e aceitá-lO no coração! Compreendia a imensa transformação necessária e temia não conseguir sequer a desejar para si.

Pacientemente, o novo amigo aconselhava:

– Nero vos chamará e, na sua vaidade e insânia, esperará que vos dobreis à sua vontade. Humilhai-vos, pois senão sereis morto imeditamente. Sentireis vontade de lutar, mas devereis calar, em prol das tarefas cristãs futuras. Eu mesmo, vezes inúmeras, desertei das lutas terrenas, qual general que capitula em pequena batalha para mais tarde vencer a guerra. Hoje, anos depois, comprovo o acerto na opção, pois muitos não teriam conhecido o Cristo se eu houvesse colocado o orgulho acima de tudo. Concordais comigo, irmão?

Vendo-o chorar a perda da companheira amada, enternecia-se, recordando quanto pranteara a noiva da juventude. Contudo, tudo passara, substituído por idéias renovadoras, e nada estava perdido, pois os seres continuavam, após a morte, a usufruir a vida do espírito imortal, persistindo os verdadeiros afetos.

– O tempo cura as feridas, meu amigo. O tempo é a verdade que nos liberta. Compreendereis que Rebeca não está morta realmente, que vos acompanha de onde está e que podereis com ela entrar em contato. A separação é temporária e necessária. Calma, paciência...

O enorme palácio de Nero, luxuoso e belíssimo, assemelhou-se à grande tumba, pois nele estavam sepultados suas derradeiras ilusões de poder. Que importava o cargo de senador do império? As riquezas abarrotavam os cofres da família e, no entanto, nada puderam fazer por Rebeca!

O imperador divertia-se, analisando soberba maquete da nova Roma, cercado por bajuladores. Pressentindo-o, ordenou, com imperioso gesto, que se achegasse. Alheio à dor do súdito, exclamou:

– Que achais? Não são magníficos os novos edifícios? Graças aos deuses nos livramos da feiura de antigos prédios e, principalmente, dos bairros pobres! Uma nova Roma surgirá e passará para a posteridade como obra de meu gênio!

O romano abaixou a cabeça, apertando as mãos, sentindo as unhas enterradas nas palmas das mesmas, tamanho o esforço em se conter. Quase em surdina, respondeu:

– Sois o responsável, divino imperador, por tudo o que acontece a Roma e aos romanos. A posteridade não vos negará a autoria de tais feitos. Jamais sereis esquecido!

– Hoje estou realmente magnânimo, não vos parece?

– Certamente, divino. Como sempre, aliás!

Na rua, o senador respirou profundamente, sentindo a cabeça estourar, tamanha a pressão. Como era bom ficar distante da atmosfera saturada de perfumes do palácio e, principalmente, da figura do imperador! Os filhos aguardavam-no e ele resolveu esclarecer, de uma vez por todas, a situação, cumprindo a última vontade da esposa. Para sua surpresa, tristes sorrisos acompanharam a revelação:

– Pai, somente tu não sabias que a mamãe era cristã! Embora jamais houvesse mencionado o nome do Mestre, criou-nos segundo Seus preceitos. Silenciávamos para não a desfeitar, mas sempre soubemos que Jesus nos norteava os passos. Como ela, somos cristãos. Estás decepcionado?

– Temeroso somente, pois sabeis que pessoas e mais pessoas descem aos circos, cumprindo o trágico destino ao qual as empurra esse assassino que se diz um deus, Nero. Ajudai-me a refletir e decidir nosso futuro! Não suporto a idéia de servir a Nero e bem sei que, no momento em que me recusar a exercer o cargo, serei eliminado sumariamente. Somos ricos, dispomos de muitos bens! Juntando tudo, poderemos começar vida nova em outras paragens!

Uma semana depois, embarcavam em veloz galera, rumo a distantes terras do Oriente, um senhor de cabelos grisalhos e três belos jovens. Envergavam trajes comuns aos mercadores e portavam enormes baús, zelosamente guardados em seus aposentos. Abandonavam Roma às escondidas, temendo as famosas represálias do imperador, perpetradas em meio a sorrisos e gentilezas.

Estabelecidos, logo perceberam que dispunham de fértil campo para as idéias do Mestre. Urgia se fundasse uma igreja no local, e recursos não faltavam. Doce figura os incentivava do mundo espiritual, perpetuando elos afetivos que a morte não destrói. Como ela predissera, pai e filhos usufruíram existência longa e proveitosa, repleta de atos de abnegação, sempre em nome de Jesus. Os rapazes uniram-se a mulheres da região e seus filhos espalharam-se por aquelas terras. Assim, a doutrina do doce Mestre da Judéia difundiu-se um pouco mais, levada qual sementes de flores silvestres, que o vento sopra para bem longe e que vicejam, singelas e lindas, em todo lugar.

Depoimento

Os doces anos de juventude na aldeiazinha da Judéia perderam-se nos séculos. Os sofrimentos e dores enfrentados na cidade sagrada de Jerusalém caíram no esquecimento, restando somente a experiência e a certeza de que serviram como importantes alicerces evolutivos. Quando o bom amigo Léon me solicitou a história singela, que os evangelistas não conheceram, concordei com o intuito maior de levar a muitos, novamente, a figura excelsa do Mestre.

Ao evoluirmos espiritualmente, nem por isso deixamos de observar aqueles que ensaiam passos menores, mas sumamente importantes. Situações penosas, tragédias que julgamos insuperáveis, incompreensões, desamor, tudo adquire proporções mínimas e exeqüíveis se a doutrina do Mestre nos norteia o caminho. Em meu caso, exemplificando, como foi difícil a vida naquele prostíbulo antes de Jesus! Como se me alargaram os horizontes ao conhecê-lO!

O amor incondicional ensinado pelo Mestre faculta-nos o entendimento das criaturas e suas necessidades, promove a aceitação, permite a análise sem julgamentos: compreendemos, aceitamos, esperamos, trabalhamos pelas mudanças que somente podem ser levadas a cabo dentro de nós próprios. E que adversários somos de nós mesmos! Imploramos por mudanças, como se elas caíssem dos céus, persistindo na estagnação!

Qual é o caminho? Jesus cansou-se de nomeá-lo: a caridade, em sua ampla e completa acepção. Através dela nos educamos. Aquele que dá um simples pão, com o passar do tempo dará o coração. Exige perseverança, treinamento, paciência... Começa pelo simples, finaliza pelo amor à Humanidade, liberto das constrições e apelos egoísticos. Passa pelos caminhos mais variados, exigindo o aprimoramentos de sentimentos, sem o qual se inviabilizam a tolerância, a paciência, a benevolência, a indulgência, o desapego... O trajeto é solitário no que se refere à transformação individual, devendo ser palmilhado interiormente, sem que outros detenham o conhecimento de nossas vitórias ou derrotas. O ser que busca a iluminação o faz para si mesmo e não para sobressair aos olhos do mundo. Estes são falsos brilhos, ouropéis que se desfazem ao sabor dos percalços das existências. Criaturas há, ainda, que se enganam, assumindo posturas de falsa bondade. Por tudo isto o Mestre costumava dizer: "que a vossa mão esquerda não saiba o que dá vossa direita". Para os que somente enxergam o exterior, aquele que muito oferta está mais próximo de Deus; para Este, a importância da doação está na razão direta do sentimento envolvido na ação. Óbolos pequeninos assumem proporções imensas, pois que resultado de esforços desmedidos na luta rumo à perfeição, à semelhança de nosso Mestre, Jesus.

Rebeca

Miriam

"Estava ele numa cidade, quando apareceu um homem cheio de lepra. Vendo Jesus, caiu com o rosto por terra e suplicou-lhe: 'Senhor, se queres, tens poder para purificar-me.' Ele estendeu a mão e, tocando-o, disse: 'Eu quero. Sê purificado!' E imediatamente a lepra o deixou." (Lucas, cap. V, v. 12 e 13).

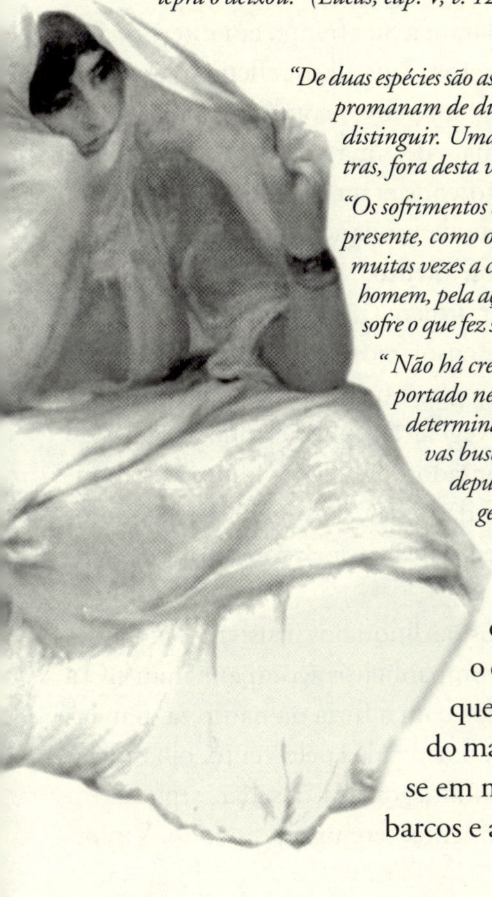

"De duas espécies são as vicissitudes da vida, ou, se o preferirem, promanam de duas fontes bem diferentes, que importa distinguir. Umas têm sua causa na vida presente; outras, fora desta vida."

"Os sofrimentos devidos a causas anteriores à existência presente, como os que se originam de culpas atuais, são muitas vezes a conseqüência da falta cometida, isto é, o homem, pela ação de uma rigorosa justiça distributiva, sofre o que fez sofrer aos outros."

" Não há crer, no entanto, que todo sofrimento suportado neste mundo denote a existência de uma determinada falta. Muitas vezes são simples provas buscadas pelo Espírito para concluir a sua depuração e ativar o seu progresso." (O Evangelho Segundo o Espiritismo, cap. V)

Jesus, juntamente com seus discípulos, esteve durante todo o dia junto aos moradores da pequenina aldeia. Localizada perto do mar, as poucas casas agrupavam-se em meio à vegetação. Na praia, os barcos e as redes abandonadas naquele dia atestavam que algo maior afastara seus donos da diária faina nas piscosas águas do lugarejo.

Muitos O esperavam. Haviam passado a noite sobre as areias ou ao abrigo hospitaleiro das casas dos pescadores. E agora que O viam, uma intensa e indescritível emoção tomava-lhes a alma. O Mestre a todos atendeu, conversando e ensinando. Sua voz ecoou pela praia povoada de gente, sobrepujando o barulho do mar. Falou-lhes por parábolas, permitindo a cada um a compreensão própria, segundo o nível evolutivo em que se encontrassem. Trouxeram-Lhe os doentes e Suas mãos amorosamente os tocaram, consolando e curando. Docemente, entendendo-lhes a imperfeição, dizia:

– Vai e não peques mais...

Durante todo o dia, desfilaram à Sua frente, em interminável sucessão de casos tristes e dolorosos. Seus olhos refletiam resignada compaixão. Seus pensamentos, em perene comunhão com o Pai, imploravam misericórdia e, mais de uma vez, embora soubesse que tornariam a errar, pois não constatara qualquer modificação interior ou pelo menos o desejo da mudança, ainda assim concedeu aos infelizes a trégua no sofrimento.

– Vai, e não tornes a pecar, irmão...

Ao entardecer, a claridade ensolarada do dia subitamente cedeu lugar a escuras e pesadas nuvens e um vento forte e incessante passou a agitar furiosamente a vegetação, encapelando as ondas do mar até então sereno. Amedrontados, os aldeões foram se retirando, buscando o seguro abrigo das casas, com eles carregando os visitantes, acolhendo-os em seus lares, resguardando-os dos perigos da iminente tempestade.

Surpreendentemente, Jesus declinou dos insistentes convites, preferindo seguir adiante. Os companheiros acompanharam-nO a contragosto, também assustados com a fúria da natureza, temendo por suas integridades físicas. Fustigados pelo vento, olhando as pesadas nuvens que sobre eles ameaçavam desabar, seguiram o Mestre, que caminhava rapidamente, sereno e destemido. Viram-nO abandonar a estrada e enveredar por escuro atalho, sem entender o que estava acontecendo.

Distante da aldeia, erma e singela casa de pescador surgiu, para alívio dos aflitos discípulos. A chuva caiu estrondorosamente assim que transpuseram a porta. O casal recebeu-os com a generosidade dos simples, propondo-se a repartir com os viajores a frugal refeição e os panos que lhes serviriam de coberta.

O Mestre, ao contrário das inúmeras vezes em que colocara Sua iluminada palavra aos que O acolhiam, preferiu calar, imerso em profundos pensamentos, adormecendo serenamente após a ceia. Os discípulos seguiram-Lhe o exemplo, extenuados que estavam depois do atribulado dia junto à multidão e da ansiedade que a tormenta lhes causara. Fora da casa, a chuva caía incessantemente e seu contínuo e cadenciado ruído acalentava-lhes o sono tranqüilo.

Ao amanhecer, o temporal se fora. Prontos para a jornada, os doze se reuniram em torno da rústica mesa para o desjejum, olhando com estranheza para Jesus. O incomum silêncio da noite anterior os incomodara, pois o Amigo jamais perdia a oportunidade de esclarecer, sendo sempre agradável e comunicativo, principalmente em relação aos mais humildes. A fisionomia tranqüila do Mestre não Lhe traduzia, contudo, os íntimos pensamentos. Respeitosamente, temendo incomodá-lO, aguardaram que Se manifestasse; no entanto, Jesus também parecia aguardar algo.

No ar pairou um silêncio pesado e embaraçoso. Os olhos do pescador encontraram-se com os da mulher e ele abanou negativamente a cabeça, de forma quase imperceptível.

Os olhos dela se turvaram com angustiosas lágrimas a custo contidas e o olhar magoado e ansioso buscou os olhos claros de Jesus, em muda súplica, como se dissesse: "Se realmente sois o Filho de Deus, entendereis como me sinto e a dor que me dilacera a alma, e compreendereis a razão de meu silêncio. Ajudai-me, Mestre!"

Jesus encarou o suplicante olhar da mulher com a serenidade de sempre. Sorriu-lhe levemente e Se levantou do rústico banco, dirigiu-se para fora da casa, em busca da luminosa manhã.

A chuva noturna lavara a paisagem, devolvendo-lhe as cores de forma intensa e nítida. As flores, ainda pesadas das gotas d'água que insistiam em permanecer nas coloridas pétalas, rapidamente se livravam dos diamantes líquidos, devolvendo à terra as gotículas perfumadas, auxiliadas na doce tarefa pela brisa da manhã. Jesus contemplou com prazer o extenso tapete de flores do campo que se estendia pelas encostas, ondulando suavemente ao vento. Ao longe, o mar, imenso espelho esverdeado e brilhante... Nas brancas areias, alvas espumas... Habilmente ancorado, o barco de pesca... Limpa, clara e colorida manhã saudava Jesus! Ele alongou os braços, esticando-os para o céu de puro azul, aspirando o cheiro de mar, flores e terra molhada.

Desapontada, a mulher abaixou a cabeça, afastando-se dos homens. Decididamente, aquele Homem não a entendia! O olhar decepcionado cruzou com o do esposo e este lhe sussurrou:

– Não te disse, mulher?! Melhor calar!

Calmamente Jesus continuava a observar a esplendorosa paisagem. Seus olhos desviaram-se em direção à casa que O acolhera, detendo-se no pequeno jardim, testemunha fiel dos cuidados da mulher: flores viçosas e singelas enroscavam-se nas paredes brancas, entremeadas a folhagens; à entrada, rústico banco de madeira, de alvura incontestável, convidava ao repouso e à contemplação; pequena cerca resguardava os canteiros. Continuando a despretensiosa inspeção, Seu olhar deparou com o quarto, levantado à parte da construção principal, um tanto afastado, mas nem por isso esquecido, pois, na entrada, réplica pequenina do jardim principal explodia em flores...

Os passos de Jesus conduziram-nO ao quarto. Como que impulsionado por poderosa mola, o homem precipitou-se de encontro ao divino Hóspede, barrando-Lhe a passagem com determinação, enquanto educadamente sugeria voltassem à mesa para mais uma fatia de queijo, talvez um pouco mais de leite, quem sabe frutas secas... Seus olhos retratavam medo e ele quase que implorava o retrocesso do Mestre. Este sorriu gentilmente, continuando a andar em direção ao quarto.

A esposa agarrou-se ao pescador, murmurando:

– Deixa! Vai ver Ele é mesmo o Enviado, o Messias! Talvez possa nos ajudar! Deixa, meu velho, deixa...

– E se não for, mulher? E se o fato se espalhar pela aldeia? Que será de nós e de nossa menina? Sabes o que acontecerá? Estaremos perdidos, perdidos...

Calmamente o Mestre empurrou a porta, que cedeu facilmente a Seu toque. Adentrou, deixando para trás a claridade e a beleza matutinas. Na penumbra do aposento, vislumbrou os objetos e móveis: uma mesa, um vaso com flores do campo sobre alva toalha, um banco de madeira, alguns brinquedos de criança...

Junto à parede, uma cama. Sobre ela, a criança dormia, alheia à presença do Visitante.

Os olhos do Mestre rapidamente apreenderam mais detalhes do ambiente: a limpeza escrupulosa, o colorido e aconchegante tapete tecido em casa recobrindo parte do piso, a bilha de água coberta com alvo retalho de pano...

À porta, o casal espreitava-O, inquieto e temeroso. Nos olhos da mulher, esperança...

Os dedos de Jesus afastaram a coberta, desvendando o corpo esquálido da menina: lepra em avançado estágio! Sem nenhum comentário, saiu do quarto para a ensolarada manhã. O cheiro do mar voltou a Lhe tocar as narinas, afastando o odor fétido da doença cruel.

Rompendo o dique de silêncio, há tantos anos imposto por vontade própria e medo insano, a mãe falou, contando-Lhe, aos prantos, a desgraça:

– Nossa Miriam é filha única, Senhor! Filha amada e desejada com ardor, durante anos e anos de infértil casamento. Quando já me conformara com a esterilidade, assumindo minha incapacidade de gerar vida, engravidei, para júbilo de todos que conheciam o meu sonho até então impossível. Nossa filhinha foi um presente dos céus!

A mulher secava as lágrimas, continuando a falar:

– Tão linda ao nascer! Quietinha, pouco chorava, só na hora da fome. Parecia uma flor, tão linda, meu Rabi... Crescendo, só nos trouxe alegrias! Com seus passinhos vacilantes e miúdos, explorava cada canto de nossa casa, estendendo sua curiosidade ao quintal e depois à praia, pulando as pequenas ondas, atrapalhando o pai no arrastar das redes de pesca, devolvendo ao mar os peixes para que não morressem, protestando contra a fatal sina dos mesmos. Seus risos enchiam a casa com uma alegria jamais vista ou imaginada!

A mulher parou, como se as recordações fossem demasiado dolorosas. Jesus pacientemente aguardou o recomeço da narrativa:

– Senhor, não a podereis reconhecer na criança que descobristes há pouco! Sua pele era clara e cetinosa como as pétalas das rosas. O narizinho delicado... Os dedinhos frágeis nas mãozinhas amorosas que me acariciavam o rosto... Nada sobrou, Rabi, nada! A doença levou-lhe a beleza e a está roubando de nós, dia a dia, cavando-lhe a sepultura em vida...

Quando surgiram os primeiros sinais da moléstia, pensei que fosse algum alimento que lhe fizera mal... Coisa de criança... Alimentação leve e chás caseiros, contudo, nada resolveram. Como o médico mais próximo mora em outra aldeia, distante da nossa, adiamos a consulta, buscando inúmeros paliativos. Hoje, Senhor, bendizemos a distância, pois senão estaríamos irremediavelmente perdidos. A doença, da qual temos até receio de dizer o nome, terrível e incurável, constitui motivo para perpétuo exílio, longe dos entes queridos, em anônima e obscura morte entre os de mesma sorte, infelizes criaturas!

Encorajada pela compreensiva postura de Jesus, prosseguiu:

– Autoridades viriam! As próprias pessoas das cercanias se encarregariam de tomar as medidas necessárias, arrancando-nos dos braços a filhinha! Não resistiria longe de nós, tão pequenina ainda.

Quem cuidaria dela no Vale dos Imundos, quem repartiria com ela a comida escassa, arduamente mendigada? Tão pequenina, Mestre, entendeis, não é?

O pai se encarregou de concluir o relato, tentando acalmar a esposa, sucintamente expondo a Jesus o artifício empregado por ambos para proteger a filhinha do destino terrível.

Naqueles dias, o vilarejo presenciara a chegada do aflito casal, relatando em prantos o desaparecimento da filha, ocorrido no mar durante uma suposta e infausta pescaria, para a qual o pescador imprudentemente se atrevera a levá-la. Ondas furiosas teriam virado a embarcação, sepultando a menina em alto mar. Cabisbaixo, o pai se limitara a ouvir as admoestações, os comentários, declarando-se culpado por sua incúria. O mar jamais devolveria o pequenino corpo...

O casal pouco precisara se esforçar para a farsa, pois estavam realmente desesperados, colocando na representação o que lhes ia na alma dilacerada pelo medo e pela dor. O desespero estava dentro deles, as lágrimas corriam sem esforço pela filha que, na realidade, estava morta para o mundo. Ninguém duvidou do casal um instante sequer! As mulheres choraram junto com a mãe, acompanhando-a na angustiosa hora. Os homens efetuaram buscas com o pai, percorrendo a extensão da praia por dias seguidos, acreditando que a maré pudesse trazer o frágil corpo até as areias.

Oficialmente, Miriam estava morta.

Os anos se passaram e a doença traiçoeira continuara a fazer seus estragos. Da encantadora e linda menina, de pele fina e clara, de longos cabelos escuros, brilhantes olhos e fácil riso, pouco restara. Somente os olhos, escuros poços de indagações e tristeza, continuavam a brilhar no rostinho desfigurado. Dócil, recebia dos pais o amor que eles lhe prodigalizavam como se não fosse merecedora de tanta dedicação. À medida que a doença destruía o corpo, a alma pairava acima da matéria... Com rara compreensão, entendia e aceitava as cruéis limitações da enfermidade, acatando resignadamente o isolamento, o preconceito, a rejeição. Jamais se queixava!

Vivendo longe da vila, desfrutava de relativa liberdade, compartilhando das energias da natureza, ensimesmando-se em grutas perto do mar ou entre a vegetação luxuriante. Quando o insidioso mal finalmente a derrubara sobre o leito, impedindo-a de realizar os passeios de seu agrado, aceitara a realidade sem queixas ou choros.

Os pais cuidavam dela com desvelo. Do mar, o pescador retirava o sustento de todos e a esposa repartia o tempo entre os afazeres da casa e a enferma querida. Quando pressentiam a aproximação de alguém, alertados pelo cão, corriam a escondê-la no quarto, subtraindo-a aos olhares. A pequena, a quem haviam explicado a gravidade da situação, aquietava-se, aguardando que os visitantes inoportunos se afastassem. Também temia a separação do convívio com os pais, a quem amava com extremos de ternura e veneração!

Quando anoitecia, recolhida ao leito, entregue ao sono, a alma se libertava das amarras corporais, viajando para lindos lugares, imersos em luz e cor. Então, o corpo não mais estava em chagas fétidas! Crianças a abraçavam, levando-a para brincar em campos de verdejante relva, em meio a flores de suave aroma. E um Homem, do qual jamais vira o rosto, envolto em alvas vestes, pegava-a ao colo e lhe contava lindas histórias. Acordava feliz, refeita, a vida parecia-lhe novamente bela e desejável!

Naquele fim de dia, a tempestade anunciava-se há tempo e o céu plúmbeo pesava-lhes sobre as cabeças. A mãe a recolhera à casa, acomodando-a confortavelmente. Os latidos do cão avisaram-nos da aproximação de estranhos. Surpreenderam-se, pois a tempestade não recomendava a ninguém perambular por aqueles ermos em tais horas! Às pressas ocultaram a filha no refúgio, lamentando a chegada de estranhos em meio à ventania e aos trovões e relâmpagos. Breve a chuva desabaria!

Aquela fora uma semana especial. Pela primeira vez haviam ouvido falar dAquele que diziam ser o Filho de Deus: Jesus. Quando fora à aldeia trocar parte do produto da pesca por víveres diversos, o pescador surpreendeu-se com o estranho movimento. Grupos de moradores locais, de permeio com pessoas de vizinhas povoações, comentavam animadamente as maravilhas e prodígios realizados pelo tal Rabi. Chamaram-lhe a atenção, sobretudo, as narrativas sobre as curas: paralíticos, cegos, aleijados e leprosos... Sim, leprosos! A esperança inundara-lhe a sofrida alma. Talvez o Homem pudesse curar sua Miriam!

Ao voltar para casa, trouxera a novidade, criando nos corações expectativa e temor. Como levar a menina leprosa até Jesus se todos a supunham morta no mar? E se ela não se curasse? O risco era muito, muito grande, envolvendo vidas e sentimentos demasiado importantes.

Entristecidos, optaram por esquecer. As luzes de esperança, que momentaneamente iluminaram os olhos da criança, apagaram-se.

A vida se acomodara rotineiramente até que, naquele anoitecer, o cão latira furiosamente, alertando-os sobre o perigo. Rapidamente esconderam a menina no quarto! O animal se calara abruptamente, enquanto as vozes foram se fazendo mais nítidas. O pescador abrira a porta da casa e um rápido olhar bastara para que compreendesse que Aquele era o Homem de quem tanto ouvira falar! Dócil e feliz, o feroz animal de guarda acompanhava-O, encostando-se em Suas vestes, mirando-O com amorosos olhos. Surpreendera-se com o incomum comportamento do animal, pois pessoalmente o adestrara, exacerbando-lhe a ferocidade com o objetivo de sempre afastar os intrusos e constituir fiel e constante alerta, resguardando o sigilo familiar. Em vão por ele chamara repetidas vezes, pois continuara em torno do Homem, mansamente O acompanhando.

O vento agitava o manto do Mestre, delineando a figura forte e esbelta. A face serena e bela, os olhos claros e profundos, os cabelos cor de mel e a barba ao estilo nazareno, tudo conferia com a descrição dos moradores da aldeia! Deixara-os entrar, embora temesse pelo segredo zelosamente guardado. Vigiaria para que não se aproximassem do quarto!

O animal deitara aos pés do Mestre, em vigília, satisfeito com a mão que lhe alisava a assustadora cabeça. Sentindo-se aquecido e amado, adormecera calmamente, para espanto de seu dono, inconformado com tamanha docilidade.

Fora da casa, a chuva finalmente desencadeara, em grossas bátegas. Dentro, no aconchego do lar humilde, o casal repartia com os viajantes a refeição. Silenciosamente, quando a chuva amainara por instantes, a mulher se esgueirara para o isolado quarto, levando a vasilha de comida e recomendando à menina o mais absoluto silêncio. Não revelara à filha a identidade do Viajante e de seu grupo, temerosa de que ela resolvesse defrontar-se com os perigos, na ânsia de tentar a cura das feridas. No entanto, o coração da pobre mãe batia furiosamente diante da possibilidade de confidenciar ao Rabi seus problemas e esperanças. Quem sabe?!

O Mestre e Seus discípulos adormeceram rapidamente. Protegido pelo barulho da insistente e forte chuva, o casal discutira sobre a conveniência de se abrirem com o Estranho, que todos diziam possuidor de incríveis poderes. O homem discordava veementemente, ponderando:

– Não viste, mulher, como estava calado o tal Rabi? Mal proferiu as convencionais palavras de agradecimento, deixando que os outros falassem, imerso em profundos pensamentos, como se estivesse em outro mundo. Dorme serenamente, alheio aos problemas que nos afligem! Melhor ficarmos calados! Amanhã irão embora e estaremos seguros em nossa desgraça. Melhor não arriscar!

E agora o Rabi havia entrado no quarto e visto a menina!

O pescador olhou para a esposa em lágrimas e para Jesus. O coração apertou-se. Estavam descobertos! Que seria deles?!

Aflito, o pescador continuava a fitar Jesus, que sorriu, um sorriso de quem entende e sabe; seus discípulos finalmente compreendiam o porquê da deliberação dEle em prosseguir viagem, em desviar o grupo do caminho mais lógico, em enfrentar a chuva... Na vila teriam abrigo seguro e confortável! Ao avistarem a casa do pescador, na véspera, haviam atribuído ao acaso sua presença, em tão providencial hora, em local tão deserto. Como haviam sido ingênuos! O Mestre tornou a sorrir, lendo-lhes os pensamentos, repreendendo-os com ternura:

– Homens de pouca fé...

Depois, voltou a entrar no quarto, postando-Se ao lado da cama. Afastou as cobertas, sentando ao lado da criança ainda adormecida e alheia a tudo, não obstante as conversas fora do aposento. Seus olhos umedeceram, compreendendo estar diante de terrível expiação do passado, prova voluntária e corajosamente enfrentada por criatura nas derradeiras etapas de quitação de pesados débitos. As palavras da mãe comprovavam a resignação do milenar Espírito, encarcerado no desgastado corpo, cárcere nauseante de luminosa crisálida.

Perante Seus olhos, os painéis do passado se abriram...

..*

A grande cidade de Tebas, no antigo Egito, agitava-se em incessante atividade. Grande centro cultural e comercial, elegia-se dentre as metrópoles do vasto império egípcio como a mais bela, a mais rica, a mais soberba. Debruçava-se altaneira sobre as águas do Nilo, absorvendo-lhe as forças, as vastas plantações alongando-se às margens do rio, as embarcações de passeio resplandecentes à luz do sempre dourado sol, rivalizando entre si em luxo e ostentação.

Naquela manhã, o astro-rei repentinamente brilhara com maior intensidade, iluminando o Nilo. A grande barca, decorada em cintilantes tons de azul e prata, invadia as águas consideradas sagradas, por elas singrando calmamente. Seleta comitiva de homens e mulheres, luxuosamente paramentados, acompanhava esbelto e másculo personagem. Envolto em leves trajes de linho branco, desdenhando dos brilhos e adornos que compunham a indumentária dos demais, o jovem, de surpreendente beleza, levava ao pescoço grossa corrente de ouro, único adorno, sustentando soberbo medalhão, cravejado de pedras onde, de encontro ao peito bronzeado, o lápis-lazúli sobressaía.

Era primavera. Os cheiros do rio e da vegetação luxuriante envolviam-nos. A barca deslizava pelas escuras águas. Sob o toldo, o jovem ensimesmava-se, alheio à inquietação dos que o rodeavam. Pungente dor sufocava-lhe o coração, insana raiva subtraía-lhe a razão. De quando em quando, mostras da agitação interior vinham à tona, manifestando-se através do franzir irritado do cenho ou pelo apertar dos olhos, artisticamente delineados em profundo e escuro azul. Então, batia as mãos uma contra a outra para logo depois acalmar-se, retornando à indiferença interior.

Habituados ao temperamento alegre e divertido do príncipe, os cortesãos deliberaram deixá-lo estar, respeitando-lhe o inusitado mutismo, temerosos da ira que se prenunciava.

Um verdadeiro turbilhão de emoções afligia a mente e o coração do egípcio. Orgulhoso, ciente de suas posses e títulos, vaidoso da beleza com que fora agraciado, inconformava-se com o desenrolar dos acontecimentos dos últimos dias. Receando se expor, decidira guardar para si as aflições, praguejando sozinho, esmurrando os ares, em sombria e anônima batalha contra invisível adversário.

Aquela manhã esplendorosa, explodindo em cores e dourados reflexos, era-lhe sobremaneira penosa, sucedendo à incomum e humilhante experiência de rejeição. Irritado com as risadas e conversas dos demais, jogou-se sobre amplo sofá, debaixo de azulado dossel de seda, cerrando furiosamente as cortinas. Suspirou aliviado. Ali poderia dar vazão ao que sentia! Lágrimas, poucas e severamente refreadas, umedeceram-lhe a franja dos longos cílios negros. Recompôs-se, impondo-se rígida disciplina. Vingar-se-ia dos desgraçados que ousavam lhe arrancar lágrimas!

Na primeira vez em que a vira, fazia-se acompanhar pelo pai, singela e linda, nas alvas e discretas vestes. Sentira imediatamente que tal criatura lhe pertenceria! Afeito aos assédios amorosos, rapidamente ordenara ao jovem oficial da guarda pessoal que reunisse sobre a moça o maior número de informações possíveis. De posse delas, achegar-se-ia, empreendendo a sedução. Um breve olhar para os trajes da bela jovem fora suficiente para qualificar sua origem como humilde, alguém da classe plebéia, sem dúvida. O orgulho de casta acelerou-lhe o pulsar do sangue nas veias; desdenhoso, considerou-a fácil e passageira conquista, a engrossar a extensa fileira de casos que entremeava displicentemente, ao volúvel sabor de suas vontades e desejos.

Os escuros olhos do egípcio buscaram os da jovenzinha, perdendo-se em duas claras e verdes gemas preciosas, que o fitaram de relance, com indiferença. Acostumado às atenções femininas, o príncipe se irritou! A moça pouco ficou entre as tendas de comércio, logo se afastando com o pai, assim que concluíram as compras. Rapidamente cuidou de sinalizar para que a seguissem, traçando o roteiro de sua casa.

Conhecia-se. Cada vez que alguém do sexo oposto lhe despertava o interesse, atirava-se de corpo e alma aos doces e envolventes jogos de sedução, perseguindo a fêmea como se fosse o alvo de desafiadora caçada. Nunca falhara até então, sendo considerado e admirado no meio masculino por suas qualidades de emérito conquistador. Não lhe importavam as razões e sentimentos da vítima! Que lhe diziam dores e sofrimentos alheios? Pairava acima de tudo e todos, filho dos deuses, com poder sobre a vida e a morte! Assim lho haviam ensinado desde pequenino...

O retorno do oficial trouxe as novidades esperadas ansiosamente: morava perto dali, em simples e humilde chácara, entre grandes árvores. A vizinhança informara que a jovem era extremamente reservada, sempre entregue aos afazeres do lar e aos papiros que o pai, conceituado escriba a serviço de respeitável cidadão egípcio, construtor famoso e respeitado, fazia chegar às níveas e cuidadosas mãos.

No entanto, as informações eram insuficientes para traçar um perfil mais claro a respeito da personalidade da linda criatura. Os vizinhos não poderiam precisar que, iniciada na escrita e na leitura pelo pai, entusiasta adepto das artes e das letras, muito cedo se apegara aos estudos, criando um mundo especial em que vivia, alheia à agitação da metrópole e às diversões comuns aos jovens de sua idade. Mergulhada nos papiros, estudando-os, analisando-lhes os conteúdos, habituara-se a transladá-los com perfeição. Muito rapidamente, o genitor a elegera sua auxiliar direta. De forma sigilosa e discreta, a mocinha desempenhava, no aconchego do lar, suas tarefas, aproveitando as longas horas de labor para aperfeiçoar os conhecimentos, entesourando-os na mente lúcida e brilhante. Muito cedo, para extremo orgulho do pai, suplantava o professor. Este, cioso dos preconceitos que envolviam a mulher, principalmente as de origem humilde, especialmente no que dizia respeito ao conhecimento, omitia a estranhos a formação da filha única e adorada, guardando para si a satisfação de a ver brilhantemente discorrer sobre assuntos que emudeceriam a maioria dos homens. Surpreendiam-no a facilidade e a rapidez com que a filha se inteirava do conteúdo de complexos textos, como se estivesse a rememorar, e não a aprender pela primeira vez!

Naquela fatídica manhã, pai e filha haviam se dirigido ao local de comércio, intentando adquirir víveres para a casa e material de escrita. O respeitado profissional havia recebido encomenda de cópia de preciosos papiros, adquiridos em longínquas terras, para o acervo de exigente e nobre egípcio, ao qual o construtor, seu patrão, prestava serviços. O escriba originalmente encarregado do importante translado adoecera subitamente, guardando o leito há vários dias, com prognósticos de demorada recuperação. Inquirido sobre a excelência dos documentos que apresentava em sua biblioteca particular, o extrovertido construtor apresentara ao nobre senhor o escriba particular, recomendando-lhe os préstimos junto ao exigente egípcio.

Ao ver a quantidade e o nível de dificuldade da empreita, o copista se assustara. Havia muito serviço ali, para considerável período, a menos que recebesse auxiliares. Atreveu-se a perguntar sobre os ajudantes do doente, recebendo do intendente a frustrante informação de que os mesmos haviam se acamado também, vítimas da moléstia contagiosa de seu chefe. Quando o servidor lhe perguntou sobre os seus auxiliares, viu-se forçado a lhe informar que a filha o assistia, para espanto do mesmo. Embora desassossegado e estranhamente preocupado, concordou em se fazer acompanhar da jovem na realização da tarefa, garantindo a excelência de seu desempenho profissional.

Na manhã seguinte, portando o material necessário e adquirido no dia anterior junto aos melhores comerciantes, adentraram ambos a luxuosa residência. Os amplos jardins, repletos de plantas exóticas e raras, com encantadores refúgios propícios ao lazer e à meditação, bem como os móveis e objetos de arte, encantaram a jovem. Contudo, a bem da verdade, seus olhos brilharam intensamente ao atravessar a soleira da extensa biblioteca, com seus papiros e documentos primorosamente acondicionados e catalogados! Naquele palácio imenso e luxuoso, havia encontrado seu maior tesouro: os conhecimentos encerrados na interminável sucessão de rolos à espera da mente curiosa que ousasse penetrar nos arcanos de tanto saber.

Girou pela sala imensa, os braços elevados, as faces coradas, os olhos verdes brilhantes:

– Pai! Jamais pensei que houvesse tanta coisa para aprender! Vou trabalhar com afinco, dedicar-me-ei integralmente e, certamente, poderei estudar tais riquezas!

Depois, aflita, indagou:

– O serviço será demorado, não é meu pai? Terá que ser longo para eu poder mergulhar nisto tudo, pai... Não posso perder esta chance!

Sorrindo do entusiasmo e da preocupação da filha, ele se limitava a confirmar as expectativas da jovem com um aceno da cabeça grisalha.

Para facilitar o desenrolar e a satisfatória finalização da tarefa, da qual o orgulhoso e impaciente senhor tinha pressa, reservaram-lhes luxuoso aposento próximo à biblioteca, dotando-o de dois leitos extremamente confortáveis, mesa de refeições, sofás, tudo para que dali não se ausentassem, a não ser para o local de trabalho. O luxo das acomodações inicialmente os constrangeu, diante do mínimo a que estavam acostumados, mas, alguns dias após, adaptaram-se, à medida que se entregavam de corpo e alma ao serviço.

O intendente rapidamente compreendeu que a escolha do patrão havia sido excelente. Este mesmo, ao analisar crítica e minuciosamente os primeiros papiros copiados, encarou surpreso a jovenzinha de olhos baixos à sua frente, comentando:

– Fizeste isto, menina? Bom, muito bom! Na realidade, excepcional, muito melhor que o trabalho de meu escriba!

Rindo, insistia:

– Quem diria?! Uma mulher! Prossegue, prossegue! E rápido, pois tenho pressa! Os originais irão para o palácio real, presente meu ao príncipe! Mas antes quero uma cópia de qualidade, porquanto muito difícil me é a separação de tais preciosidades!

Faces incendiadas de emoção pelo entusiástico elogio, a jovem retornou ao trabalho com renovado vigor, sob os olhares preocupados e aprovadores do pai.

Os dias foram passando. Naquele, em especial, o palácio agitou-se no atropelo dos preparativos de uma grande festa. Nada menos do que o jovem herdeiro real concederia ao orgulhoso nobre a graça de sua presença, acatando o convite para a comemoração de importante vitória sobre povos vizinhos, habilmente alcançada por tropas egípcias! Uma honra indescritível!

A ampla sala de recepções fora esmeradamente preparada com flores e guirlandas no intuito de condignamente acolher o ilustre visitante. Este, fato inusitado, chegara pontualmente assim que a noite envolvera a cidade. O povo avolumava-se nas ruas próximas, na ânsia de se aproximar do jovem príncipe, acotovelando-se na tentativa de nada perder, comentando sobre os trajes, as jóias, a beleza dos convivas. Servos portando pesados tabuleiros de guloseimas e frutas organizavam e promoviam farta distribuição de alimentos, em homenagem ao real conviva, deferência do dono da casa; o vinho corria fartamente, os cântaros continuadamente enchidos, e todos se alegravam, erguendo vivas ao belo príncipe e ao egípcio que o recepcionava com tamanha pompa e galhardia. No imenso salão ornamentado, o príncipe acomodou-se, entregando-se, juntamente com os demais, à diversão e às iguarias servidas com pompa e exotismo. Apreciou devidamente cada detalhe da festa com olhar conhecedor, tecendo breves comentários elogiosos a seu orgulhoso anfitrião.

Muito depois, quando os vinhos inebriantes e raros haviam estabelecido no ambiente a eloqüência costumeira, o nobre senhor lembrou-se dos preciosos papiros que adquirira e com os quais presentearia o jovem príncipe. Comentou o fato, acrescentando que a cópia dos mesmos estava sendo realizada por uma jovem e seu pai, com rara qualidade e rapidez. Assim como o egípcio se surpreendera com a menção da moça, o príncipe gracejou, manifestando ao dono da casa a estranheza que a revelação lhe causava:

– Uma mulher, uma jovem? Qual! Tal criatura deverá assemelhar-se a um homem, pois bem sabeis que isto requer preparação e perseverança. Bem sabeis também que as mulheres não se prestam a tais coisas... Foram feitas com destinação diversa... Deve ser bem feia essa criatura!

O nobre discordou decisivamente:

– Enganai-vos, meu real senhor! Tem os olhos mais verdes que já vi, profundos e claros, pele nívea e longos cabelos negros, entretecidos em pesadas tranças, que lhe chegam à cintura. Agora que comentais, creio poder dizer-vos que é bela, muito bela. Sua voz mal escutei, pois ela é extremamente recatada... Interessante!

O príncipe, rindo, ajuntou:

– Quereis me deixar curioso? Pois agora quero vê-la! Que venha imediatamente! Estais a brincar conosco, inventando histórias. Vai ver tendes um escriba velho e um ajudante homem tão velho quanto ele! Vamos, mostrai-me essa preciosidade, caro senhor!

Uma assustada jovem abriu a porta para as escravas que pareciam derrubá-la, àquela hora tardia da noite, quando estava há muito profundamente adormecida, longe do barulho da festa. Entraram quarto a dentro, portando algumas roupas e fitas, flores e jóias, acompanhadas por um aflito intendente.

– Avia-te, criatura, pois o patrão comentou sobre ti com o príncipe e ele decidiu conhecer a mulher escriba... Um absurdo! As escravas se encarregarão de tua aparência para que não envergonhes nosso amo e não ofendas os olhos do real conviva. Vamos, vamos! Apressa-te! Não temos a noite toda!

Abandonou o quarto, deixando-a entregue às mãos habilidosas das servas particulares da dona da casa, que rapidamente a vestiram, adornaram e perfumaram.

Assustada, a jovem deixou-se paramentar. O pai havia acordado, em meio ao falatório todo, acompanhando tudo em silêncio, aturdido e temeroso, com uma séria intuição de que aquilo redundaria em tristeza para a filha. "Loucura! Será que o tal príncipe acha que minha filha é um objeto para a retirar de seu repouso a tais horas, como se fosse uma anomalia por exercer a tarefa de minha ajudante? Não estou gostando nada disso! Quanto menos contacto tivermos com pessoas assim, melhor será para nós, simples e humildes trabalhadores..."

Inconformado, abanava a cabeça, repetindo para si mesmo: "Vai ver a minha filhinha é mais inteligente e culta do que ele! Ou do que esses nobres arrogantes!".

Assistiu à saída da filha, linda nos trajes cedidos pela dona da casa, parecendo uma princesa. As servas haviam lhe maquiado o rosto de perfeita pele, contornando os verdes olhos com escuro e amendoado traço. Os cabelos, libertos das tranças, receberam fios de prata, entremeados com pedras em tons esverdeados, sendo penteados primorosamente. O traje branco, de transparentes véus, envolveu-a com perfeição; sandálias prateadas protegeram os pezinhos de rosadas unhas. Um perfume suave completou a toalete e ela se viu empurrada em direção à porta, onde o intendente a esperava, percorrendo ansiosamente o pequeno espaço que separava o aposento do corredor.

– Vamos, menina! Vamos! O príncipe odeia esperar!

Apavorada, atravessou o extenso corredor e mais outro, e outro... À medida que se aproximava do local da recepção, o barulho chegava cada vez mais nítido a seus ouvidos. Pensou em fugir, correr, todavia mal teve tempo para refletir, pois o aflito serviçal a fez adentrar a sala fortemente iluminada, encaminhando-a para onde o príncipe se encontrava.

– Ajoelha, menina, em sinal de respeito!

Juntando o ato às palavras, o homem a empurrava para o chão e ela forçosamente se curvou, visualizando pés morenos e fortes, cobertos por calçados leves, as unhas pintadas com tinta azul. Já lhe haviam dito que o jovem príncipe adorava azul...

O burburinho cessara subitamente quando se aperceberam de sua chegada. O silêncio assustou-a ainda mais, pois era indício de que todos os olhos estavam sobre ela. Quis sumir, sumir...

Uma voz autoritária, ligeiramente alterada pelos vapores alcoólicos, ordenou-lhe:

– Levanta-te, quero ver esta maravilha! Dizem que és bela... E culta... E tudo isso numa mulher do povo?!

Subitamente, o medo esvaiu-se, restando em seu lugar uma profunda indignação, motivada pelas palavras desrespeitosas daquele homem, agraciado com o título de príncipe, responsável por todo um povo, constituído por pessoas como ela em sua maioria ou até em condição mais humilde, que a fazia perder tempo, retirando-a de seu repouso após exaustivo dia de trabalho, satisfazendo infantil curiosidade. Levantou o corpo graciosamente, colocando-se ereta à frente do futuro faraó, os olhos verdes flamejantes, as faces enrubescidas, fitando-o nos escuros olhos.

A moça do mercado! Imediatamente a reconheceu, embora agora estivesse muito mais bela, vestida com trajes evidentemente emprestados de alguém para a inesperada situação. Analisou cada detalhe da encantadora figura, dos pés à cabeça, fingindo não notar o desprezo estampado no lindo rosto. Voltando-se para o dono da casa, comentou:

– Realmente, não mentistes, senhor. Vamos lá, vamos ver se o trabalho desta jovem condiz com os elogios que lhe fizestes.

Levantou-se, impedindo a saída dos que pretenderam segui-lo, dirigindo-se apressadamente à biblioteca, precedido pelo nobre e pelo intendente, que lhe guiavam o caminho. A jovem acompanhou-os, decidida e ainda indignada, calada.

Um surpreso conhecedor de papiros analisou com satisfação os originais e as cópias. Depois, rindo, informou ao confuso nobre:

– Prefiro receber as cópias, pois, quando os tocar, saberei que foram feitas por tão lindas e hábeis mãos! A reprodução está perfeita, executada com rara habilidade e senso artístico. Melhor farei, supervisionarei a tarefa, se vós mo permitirdes, meu amigo. Virei amanhã, após o desjejum!

Deixando para trás o estupefato dono da casa, emudecido com o convite que o príncipe fizera a si mesmo, não entendendo muito bem o que estava acontecendo, a real visita retornou ao banquete, dizendo aos mais chegados que o haviam acompanhado à festa:

– Vamos! Amanhã tenho assuntos importantes logo cedo!

Quando o senhor chegou à sala, finalmente refeito do que acontecera na biblioteca, ele havia se retirado, não antes de agradecer à dona da casa pela estupenda noite, recomendando-lhe não esquecesse o compromisso matinal.

Uma aflita esposa recebeu o egípcio:

– A que compromisso o príncipe se referia, meu esposo? Fiquei como tola, pois de nada sabia!

A notícia espalhou-se pela sala rapidamente, surpreendendo a uns e outros, fornecendo subsídio para as conversas no restante da noite.

Jamais o príncipe herdeiro manifestara tamanho interesse por um trabalho, sendo de conhecimento dos mais chegados sua indiferença pela execução de tarefas de modo geral, ocupando-se tão somente dos resultados finais. Os mais maliciosos apontavam a beleza da copista como o motivo de tamanha dedicação, apostando em mais uma conquista amorosa para muito breve.

Enquanto isso, recolhida ao luxuoso aposento que lhe fora destinado, a jovem caiu sobre a cama sem sequer se livrar dos caros trajes ou das jóias. O pai, acordado ainda, crivou-a de perguntas, das quais ela se esquivou, limitando-se a informar:

– Pai, a partir de amanhã o príncipe supervisionará pessoalmente o translado das escrituras! E ele ficará com a cópia, meu pai! E que farei eu, com tão ilustre senhor à minha volta? Certamente tremerei tanto que a tarefa se perderá! Impulsiva e egocêntrica criatura! Impossível que não disponha de nada mais interessante do que ver alguém do povo, como ele mesmo fez questão de salientar, copiando papiros!

A irritação transparecia em sua voz, as faces estavam coradas e os olhos dardejavam chispas.

Sem nada comentar, o escriba recomendou-lhe o sono como medida salutar de arrefecimento dos ânimos, enquanto a contemplava com surpresa, impressionado com a inusitada reação da filha, normalmente calma e cordata.

A moça acomodou-se no macio leito, retirando impacientemente os brincos que lhe machucavam o rosto ao contato com as almofadas. Depois, tentou conciliar o sono. A imagem do príncipe não lhe abandonava os pensamentos, provocando estranhas sensações que navegavam em mares de incerteza, dúvida, medo, esperança...

Imóvel sobre o leito, a jovem pensava: "Sois belo, muito belo, senhor, mas vossos olhos bem retratam o orgulho indômito de linhagem, crendo-vos filho dos deuses, com poder de vida de morte sobre nós, pobres mortais. Ah, senhor, se soubésseis que em nossas veias corre um sangue da mesma cor, que os corações podem pulsar da mesma forma!".

Um medo imenso tirou-lhe a calma que restava: “Que farei amanhã, quando vos aproximardes de mim, quando observardes todos os meus gestos e submeterdes ao crivo de vossa aceitação o meu trabalho?”.

Ansiosamente, orava, implorando que ele não viesse, que tudo fosse resultado do vinho ingerido e passageiro entusiasmo... Ao mesmo tempo, surpreendia-se entristecida com a possibilidade de não mais encontrá-lo...

À custa de muita persistência, acabou por adormecer, encontrando-o em seus sonhos, perturbadoramente terno, os braços a envolvê-la em longos e apertados abraços, os olhos negros queimando de paixão. Acordou sobressaltada, pulando para fora do leito. A manhã fazia-se alta e o sol iluminava o quarto. Na cama ao lado, o pai ainda dormia. Também ele, embora ela o ignorasse, havia sido penalizado por insistente insônia, que só o abandonara quando escutara o ressonar suave da filha, finalmente entregue ao descanso.

As roupas simples, pela primeira vez em sua existência, pareceram inadequadas. Em vão buscou na pequena bagagem algo que lhe salientasse a beleza. Irritada, surpreendendo-se em franca atitude de sedução, pegou a primeira veste que apareceu, forçando-se a manter a conduta rotineira de todos os dias, muito embora os pensamentos se concentrassem no jovem moreno, de olhos negros e ardentes. “Criatura insistente! Que pensará de mim? Julgar-me-á inepta e carente de acompanhamento para a realização de minha tarefa?”

Pobrezinha! Tentava se enganar, como se não soubesse qual o verdadeiro interesse do príncipe!

Feito o rápido desjejum, dirigiram-se à ampla biblioteca. Suspirando sob os olhares discretos do escriba, constatou que ele ainda não chegara. Provavelmente não viria! Alívio e decepção mesclaram-se. Nunca mais o veria!

Dispondo o trabalho sobre a ampla mesa, iniciou a cópia, entregando-se à complicada tarefa de reproduzir preciosos desenhos.

A textura do extenso papiro era-lhe agradável ao tato, transmitindo segurança e prazer. Sua mente se envolveu na tarefa e ela se entregou ao labor com perseverante insistência. Sequer ouviu quando suavemente a porta abriu e o príncipe adentrou a sala, acompanhado pelo dono da casa. Ambos quedaram, vendo-a manejar estiletes e tinta com rara e extrema perícia. O príncipe fitava-a assombrado, acostumado que estava à presença masculina em tal ofício, sem falar nas crenças que tinha a respeito das mulheres... Vendo-o calado, o nobre respeitou-lhe o silêncio, semelhantemente se abstendo de falar.

Finalizado o derradeiro traço, a jovem abandonou o estilete, fitando com satisfação sua obra, analisando os detalhes, a riqueza e o equilíbrio das cores que compunham a delicadíssima cercadura. Após ligeira secagem, ela poderia iniciar o traçado dos hieróglifos, reproduzindo o texto à risca.

Subitamente, percebeu-se observada. E ali estava o homem que lhe transtornara a vida nas últimas horas!

Sorrindo, ele se aproximou, analisando a perfeição do trabalho, elogiando-a, tecendo comentários pertinazes e inteligentes que a fizeram corar, ao se recordar dos julgamentos a que se dedicara no recôndito de seus pensamentos sobre a incapacidade do jovem em entender as nuanças de seu trabalho. Ruborizou-se ainda mais quando o futuro faraó passou a inquiri-la sobre aspectos que envolviam a tarefa, reconhecendo a intolerância e o preconceito no cerne de suas ponderações sobre o real egípcio.

Depois, como se entendesse seu constrangimento, o príncipe acomodou-se em amplo sofá, dizendo que continuasse, sem atentar para sua presença. Educadamente, o jovem enviou o anfitrião aos seus afazeres, isentando-o da obrigação de fazer as honras da casa. Fê-lo com tanta diplomacia que aquele se retirou satisfeito, aprestando-se em relatar à curiosa consorte os detalhes do encontro.

Sobre a mesa, os papiros eram habilmente manejados por pai e filha. No sofá, confortavelmente instalado, o príncipe... No ar, o silêncio, somente quebrado pelo suave roçar dos estiletes na superfície dos documentos...

Trabalharam a manhã toda. À hora do repasto, o príncipe antecipou-se, recomendando ao solícito serviçal postado continuamente junto à porta, à disposição de sua real vontade, que a refeição fosse servida na biblioteca. Partilharia da companhia dos dois artistas, aproveitando para aprofundar seus conhecimentos. Em minutos, extensa fila de criados executou agilmente o ritual de preparação da mesa, dispondo iguarias das mais diversas, acompanhadas de deliciosos sucos e inebriante vinho. Sempre encantador, o príncipe apontou-lhes os lugares, sentando-se também, sob os olhares estupefatos dos dois, pois tudo aquilo constituía estrondosa quebra de etiqueta.

Asserenados pela calma do rapaz, resolveram alimentar-se adequadamente. Afinal, o bom senso lhes dizia que, se não o fizessem, sucumbiriam de fome, pois o príncipe bem claro deixava que continuaria a acompanhá-los. Até quando? Impossível saber.

A conversação fluía interessante. Olhando-o, ela rapidamente o comparou com outros da mesma idade e ele a todos suplantou. O diálogo extrapolou o campo da leitura e da escrita e enveredou pelo da construção, tão de agrado dos faraós, sempre ocupados em erigir obras monumentais que os perpetuassem no tempo. Para surpresa do jovem príncipe, pai e filha discorreram sobre algumas das importantes edificações que estavam sendo realizadas, evidenciando amplo conhecimento. Trabalhando para o consagrado construtor, muito haviam aprendido, estimulados por suas mentes lúcidas, ávidas de conhecimentos. À moça, particularmente, agradavam as tarefas que incluíam plantas das obras, detalhes nas estruturas, segredos arquitetônicos... Nada poderia surpreender mais o ilustre visitante e cativá-lo!

As horas se escoaram imperceptivelmente. Os criados retiraram a refeição e eles retornaram ao trabalho. O dia findou-se rapidamente demais para a jovem... Ele se foi... Voltaria no dia seguinte?

A caminho do palácio, o príncipe entregou-se aos íntimos pensamentos, alheando-se voluntariamente. Acostumado às conquistas fáceis, estendidas tanto a nobres como a plebéias, muito mais a estas, pois totalmente desnecessário enfrentar qualquer tipo de problemas quando o interesse cessava, a bela copista constituía intrigante alvo. Além da beleza fascinante, sentia-se atraído por algo que não conseguia quantificar ou discernir, parecendo extravasar-lhe do íntimo, refletindo nos mínimos gestos, todos eles revestidos de extrema elegância e dignidade. Uma idéia súbita passou-lhe pela cabeça, sendo imediatamente descartada. Deixá-la em paz, abandonar a conquista?! Por quê? A hipótese de fazer chorar tão doce e luminosa criatura, súbita e inexplicavelmente, pareceu-lhe sacrílega. Abanou a cabeça, desconhecendo-se, espantando para bem longe as dignas intenções.

Nos dias seguintes encontraram-no na residência do nobre egípcio; este, cada vez mais assombrado com a inusitada perseverança do moço, desdobrava-se em atenções. Infelizmente, o príncipe somente tinha olhos para a biblioteca e os copistas, declinando dos amáveis convites para as refeições, encerrando-se entre as quatro paredes da sala de estudos, recusando-se a participar de qualquer evento, por mais simples e casual que fosse. Frustrado, decepcionado, terminou por concordar com a esposa, que muito bem havia entendido o interesse do futuro faraó!

Naquela manhã, o escriba sentiu-se indisposto e febril, guardando o leito. Avisado, o dono da casa, temendo o desagrado da costumeira visita, providenciou médico conceituado, que prescreveu repouso no leito por alguns dias, dizendo tratar-se de indisposição gástrica, que facilmente se solucionaria com alimentação leve e descanso. A jovem encaminhou-se sozinha ao trabalho, deparando com um impaciente príncipe a aguardá-los. Pela primeira vez ficariam a sós! Seus temores dissiparam-se ao recordar que o herdeiro jamais tentara se livrar de seu pai e que também fora sempre educado e nunca se insinuara... Tudo transcorria normalmente. Após a refeição do meio do dia, o jovem convidou-a para um passeio pelos estupendos jardins da propriedade. Sob um grande caramanchão totalmente revestido de minúsculas rosas silvestres, o príncipe beijou-a apaixonadamente. Não havia como não corresponder! Esqueceu-se de tudo. Naquele dia, não retornaram à biblioteca. Os bosques encantadores acolheram-lhes e as águas cristalinas das cascatas testemunharam a explosão de sentimentos e emoções. À tarde, o moço a deixou à porta do palacete, sempre terno e afetuoso.

A jovem egípcia aguardou o dia seguinte com ansiedade. Tornaria a vê-lo, aninhar-se-ia em seus fortes braços, seria feliz... A manhã não trouxe o amado, porém um mensageiro com um pequenino cofre, que lhe foi depositado nas trêmulas mãos. Dentro dele, uma jóia de rara beleza e valor. Nada mais, sequer um recado. Entendeu a muda mensagem. Ainda teve tempo de correr atrás do servo e lhe depositar nas surpresas mãos a rica prenda, dizendo que a fizesse retornar à sua fonte de origem, ajuntando:

– O príncipe nada me deve!

Entregou-se ao trabalho com renovado ardor, buscando sufocar a dor da perda e a decepção. Vendo-a só, as criadas da casa, julgando agradá-la, relataram casos das conquistas do jovem príncipe entre as moças do povo. Todos eles tinham em comum a volubilidade do egípcio: uma única vez, uma jóia, o esquecimento...

Compreendeu que fora mais uma entre tantas! Depois, pensando melhor, percebeu que ele jamais a enganara, pretextando amor. Ela sim sonhara com um amor duradouro e sincero! Ela criara expectativas!

As servas continuavam a tagarelar:

– Ainda bem que o jovem príncipe é tão generoso quanto belo! As jóias valem muito! Uma delas é suficiente para acertar a vida da eleita!

Nada contou ao pai, envergonhada de sua insensatez em se acreditar amada por alguém que se julgava tão acima de sua humilde pessoa. Recriminava-se, em contínuo e íntimo monólogo: "Tola que sou! Como pude deixar-me enganar pelos ternos olhares e palavras doces, ressumantes a mel e com os amargores do fel?! Tudo passou, tenho que esquecer e seguir adiante, eliminando de minh'alma o amor que a atormenta e a saudade que a dilacera."

Coração sangrando, buscava enterrar bem fundo, nos recônditos secretos da inconsciência, a figura morena e forte, de negros olhos e apaixonados lábios. Quem a olhasse, naqueles dias, não perceberia a tempestade que lhe rugia no interior!

Alguns meses se passaram. Na rica casa do nobre egípcio, rapidamente se esqueceram todos do breve interesse do inconstante príncipe pela moça. Outros mexericos entretiveram os fúteis ouvidos e, para alívio da copista, deixaram-na em paz com sua dor, perseverantemente oculta. O serviço, mercê da fúria com que ela se lhe entregara, no intento de olvidar o malfadado amor, realizou-se em prazo bem menor do que o prognosticado. Suspirando disfarçadamente de alívio por se ver longe do local que lhe trazia doces e desesperadoras lembranças, uma calada jovem acompanhou o genitor rumo à casa da família.

Dias depois, os pais surpreenderam-se com a notícia que a filha única lhes trazia: resolvera casar-se, aceitando o pedido de leal companheiro de infância, que há muito se declarara e que pacientemente aguardava sua decisão. Às perguntas, limitou-se a retrucar:

– Já é hora de me casar, constituir família... Certamente, seremos felizes, viveremos em paz, pois ele tem por mim sincero sentimento. Serei amada e respeitada. Que mais posso esperar?

Era a derradeira e decisiva medida para esquecer o jovem príncipe!

Enquanto ela se debatia nos conflitos de perda e esquecimento, um príncipe profundamente abalado com a intensidade de seus sentimentos procurava retornar à vida anterior, olvidando os dias passados na biblioteca, as conversações cultas e inteligentes da jovem e o clima repleto de amor e confiança partilhado por breves tempos. Acostumado à volubilidade dos relacionamentos amorosos, inicialmente julgara que tudo se dissiparia após alguns dias e lhe seria fácil substituí-la. Deitado no leito em ouro e azul, fechava os olhos, revendo-a nas roupas emprestadas, os olhos brilhando de revolta diante de suas palavras, as faces em fogo, enfrentando-o com o olhar. Depois, fria e distante, nos primeiros dias na biblioteca; finalmente, em doce e ardente entrega, sob o dossel de minúsculas rosas, envolta pelo perfume suave das flores e pelo calor da tarde amena... E as palavras, as palavras que jamais ouvira, ternas declarações de amor, um amor que ele desconhecia até então e que se recusava a aceitar, pois acreditava que se transformariam em prisão. Se a amasse, ficaria em suas mãos! E ele era livre, livre para amar, viver e dispor da vida de todos, pois que era filho dos deuses!

Naqueles dias, tentou iludir o coração, fazendo-o acreditar-se apaixonado pela eleita do momento. Passada a embriaguez carnal, sentia-se cair no abismo da saudade, ansiando pelo diálogo no depois, pela terna troca de carinhos e atenções, pela cumplicidade do amor compartilhado. Nos diferentes relacionamentos, após a relação carnal, via criaturas que nada significavam para seu coração, embora belas todas. Nada tinham a lhe dizer, na sua maioria incultas e ignorantes, simples objetos em suas mãos. Repentinamente, as fáceis e descompromissadas conquistas pareceram-lhe degradantes e destituídas de encanto.

Lutou desesperadamente contra a necessidade de transformação, aferrando-se ao tradicional código de crenças e valores, intentando ignorar o chamamento interior que sinalizava novos rumos existenciais. Agradava-lhe prosseguir na irresponsabilidade existencial, destituída de ideais nobres, isenta de preocupações compromissos. Contudo, o sofrimento o empurrava em direção à mudança...

Meses se passaram. Finalmente rendeu-se, reconhecendo que a existência sem a jovem destituía-se de encanto e beleza. Em uma enluarada noite, deixou o palácio, dirigindo-se ao local indicado pelo oficial quando por ela se interessara no mercado. Bateu à porta da casinha silenciosa e quase às escuras. O escriba atendeu-o, surpreso e assustado com a augusta presença, curvando-se respeitosamente. A notícia atordoou o futuro faraó:

– Casou-se há alguns dias, seguindo com o esposo para a casa que será dos dois, Alteza.

Apressadamente, forneceu-lhe o endereço, temeroso do desespero que se estampava no rosto do jovem. Naquele instante, o pai entendeu o sofrimento da filha e as razões do precipitado enlace sem amor... Se ela tivesse esperado mais um pouco...

A residência simples, com ares de recém construída e habitada por nova família, estava às escuras. Provavelmente seus habitantes haviam se recolhido. A simples idéia de que sua amada dividia o leito com alguém alucinou o prepotente príncipe! Bateu com força na porta, repetidas vezes, impaciente e colérico. Instantes após, o casal atendeu o inesperado visitante noturno, assustado com o barulho e a tardia presença. Ela olhou-o como se um fantasma fosse. O esposo, ignorando a nobreza do inoportuno, educadamente inquiriu sobre as finalidades de tão abusiva visita. O príncipe sequer tomou conhecimento de que lhe falavam, olhos fixos na figura amada, um ciúme feroz corroendo-o.

– Vim buscar-te. Vamos!

Olhando-o, o sentimento recalcado a duras penas brotou como fonte cristalina em poroso terreno. A alma inundou-se de alegria! Viera procurá-la, pois também não pudera esquecer! Depois, o peso do compromisso assumido deteve os passos e paralisou as intenções. Estava unida ao homem que a aceitara como esposa mesmo após o doloroso e difícil relato que lhe fizera, desvelando sua curta história de amor, indagando se ainda a desejaria como companheira, nada lhe prometendo a não ser respeito e carinho! Não merecia que o abandonasse! Além do mais, que lhe reservaria o homem orgulhoso, o futuro e supremo mandatário do rico Egito? Querê-la-ia como esposa, ou seria mais uma na longa fila de conquistas, até que dela enjoasse, relegando-a ao abandonado e à saudade? Passara por isto há meses e ainda sentia a dor, a tristeza, a amargura... De olhos baixos, sussurrou:

– Casei-me, Alteza, como podeis ver. Este é meu esposo, o

homem a quem jurei fidelidade e respeito. Não há razão para vos acompanhar, traindo os votos que livremente aceitei. O trabalho pelo qual vos interessastes e tão bondosamente acompanhastes, honrando-me com vossa presença e a magnanimidade de vossas considerações, encerrou-se, devendo ser encaminhado a vossas mãos pelo nobre egípcio responsável por nossa contratação.

Acostumado a ordenar e ser obedecido, o moço ficou atônito, escutando-a, recusando-se a acreditar que estivesse sendo rejeitado, desprezado, substituído pelo rival humilde! A porta fechou-se suavemente e ele viu-se sozinho.

Uma raiva desumana apossou-se dele e o ódio falou alto, calando a voz do amor.

Vingança! Destruí-los-ia! Como ousara aquele cão imundo tocar a mulher que lhe pertencia?! E ela, como ousava desdenhar de seu amor?

O passeio de barca pelo rio, no dia seguinte, não lhe asserenou os ânimos. Retornando aos aposentos palacianos, ordenou ao oficial em comando que fizesse prender o casal, lançando-o nas masmorras, em cela única para que pudessem conviver com o sofrimento um do outro, dia após dia... Deveria se esquecer dos prisioneiros, não se preocupando jamais com sua soltura!

As ordens cumpriram-se inexoravelmente, apesar dos lamentos dos jovens e das perguntas sem resposta. A cela era fétida e úmida. Fora habitada durante anos por alguém que se atrevera a contestar decretos reais de pouca importância; o infeliz apodrecera encerrado no cubículo que minava água pela parede rochosa, vítima de traiçoeira enfermidade de pele. O casal foi lançado à mesma palha onde se dera a morte do infeliz...

Os anos se passaram. A beleza da jovem consumiu-se nas agruras da mesma doença do antigo habitante da cela. O esposo, imune à mesma, acabou por falecer, vítima de cruel enfermidade dos pulmões, ficando ela sozinha no cubículo sombrio e malcheiroso, onde os raios de sol jamais penetravam. Pouco sobreviveu ao companheiro, abandonando o corpo em extremo sofrimento, praticamente devorada pelos ratos famintos que infestavam a prisão.

Jamais deixou de amar o jovem príncipe, embora a razão lhe recomendasse que o olvidasse, pois que era indigno de seu sentimento. No entanto, amou-o até o último instante, envolvendo-o em doces vibrações de ternura e perdão. Ao desencarnar, imensa paz a envolvia.

O príncipe ascendeu ao trono, governando seu povo com zelo e inflexível autoridade. Casou-se com mulher adequada às exigências de sua posição real, teve filhos... Inúmeros amores passaram por sua tumultuada existência afetiva... Contudo, jamais esqueceu a copista de verdes olhos e negros cabelos. Muitas e muitas vezes, pensou em ir até a prisão, verificar como estava, talvez a libertar e ao esposo, para que pudessem levar adiante a vida que haviam escolhido. Infelizmente, o orgulho sempre falou mais alto, reforçando, ano após ano, a terrível decisão de a fazer definhar e extinguir na masmorra, exemplar castigo para quem ousara contestar-lhe os desejos.

Filho dos deuses! Durante o exercício de seu reinado, muitas ocasiões houve em que se excedeu, sempre conduzido pelo orgulho, ocasionando mortes e sofrimento. Inquestionável, infalível... Assim se acreditava! Filho dos deuses na Terra, faraó do Egito...

Encarnações se sucederam, lapidando o caráter daquele que um dia fora grande sobre as terras banhadas pelo Nilo. Envoltórios carnais dos mais diversos, de acordo com os projetos reencarnatórios exercitados, colaboraram no aperfeiçoamento do Espírito voluntarioso e impregnado de indomável orgulho, conduzindo-o aos caminhos de Deus.

***

Jesus continuava a olhar a menina adormecida. Um longo trajeto fora percorrido desde o Egito, onde, como príncipe e faraó, fora incapaz de condignamente gerir os destinos do povo com imparcialidade e compaixão. Reencarnações haviam se sucedido e, pouco a pouco, eximira-se a alma das pesadas viciações que a enegreciam. Na derradeira, ainda no plano espiritual, o ex-príncipe egípcio solicitara a doença cruel e discriminatória, resolvido a solucionar a última parcela de culpa a lhe aguilhoar a consciência quase liberta. Apesar do perdão da jovem e do esposo, desencarnados em terríveis condições, porém isentos de rancor ou mágoa, ele exigia de si mesmo a prova que o libertaria para sempre das lembranças ainda dolorosas do passado distante. Como pais extremosos, os Espíritos valorosos e amoráveis do casal sacrificado. Assim, na criança doente e ameaçada de ser afastada do mundo e do convívio dos que amava, a jovem que um dia copiara os papiros para o príncipe egípcio e que o amara verdadeiramente recebia seu inesquecível amor, consolidando no afeto filial os eternos laços do coração.

Docemente, o Mestre acordou a menina. Ela O reconheceu imediatamente:

– O Homem dos meus sonhos! Vós me visitais em meus sonhos, Senhor, quando não me acho coberta de feridas e meus membros não se acham carcomidos! Vós me beijais e me tomais ao colo e me contais histórias lindas, que falam de um mundo onde há amor e paz, onde as crianças não adoecem como eu! Quem sois, meu Senhor?

– Podes me chamar de Jesus, Miriam. Há muito nos conhecemos e não deixaria que passasses por tão árdua expiação sem estar ao teu lado por todo tempo necessário. Sou Aquele encarregado de zelar pelos destinos das criaturas deste planeta. Sou teu irmão, sou médico das dores da alma e do corpo. Quem crê em mim jamais estará só ou desamparado, pois sou Amigo fiel e amoroso. Nada mais tens a expiar, príncipe, pois resgataste, a duras penas, a derradeira gota... Sê curado, em nome do Pai!

Seus dedos tocaram delicadamente a fronte em chagas da criança. Os olhos dela não se afastavam dos olhos claros de Jesus. Naquele instante, o milenar Espírito que ocupava o corpo ainda frágil e infantil se liberou momentaneamente das amarras abençoadas do esquecimento, adentrando as reminiscências do pretérito, entendendo a razão de o Mestre lhe outorgar o título real, vendo-se como fora outrora. Um instante fugidio e breve! Novamente Miriam, entendeu que jamais deixara de ter esperanças e que sua fé tinha tudo a ver com aquele Homem tão belo, envolto em linda aura de luz, roubada à luminosidade da manhã que explodia em esplendorosa festa de cores e luzes lá fora. Em seus sonhos, com Ele encontrara e sempre O amara. Os dedos de Jesus tocavam as chagas e a pele se recompunha, as feridas cicatrizavam, a estrutura corporal se reorganizava e refazia... Sempre sorrindo, o Mestre chamou a mãe, despertando-a do choque, recomendando-lhe que banhasse a criança e trocasse as roupas fétidas que a envolviam.

Dirigiu-se então para a casa, acompanhado pelo pai em prantos. Os discípulos inutilmente tentavam controlar as lágrimas; intuíam que a história ia muito além do que a mãe da criança relatara e da cura presenciada... Teriam que aguardar! Quando se fossem, caminhando pela estrada ou à sombra de frondosa árvore, o divino Amigo lhes contaria a versão completa, da maneira como somente Ele sabia, excursionando pelo passado, antevendo o futuro...

Delicadamente, em tom de brincadeira, Jesus sugeria:

– Que tal comermos? Estou morrendo de fome! Depois iremos à praia e pescaremos, aproveitando este dia maravilhoso. À noite, conversaremos.

Assim se fez. O mutismo do Mestre se dissipara e Ele lhes falou como às multidões, ensinando-os, transmitindo-lhes Sua doutrina de amor e perdão, de renúncia, solidariedade e esperança. Não lhes contou sobre o conteúdo de suas anteriores reencarnações, permitindo que o véu do esquecimento permanecesse intacto, mas não lhes ocultou a verdade sobre as múltiplas existências, dilatando-lhes a visão e o discernimento. Com o pescador, adentrou o mar, recolhendo a rede farta. Comeu do pão que a mulher, em êxtase de alegria e reconhecimento, para Ele preparara. Com a menina ao colo, conversou, riu, brincou... E suas palavras jamais abandonaram os ouvidos e corações daquelas pessoas, futuros semeadores da Doutrina do Divino Pai.

Na partida, volveram pelo caminho até a entrada da aldeia, tomando o rumo inicialmente pretendido pelos discípulos. Mal haviam dobrado a curva que ocultava a casa de Miriam, explodiram as perguntas e solicitações:

– Mestre, como sabias que havia uma criança doente escondida naquele quarto?

– Mestre, Mestre, não vais nos contar o que viste quando sentado naquele leito? Estavas com os olhos distantes, perdidos no tempo e no espaço...

– Conta, por favor, conta!

E a história do belo príncipe e da pequena escriba do antigo Egito ocupou o vazio da longa caminhada.

Depoimento

Houve um Homem, de suaves e cálidas mãos, ternos e claros olhos e cabelos da cor da amêndoa madura, que, sentando-se à beira de fétido leito, em distante dia perdido no tempo, ousou levantar as cobertas e desvendar o sofrimento e a solidão de pequenina criatura, tocando-a sem nojo ou receio, concedendo-lhe a preciosa dádiva da saúde física, antevendo redentoras e sublimes possibilidades de serviço em Sua seara bendita.

Jesus, o Homem! Eu, a menininha enferma!

Não pretendo descrever os anos de padecimento que antecederam aquele dia inolvidável, mas sim dizer-vos da felicidade a partir do momento em que meu corpo se libertou da cruel moléstia e minha alma compreendeu Quem ali estava, em nossa casinha perto da praia.

Como era boa a sensação da água em meu corpo perfeito! Com que alegria observei a mãezinha recolher os panos malcheirosos e queimá-los, as espirais de fumaça desfazendo-se nas perfumadas aragens da manhã. As roupinhas limpas, a sensação de frescor, a constatação do retorno da sensibilidade, o calor do sol nas faces... Deus! Para entender perfeitamente, necessário se faz tenhamos enfrentado a perda da saúde e o temor do Vale dos Imundos!

Depois, minha mãe me levou até Jesus, que Se sentara à mesa, conversando com meu pai, enquanto finalmente Se alimentava. Ele docemente me puxou, acomodando-me sobre Seus joelhos, afagando-me os cabelos ainda úmidos. Repartiu comigo o pão, nele deitando o mel, certamente menos doce do que Ele... Observando que eu me prendia a Suas palavras, iniciou uma parábola: "Havia um homem muito rico e poderoso, que morava em magnífico palácio, comendo e bebendo do bom e do melhor. Ora, nas cercanias do suntuoso palacete, pobre e chagado mendigo, acompanhado de esquálidos cães que lhe lambiam as feridas, detinha-se a esmolar, sem que o orgulhoso senhor se dignasse a lhe conferir o mais ínfimo olhar..."

Como olvidar? Como esquecer Seu riso, Sua voz calorosa a brincar com o zelo de minha mãe que, no afã de Lhe agradar, insistia sem parar para que comesse mais do pão recém saído do forno? E o convite de meu pai, chamando-O para o mar, e Ele descendo a colina, as vestes batidas pelo vento, o rosto voltado para o sol da manhã? Enquanto se dirigiam para o barco, eu os seguia, encantada com o Seu porte, com Seus cabelos, Seus olhos... Nosso cão, Sultão, ao que parece, compartilhava de meus sentimentos, juntando-se a eles, entrando no barco e se assentando a Seus pés, fingindo não escutar as insistentes e reiteradas ordens de meu pai para que descesse... E o Mestre, serenamente pedindo:

– Deixa-o ficar, não nos incomodará!

Observei, sentada na areia, o barco se distanciando, as vozes se diluindo... Depois, a chegada, o cesto cheio de peixes como jamais havíamos visto, meu pai sorridente e falante...

Não cansávamos de escutá-lO! De instante em instante me achegava, as mãozinhas se estendendo para O tocar ou a Seu manto... Minha mãe ralhava, temerosa de que eu O importunasse... Mas Ele me autorizava a ficar ! Assim, assenhoreava-me do colo de Jesus...

Como esquecer?

Jamais conseguimos explicar aos moradores da aldeia o meu pretenso regresso. Sabedores de que Jesus passara por nossa distante casa, imputaram-Lhe o "milagre". Silenciamos.

O tempo passou e eu cresci. Então, nossa casinha saíra do anonimato, tornando-se um referencial para sofredores e curiosos. Afinal, eu voltara do fundo do oceano! Jamais me senti culpada por não revelar a verdade, pois a lepra sempre me pareceu abismo maior do que o abissal. De qualquer modo, acredito que seria demasiado para suas cabeças...

Casei-me. Numerosa prole abençoou o lar humilde e cristão. A meus filhos não ocultei a verdade, contando-lhes a história que excedia em muito a de meu suposto ressurgimento do mundo dos mortos. Ainda ouço as infantis vozes, maravilhadas com o Mestre, inquirindo:

– Mãezinha, sentaste no colo dEle? E Ele pescou com vovô? Quantos peixes Jesus pescou?

Surgiu em meio à tempestade, alheio ao medo, amparando e consolando, servindo e amando. Em meio às tormentas existenciais decorrentes de nossa imaturidade e ignorância, sempre estará, como há dois mil anos, aguardando estejamos prontos para as verdades eternas, estendendo-nos Sua doutrina de luz e amor, seguro farol contra a escuridão das lepras morais que ainda persistem em nós.

Miriam

Isabel, Lia e Miriam, as três irmãs

"Levi ofereceu-lhe então uma grande festa em sua casa, e com eles estava à mesa uma numerosa multidão de publicanos e outras pessoas. Os fariseus e seus escribas murmuravam e diziam aos discípulos dele: 'Por que comeis e bebeis com os publicanos e com os pecadores?' Jesus, porém, tomando a palavra, disse-lhes: 'Os sãos não têm necessidade de médico e sim os doentes; não vim chamar os justos, mas sim os pecadores, ao arrependimento.' "
(Lucas. cap. V, v. 29 a 32).

"Como quereis que os outros vos façam, fazei também a eles." (Lucas, cap. VI, v. 31).

"O amor resume a doutrina de Jesus toda inteira, visto que esse é o sentimento por excelência, e os sentimentos são os instintos elevados à altura do progresso feito. Em sua origem, o homem só tem instinto; quando mais avançado e corrompido, só tem sensações; quando instruído e depurado, tem sentimentos. E o ponto delicado do sentimento é o amor, não o amor no sentido vulgar do termo, mas esse sol interior que condensa e reúne em seu ardente foco todas as aspirações e todas as revelações sobre-humanas."

"Amar, no sentido profundo do termo, é o homem ser leal, probo, consciencioso, para fazer aos outros o que queira que eles lhe façam; é procurar em torno de si o sentido íntimo de todas as dores que acabrunham seus irmãos para suavizá-las; é considerar como sua a grande família humana..." (O Evangelho Segundo o Espiritismo, cap.XI).

A pregação do Mestre se estendera até o ocaso. Suas palavras ainda pareciam ecoar na imensidão da praia, em dulcíssimas vibrações de amor e paz, serenando corações, despertando em ressequidas almas a esperança, alentos confortadores que falavam de recomeço, de resignação, de paciente espera, de felicidade... Anoitecia na Galiléia. As primeiras estrelas surgiam, faiscantes no veludo azul escuro, secundadas por enorme lua a derramar prata nos caminhos... Cálidas e suaves brisas agitavam as folhas das árvores e, nas casas humildes dos pescadores, o lume clareava a escuridão. Todos haviam se retirado. Junto ao mar, Jesus e seus discípulos quedavam-se silenciosos, olhando as ondas que vinham quebrar-se-lhes aos pés, extraindo energias após o extenuante dia. O Mestre, sereno como sempre, meditava, olhos postos na esteira de luz sobre as águas do mar.

Muitos haviam sido os auxiliados naquele dia. Além das luminosas proposições, bálsamos para almas sedentas de entendimento, o Divino Enviado soubera entender as urgentes dores, curando e aliviando males, as mãos compassivas tocando, afastando enfermidades, reparando tecidos e carnes, a voz sempre compadecida e gentil:

– Vai e não tornes a pecar...

Nem sempre, contudo, fora possível curar os enfermos organismos... Compreendia-lhes o penar, entendia que desejavam a cura, mas Seus olhos viam mais que o corpo físico e a presente existência! Grande parte dos que imploravam ali estavam movidos pela dor, todavia ainda não haviam efetuado a imprescindível mudança de sentimentos, necessitando do aguilhão do sofrimento como forma de direcionamento à transformação interior. Improcedente libertá-los àquela altura... Nem por isso calava o gesto fraterno e amigo, a palavra confortadora: paciência, coragem, resignação, esperança...

– Bem aventurados os que choram, pois serão consolados...

Dentre os que passaram por Ele naquele dia, difícil nomear os casos mais sérios. Episódios de extrema dor e penúrias físicas e morais sucediam se em um não acabar de súplicas e lamentações:

– Rabi, sofro muito! Tenho lancinantes dores! Olhai, vede o meu estado! Curai-me, em nome de Deus, curai-me!

Os olhos do Mestre fitavam corpos, contudo efetuavam a leitura dos espíritos... Nos arquivos das vidas pregressas, as causas de muitas das dores presentes! Nas feridas expostas, as marcas dos erros passados, a consciência do próprio indivíduo determinando, pelos mecanismos da culpa, que se cumprisse a lei de causa e efeito.

À tardinha, quando pouco restava do dia, cobertas por mantos, apesar do sufocante calor, aproximaram-se de Jesus as três mulheres. Temerosas, ajoelharam-se, fitando-O como se esperassem que as expulsasse! Os que rodeavam o Mestre indignaram-se:

– Como?! Não se envergonham essas indignas de expor sua indecência ao Rabi, à luz do dia, pretendendo passar rente a pessoas respeitáveis?!

Os discípulos apenas observavam. Conheciam suficientemente o Divino Amigo para saber de seus critérios de avaliação, os quais, na maioria das vezes, não coincidiam com os da sociedade da época. A convivência com Jesus ensinara-os a não julgar.

Apesar das vestimentas simples e dos mantos, Jesus reconheceu naquelas mulheres a marca profunda da profissão a que se dedicavam. Entreviu nos olhares a vergonha, a humilhação e o medo. Compreendeu o quanto haviam se arriscado ao se dirigirem a Ele, em meio à preconceituosa multidão... Certamente estariam tão acostumadas aos julgamentos preconceituosos que os acatavam por corretos e adequados às suas personalidades! Aqueles que as buscavam alegremente, adentrando a casa de prazeres onde exerciam a função, compartilhando com elas da mesa farta e da cama de sedas, repudiavam-nas em público, fingindo não as conhecer! Hipócritas! Túmulos caiados de branco por fora e repletos de podridão por dentro...

Aos pés de Jesus, as três mal conseguiam levantar as cabeças, esperando simplesmente.

Custara-lhes muito chegar até ali! Desde que souberam notícias do iluminado Rabi, outro não fora o assunto de suas conversas. Aguardavam ansiosamente Sua passagem pela cidade. Dos freqüentadores noturnos buscavam extrair informações sobre aquele Homem que não conheciam, mas que lhes agitava a vidinha monótona e triste. Ouviram a Seu respeito histórias incríveis. Curas miraculosas, principalmente... Cegos, paralíticos, leprosos... Questionavam-se sobre a necessidade interior que pressentiam em seus corações... Seus corpos eram jovens, belos e perfeitos, nada lhes oprimia a saúde. Por que então a angústia constante a lhes afligir as entranhas, encaminhando-as, sem que esboçassem qualquer resistência, ao Desconhecido?!

Foram tempos de imensa expectativa. A monotonia dos dias substituíram-se por longas e intermináveis conversas, repletas de questionamentos e dúvidas. Lembranças que se esforçavam por enterrar bem fundo emergiram vivas e dolorosas, reclamando atenção. Quando, ao amanhecer, os últimos clientes se retiravam, o sono tornava-se-lhes custoso. Imagens do passado dividiam com elas os leitos de seda e rendas, reavivando emoções que tentavam a todo custo esquecer.

Três irmãs. A diferença de idade entre elas era pouca. A mãe, mulher humilde e honesta, tivera-as muito jovem, perecendo no último parto, vítima de cruel e incontrolável hemorragia. Deixara as três criancinhas com o desorientado genitor, criatura rude e trabalhadora.

Vizinhas solidárias cuidaram das pequeninas nos primeiros tempos. Ausente durante todo o dia, tendo que acudir a exigências de trabalho, o pai quase não as via. Ao retornar da lida, cansado e sujo, estavam adormecidas sobre o catre que compartilhavam. Alguma alma bondosa as havia alimentado e colocado na cama.

Logo o homem constatou a necessidade de se casar novamente. Além das crianças, sujeitas à disposição de estranhos para delas cuidar, era-lhe extremamente difícil a vida solitária. A casa, as roupas, a comida, as crianças, ele mesmo, tudo reclamava urgentes cuidados de mulher. Além do mais, era jovem e saudável, sentia falta de uma companheira!

A vila anotou-lhe a inusitada presença em eventos de final de semana. Rapidamente envolveu-se com jovem atraente e prestimosa, unindo-se a ela em matrimônio.

A moradia desleixada e triste iluminou-se com a chegada da jovem esposa. Água e sabão retiraram camadas e mais camadas de sujeira e o fogo aceso e a comida cheirosa sobre o fogão diziam da presença de mulher. Sobre a mesa rústica, alva toalha e flores colhidas no campo. A casa fez-se lar novamente.

As meninas receberam a estranha sem restrições. Acostumadas a serem tratadas por quem se dispusesse a tanto, muitas vezes relegadas ao esquecimento, a jovem bonita e alegre cativou-as. Seu cantar enchia a casa enquanto executava as tarefas domésticas, não lhes faltava comida em hora certa. A palavra mãe brotou-lhes das pequeninas bocas sem esforço. Renderam-se incondicionalmente. A pequenina, alimentada ao seio de vizinha caridosa, que concordara em repartir o leite do filho recém-nascido com a orfãzinha, agora adormecia tranqüilamente nos braços da nova mãe, após improvisada e bem sucedida mamadeira.

Os anos passaram. Da união inicialmente feliz não advieram filhos. A esterilidade marcou profundamente a mulher. Sentia-se diminuída frente às outras da pequena vila, pois as filhas do primeiro casamento do esposo não lhe bastavam. O marido, inicialmente amoroso e gentil, cedendo aos preconceitos e costumes de então, tratava-a como simples criada, omitindo-se, inclusive, a lhe partilhar o leito, buscando fora de casa companhia.

Sorrateiramente, raiva e revolta passaram a minar a existência da jovem mulher. As pequeninas, tão caras a princípio, eram-lhe prova viva do que julgava sua incompetência em gerar filhos. Olhando as meninas a brincar, os risos ecoando pela casa simples, escutando-as nas ingênuas cantigas de roda, sempre unidas, considerava cada vez mais penosa a convivência.

A idéia surgiu em uma manhã ensolarada e perfumada de primavera, quando o companheiro, irritado e nervoso, agredira-a fisicamente com rigor além do normal, ferindo-a profundamente com açoite e palavras cruéis:

– Imprestável! Não serves nem para me dar filhos que me protegeriam na velhice! Ainda me livro de ti! Não perdes por esperar... Estás velha e feia, ouviste? Não serves para nada, nada!

Vendo-se só, o corpo dolorido pelas chibatadas, a alma ardendo de revolta e humilhação, buscou o espelho. Onde a figura bela e sedutora de outrora? Sulcos profundos vincavam-lhe as faces; o sol escurecera e manchara a cútis antes alva. Observou as mãos calejadas, as unhas partidas. Apalpou o corpo. O trabalho duro e constante felizmente a mantivera em boa forma... O cabelo, atado com fita gasta e rota, há muito não via cuidado maior, os fios quebradiços e opacos...

O desespero assaltou-a. Em prantos, ponderou sobre a tristeza da existência que levava. Naquela hora, sequer recordou o carinho que as meninas lhe dedicavam, a ternura com que a tratavam.

No quintal, as irmãzinhas brincavam, alheias ao seu tormento. Estavam acostumadas aos desatinos do pai. Educadas em uma sociedade em que a figura masculina tudo podia, resignavam-se com a brutalidade do mais forte, aguardando a hora certa de se achegarem daquela que consideravam como mãe, confortando-a. Em tais crises, haviam aprendido que era melhor ficar longe da moça até que a raiva passasse, senão correriam o risco de o castigo ser repassado a elas, como forma de compensação e revanche...

Ódio descomunal assenhoreou-se do coração e da mente da rejeitada esposa. Ciúme da beleza intocada das jovenzinhas, a aumentar dia a dia, conforme cresciam e seus corpos adquiriam contornos de mulher. Insensata e injustamente, a elas transferiu a culpa de sua infelicidade. Delas cuidara durante anos! Sacrificara sua beleza em estafante trabalho para limpar a casa, cozinhar, lavar... Não tivera filhos, provavelmente por culpa da trabalheira que lhe davam...

O plano delineou-se em sua mente com rapidez e facilidade espantosas. Conseguia vislumbrar as caravanas de mercadores que passavam na estrada próxima à casa; muitas costumavam parar junto à fonte de água... Venderia as jovens! Em alguma delas encontraria um mercador suficientemente ambicioso que serviria a seus propósitos. Seria sua passagem para uma nova vida, longe do sofrimento, dos maus tratos, da miséria!

Um mês depois, em uma das caravanas seguiam as três jovens, assustadas e atônitas, juntamente com a mulher que chamavam de mãe. Na primeira cidade de grande porte, suficientemente distante do local de origem, esta aportou, levando na sacola o dinheiro da terrível transação. Pretendia que nunca mais ouvissem dela falar e sequer olhou para trás, ouvidos surdos aos gritos e chamamentos das meninas.

Os mercadores seguiram seu caminho. Os dias de viagem agitados e cheios de novidades preencheram-lhes as horas, diminuindo o desespero. Bem tratadas, o impacto da brusca retirada do lar amenizou-se pouco a pouco. A movimentação que envolvia a rotina diária agradava-lhes e ingenuamente chegavam a se divertir, alheias à extensão do ocorrido, encantadas com os animais, as conversas pitorescas ao pé da fogueira, servindo-se da comida farta e saborosa nos imensos caldeirões presos a tripés de ferro. Nas noites claras, sob a luz da lua e das estrelas, aprendiam a bailar ao som dos instrumentos musicais, as saias rodopiando, os cabelos soltos. Meses decorreram. Às perguntas que faziam, os mercantes não respondiam, recomendando-lhes somente obediência, sem a qual seriam castigadas. Habituadas a se submeterem desde pequenas à voz de comando masculina, julgaram conveniente calar e o fizeram sem maiores dificuldades.

A cidade grande, barulhenta e excitante pareceu-lhes o paraíso, com sua imensidade de ruas, o povo enchendo os locais de comércio, as vozes altas regateando os preços, os grupos de dançarinos e músicos nas praças... Os viajantes trataram de armar as coloridas tendas, repletas de novidades e objetos de valor, ao longo de ruas movimentadas, e os compradores aproximaram-se: ricas senhoras em liteiras revestidas de seda, acompanhadas de escravos sumariamente trajados, exibindo fortes músculos; senhores envoltos em primorosas túnicas e mantos, bolsas repletas de moedas, discutindo, negociando, avaliando objetos, analisando-lhes o valor.

Na manhã seguinte à chegada, algumas mulheres da caravana banharam-nas cuidadosamente, untando-lhes os longos cabelos com óleo balsâmico; poliram-lhes as unhas dos pés e das mãos e coloriram suas faces e lábios com perfumado carmim. Vestes transparentes e coloridas envolveram-lhes os jovens corpos e colares de minúsculas pedras adornaram os esguios pescoços; nas orelhas delicadas, pingentes das mesmas pedras; nos pés, delicadas sandálias em tons de ouro e prata...

Mal se reconheceram! Admiravam-se, entre risos e exclamações. Ao saírem da tenda para a luz do dia, alegraram-se com os elogios dos participantes da caravana, a quem se haviam afeiçoado durante os meses de convívio nas estradas, considerando-os como amigos queridos.

A alegria durou pouco. Conduziram-nas a tablado recoberto de panos brilhantes, forçando-as a subir e encarar a turba agitada e competitiva. Atônitas, viram-se disputadas a peso de ouro, sob o comando de malicioso e pegajoso leiloeiro, a lhes ressaltar os encantos e qualidades. Desesperadas, na iminência de serem separadas, cada qual tomando destino incerto e desconhecido, os lances sucedendo-se, assistiram à chegada de uma mulher escandalosamente adornada, vestes exageradas e coloridíssimas, faces reluzentes de pintura, como a salvação: um lance único e elevado para as três!

Aos gritos de descontentamento dos potenciais compradores, ela se pôs a rir, dizendo-lhes:

– Ora, ora, senhores! Calma! Se as mocinhas agradam tanto a vós, melhor! Podeis encontrá-las em minha casa, onde bem o sabeis...

E se retirou, secundada por hercúleo servo em sumários e vistosos trajes.

Vivenda luxuosa acolheu-as. Inúmeras jovens ali habitavam e as irmãs logo constataram que todas ali haviam chegado em condições de abandono e tristeza, cada uma com sua história... Penalizadas com sua juventude e inocência, buscando evitar penosas e constrangedoras surpresas bem como sofrimentos maiores, as moças trataram de instruí-las sobre o movimento da casa e o que delas se esperava.

Foram dias de dor, angústia, degradação e desespero. Pela manhã, quando os homens finalmente se retiravam e o palacete mergulhava em silêncio, reuniam-se no quarto de uma delas, juntas na cama larga e luxuosa, adormecendo entre lágrimas e palavras de consolo mútuo.

A necessidade de sobreviver e o tempo encarregaram-se de moldá-las aos impositivos da nova existência. Aprenderam a aceitar o inevitável e a recalcar quaisquer sentimentos indesejados ou impossíveis.

Eram disputadíssimas no lupanar. A beleza jovem e saudável, a natural discrição e a postura sensível e delicada distinguiam-nas das demais. Todavia, simples pedaços de carne à venda! Assim dolorosamente se qualificavam. Quando o coração pulsava com mais força por algum visitante bonito e elegante, logo se decepcionavam. Os sonhos de amor da adolescência abortaram, neutralizados pela traumatizante iniciação sexual. Fizeram-se mulheres desiludidas e amargas: sorridentes, lindas, desejadas, luxuosamente vestidas e adornadas, e sós, profundamente solitárias em meio ao luxo e à miséria moral que as cercavam.

Os dias transcorriam sempre iguais. As noites, envoltas em perfumes, luxúria e desesperança, repetiam-se.

Até aquele dia...

As criadas trouxeram a novidade. O Rabi, bela e majestosa Criatura, logo estaria na cidade! A notícia de Sua breve chegada O precedera! As conversas ouvidas no mercado sucediam-se. Falavam de Alguém especial, Alguém capaz de curar as dores do corpo e da alma! Intensa curiosidade alterava-lhes a costumeira passividade dos dias, deixando-as ansiosas. Aguardavam impacientemente a chegada das servas com as compras, trazendo mais notícias sobre o Desconhecido. Acostumaram-se a assim O chamar: o Desconhecido...

Durante o dia, enquanto submetiam os corpos aos cuidados de beleza necessários ao sucesso da função noturna, conversavam sobre Ele, juntando fatos e histórias, traçando pouco a pouco um perfil do misterioso Rabi. E indagavam-se:

– Teremos o direito de nos acercarmos dEle? Como nos receberá? Poderá nos cobrir de reprimendas! Todos nos reprovam... E se nos repudiar em frente a todos? Que vergonha!

Fatos tristes voltaram a lhes assombrar os dias: a rejeição da mãe, a traição daqueles que julgavam seus amigos na caravana, a venda em leilão, a degradação dos sentimentos, o filho que uma delas fora forçada a retirar das entranhas, massa disforme de carne e sangue, filho desejado, mas não permitido... As desilusões, a desesperança...

Agora estavam ali finalmente! Aos pés de Jesus! Um simples olhar para o semblante sereno e compassivo dEle afastou todos os temores, revelando que Ele superava tudo o que haviam imaginado. Os últimos raios do sol que se escondia no horizonte iluminavam Sua figura amorável e bela! Os cabelos soltos, à altura do ombro e à moda nazarena, assumiam o tom avermelhado do poente. Os olhos claros fitavam-nas sem condenação, carinhosamente.

As lágrimas umedeceram os cílios de Jesus. Conhecia perfeitamente a impossibilidade de as arrancar do prostíbulo onde se encontravam! Legalmente, eram propriedade de alguém. Escravas! Seus corpos estavam atados a um contrato moralmente condenável, mas, ainda assim, perfeitamente normal, viável, de conformidade com as leis vigentes.

As palavras do Mestre caíram suavemente sobre as almas ulceradas. Quem seria aquele Homem que tão bem conhecia suas dores e decepções? Docemente, falava-lhes, ensinando Sua doutrina de amor e perdão, uma doutrina para almas, e não para corpos.

Jesus e Seus discípulos permaneceram na cidade durante dias. A presença das três jovens repetiu-se em todos eles. Sempre de branco, cabelos soltos, rostos despojados de pintura... Chegavam mansamente, humildes, acomodando-se perto do Mestre. Foram fiéis testemunhas de suas palavras e atos. Viram-No pregar e curar. As palavras e as ações do Divino Enviado calaram fundo em seus corações.

Foi um tempo de muito júbilo. À saída dos últimos clientes, ao alvorecer, banhavam-se, envergavam singelos vestidos e, cabelos molhados ainda, demandavam ao encontro do Mestre, sorrateiramente se esgueirando para fora do bordel silencioso e vazio. As mulheres dormiam... Cantava-lhes o coração em suaves hinos Àquele que lhes trouxera nova luz à existência, libertando-as da pequenez dos conceitos religiosos e morais da época. À noitinha, voltando ao prostíbulo, inundadas de luz, repassavam as lições aprendidas durante o dia, à espera da chegada dos homens...

Um dia o Mestre partiu. Paradas à beira da estrada, viram-nO desaparecer ao longe. Por algum motivo que não conseguiram explicar, a saudade era-lhes doce e boa, a inundar os corações com suavidade. Sentiam que Ele se fora fisicamente, mas sempre estaria com elas. Dera-lhes amor; restituíra-lhes o respeito próprio e a confiança; falara-lhes de esperança, fé e, acima de tudo, caridade.

O prostíbulo, famoso por seu luxo e lindas mulheres, transformou-se, pouco a pouco, em importante ponto de difusão da doutrina do Mestre amado. Ele partira, contudo as três jovens haviam para sempre acolhido em seus corações e mentes as palavras e exemplos do meigo Rabi. Outras moças desditosas transpuseram as douradas portas, em prantos, arrancadas de seus lares e afetos. Nada se podia fazer no sentido de libertar seus corpos da triste escravidão, mas o Amigo lhes ensinara a liberdade da alma e a verdadeira pureza, a se manifestarem nos sentimentos e nas posturas de cada um perante o próximo, independendo das correntes que tolhessem o físico. Suas vozes ternas e compassivas ampararam e consolaram... Assim, as infelizes companheiras de sorte conheceram, através de Jesus, a verdadeira libertação. Corpos atados às exigências da sociedade, almas libertas pelo Amor ensinado pelo Nazareno!

Embora não pudessem, pelos impositivos injustos e imperfeitos das leis terrenas, abandonar a vida a que se viam forçadas, as três irmãs souberam, a cada dia do resto de suas existências, disseminar os ensinamentos do Cristo no ambiente a que estavam confinadas. Para imensa surpresa, à medida que se permitiram uma maior aproximação das pessoas, constataram a solidão, a descrença e o desamor na maioria dos homens que ultrapassavam as soleiras daquela casa, em busca de prazeres fáceis e mundanos, prazeres estes que serviam como entorpecente momentâneo para as dores e vazios da alma. Sob as aparências dominadoras, sob o manto dos incontroláveis desejos, frágeis criaturas em busca! Após as eletrizantes sensações do sexo destituído de afeto, o vazio voltava a lhes habitar as existências, mal abandonavam os leitos suntuosos e perfumados. Então, deixando de lado a frieza que costumava caracterizar o aluguel do corpo, as irmãs começavam a conversar, como haviam visto Jesus fazê-lo, em amorosa terapia.

Muitos descobriram o doce Rabi através delas:

– "Eu sou o Caminho, a Verdade, a Vida..."

A revolta e o asco foram substituídos gradativamente por compaixão e amor fraterno.

Tornaram-se famosas. Inegavelmente encantadoras e lindas, com certeza, mas o que fascinava e prendia os corações era a beleza da alma. Homens sedentos de afeto, na busca confusa do sexo, confundindo-o com as verdadeiras sensações e emoções do amor verdadeiro, encontraram-se e retificaram suas trajetórias existenciais naquele prostíbulo da Palestina, constituindo e preservando lares em que o respeito à família e à mulher se consolidaram.

Foram longos anos de trabalho anônimo e infatigável, em contínuo processo de esclarecimento e doutrinação, inegavelmente atrelado à renúncia e aceitação por parte das três irmãs. Certamente muitos não as compreenderam, exigindo companhias unicamente afeitas aos prazeres da carne... Outros julgaram-nas loucas... Contudo, jamais lhes faltou o necessário amparo para a tarefa e muito menos atentos ouvidos às Verdades divinas.

Certa tarde, quando nuvens plúmbeas e pesadas e ventos fustigantes pressagiavam forte tormenta, esfarrapada criatura bateu à porta ricamente lavrada do prostíbulo. Uma das servas a atendeu, abrindo caminho para que entrasse e se abrigasse da chuva insistente e fria. Imediatamente a conduziu à cozinha enorme e de escrupulosa limpeza.

As serviçais, acostumadas ao trabalho de amparar uns e outros, todas convertidas à doutrina do Cristo pelas três jovens, fizeram a mulher sentar-se à mesa, ficando a olhá-la enquanto a pobre se esforçava para engolir um substancioso caldo. Depois, banharam-na em tépida água e a envolveram em roupas limpas, deitando-a em um dos leitos da área dos servos, onde a mulher adormeceu imediatamente, tamanho o cansaço em que se encontrava.

A manhã seguinte, após as torrenciais chuvas noturnas, apresentou-se clara e límpida; o sol já estava a pino quando a enorme residência se animou, pois as atividades noturnas impunham aquele horário. A primeira refeição foi servida na ampla sala de banquete e dela participaram todas as mulheres, conforme as normas da casa, sob a rigorosa supervisão da proprietária, criatura extremamente ligada ao dinheiro, mas há muito suavizada pela atuação constante e discreta das irmãs. A bem da verdade, simpatizava com o "tal Profeta que não atirava pedras nas mulheres da vida...", tolerando e até incentivando as atividades assistenciais realizadas sob seu teto, embora pusesse tudo na ponta do lápis e se encarregasse de repassar os custos aos visitantes mais ricos, aumentando furtivamente os valores dos serviços... Alguém tinha que pagar! Por que não os que podiam mais?!

As criadas informaram que a mulher recolhida na véspera ainda não se levantara, provavelmente fatigada ou talvez doente, observação que provocou a ida das irmãs ao quarto, debaixo de uma série de resmungos da dona da casa.

À luz que penetrava pelas amplas janelas, reconheceram-na imediatamente:

– Mãe!

Ao surpreso tríplice grito, abriram-se os cansados e pisados olhos e ela as fitou em mudo desespero, tentando erguer-se do leito, correr para fora do prostíbulo, compreendendo e constatando a extensão do crime praticado contra as três pobrezinhas. Cruel "acaso" provocara o reencontro com suas vítimas!

Os três corações pareceram parar por instantes! O passado retornou com força total, com todo o sofrimento, as angústias, a vergonha... Mas foram segundos... Os ensinamentos do Mestre falaram mais alto e elas se ajoelharam aos pés do leito, envolvendo a infeliz em abraços, beijando-lhe as mãos, afagando-a, murmurando palavras de alegria por estarem juntas novamente... Nenhuma censura, nenhum julgamento, nada que recordasse o passado...

– Mãe!

Olhando-as, a mulher compreendeu finalmente que havia encontrado as filhas. Não importava que não as tivesse gerado! Ela as alimentara, embora não fosse em seus seios, carregara-as ao colo, acalentara-as, delas cuidara nas doenças da infância... Infelizmente, deixara-se levar por sentimentos impuros, pensamentos terríveis que a levaram à consumação de um crime terrível... O dinheiro da venda das filhas durara pouco, consumido em bebidas e prazeres no intento de silenciar o arrependimento... Rolara de cidade em cidade, prostituindo-se para comer enquanto ainda lhe restava alguma beleza, até que se tornara uma mendiga, pela qual nenhum homem se interessava... Na tarde anterior, doente e exausta, resolvera deitar debaixo da tormenta e deixar que a umidade e o frio da noite acabassem com o que restava do esquálido corpo, mas fora interrompida pela visão da bela casa e da luz que parecia irradiar de suas brancas paredes, como se fosse um castelo dos contos de fadas... A lembrança das meninas voltara com força maior, pois costumava fazê-las dormir com narrativas de belas princesas em seus palácios... Os pés inchados arrastaram-na para a porta imensa, guarnecida de rica aldrava, em que se pendurou, batendo-a timidamente contra a madeira de lei...

– Mãe, mãezinha! Somos nós! Acorda, conversa conosco! Vamos cuidar da senhora, estamos juntas finalmente!

A febre não mais a abandonou, consumindo-lhe o restante da existência. Não mais recobrou a consciência, apagando-se aos poucos, deixando três filhas a pranteá-la sentidamente.

Os anos continuaram a passar e a beleza física das três irmãs foi se acabando naturalmente. Singular luz parecia envolvê-las cada vez mais, à medida que os cabelos branqueavam, a pele enrugava... A maior parte das companheiras de profissão morria cedo, vitimadas pelas doenças, pelas agressões, pelas agruras da vida desregrada e sem afeto sincero... Às raras sobreviventes, caso não houvessem amealhado algum dinheiro durante os anos com as gorjetas, restaria o abandono das ruas, a mendicância. Destituídas da formosura exterior, sem nenhuma reserva econômica, pois jamais haviam com isso se preocupado, distribuindo os muitos agrados entre os necessitados, acreditavam provavelmente acabar no abandono, não fosse a consideração que lhes dispensava a proprietária do local, fato que a levou a dispensá-las do expediente com os homens, encaminhando-as para as tarefas de limpeza e cozinha.

Alegraram-se! Poderiam melhor auxiliar! O Mestre lhes dissera, em singular sonho coletivo, do qual a três se recordavam:

– Não vos preocupeis com o dia de amanhã! Continuareis a me servir... Acalmai vossos corações, confiai... Ainda há muito trabalho a fazer! O campo é fértil, o plantio abençoado, a colheita virá agora ou daqui a tempos, não importa. O importante é semear...

A dona da casa, inusitadamente generosa e gentil, destinoulhes amplos aposentos nos fundos dos belos jardins, provocando interrogativa reação:

– Que faremos com tanto espaço? Precisamos de um só quarto, pois faremos as refeições na cozinha da residência. Será mais econômico e mais prático...

Calaram, contudo, para não parecerem mal agradecidas...

A resposta do Mundo Espiritual não se fez tardar. Os aposentos, aparentemente inúteis e enormes, encheram-se de pessoas que as buscavam para ouvir falar em Jesus. Os olhos das irmãs refletiam a alegria do momento especialíssimo, em que as pessoas diziam da felicidade em ter um lugar onde pudessem se reunir, onde os corações atribulados recebessem o conforto da Boa Nova. Fregueses do prostíbulo atravessavam os jardins na calada da noite, encaminhados pelas prostitutas que lhes entreviam os anseios da alma, manifestos após terem escutado das pintadas bocas palavras que recordavam o Divino Amigo, Aquele que nunca julgava, sempre disposto a perdoar e orientar. Assim, esgueiravam-se pelos caminhos floridos, chegando ao alojamento iluminado e sempre aberto aos visitantes, colhendo das três velhinhas as histórias, os ensinamentos, o amor do Cristo. Elas haviam falado com o Mestre! Ele as orientara a muito amar sem nada exigir, a renunciar às ilusões do mundo e se doar à Humanidade, a transformar o amor a poucos em algo muito maior...

Corações que clamavam pela Verdade se renderam ao jugo leve e amoroso do Mestre da Galiléia... Jesus em meio aos doentes, aos pecadores, às prostitutas... Ao lado daqueles que dEle precisavam! Médico de almas e de corpos!

Surpreendentemente, quando o tempo se fez demasiado para a trajetória terrena, desencarnaram as três, numa mesma noite, ao alvorecer, tranqüila e silenciosamente, à semelhança dos pássaros, como se um único coração as animasse...

Depoimento

Quando o amigo nos solicitou estas despretensiosas palavras, resultado da história que lhe relatamos em um dos muitos encontros espirituais dos quais juntos participamos, e que ele bondosamente incluiu em mais um de seus livros, perguntamos-nos: quem falará? Éramos três, somos três, ligadas pelas afinidades da alma. Durante sucessivas reencarnações, após a missão de amor a nós confiada pelo Mestre, permanecemos unidas em redentores trabalhos... Quando separadas no plano físico pelas exigências evolutivas ou a serviço do bem comum, nossas almas se buscavam durante o repouso do corpo, extraindo energias e compartilhando experiências. Assim, procuraremos expressar nossos pensamentos em gratificante tríade.

Parece-vos degradante e triste nossa situação naquele prostíbulo da Palestina, em meio ao luxo, escravas aparentemente sem direito ao livre arbítrio? E por acaso tendes a ilusão de que as mulheres daquela época, as que se casavam e geravam filhos, dispunham de realidade muito diferente? Objetos sexuais, prestadoras de serviços domésticos simplesmente, manipuladas por uma sociedade moralista e essencialmente masculina, raramente inseridas em estruturas conjugais onde o afeto e o respeito predominavam, restando-lhes existências restritas, corpos e mentes enclausurados. Ainda assim, os devaneios e ilusões de adolescentes seguramente incluíam amor, casamento, família, filhos, felicidade...

Conduzidas ao prostíbulo, muito cedo frustraram-se os sonhos e nossa privacidade foi invadida por uma seqüência ininterrupta, desgastante e deprimente de relacionamentos carnais sem qualquer vínculo afetivo. Quando o ser humano em vão tenta se rebelar contra algo que considera injusto e triste, com o passar do tempo, acaba por se acomodar, levantando uma barreira de falsa indiferença, resguardando-se do sofrimento, da angústia, da frustração de não "poder". A chegada de Jesus em nossas existências sacudiu o marasmo nocivo, devolvendo-nos a capacidade de raciocínio e questionamento, assim como a esperança. Sabíamos que algo muito bom dEle adviria, transformando-nos a vidinha vazia de bonecas de luxo e desejo.

Não nos enganávamos!

O Mestre lançou luzes sobre o que considerávamos "nossa desgraça", mostrando ângulos diferentes e surpreendentes. Tínhamos dono legal, com documentos que provavam o direito de posse e exploração de nossos corpos; a vida fora do lupanar, à revelia e às escondidas, seria fatal ou muito pior, pois não se respeitavam mulheres sozinhas e não havia trabalho para elas, a não ser o mesmo que, pelo menos, executávamos sob seguro teto. Jesus nos ensinou a resignação frente ao inevitável... Também a amar verdadeiramente nosso próximo, de forma incondicional e fraterna, entendendo e respeitando as limitações humanas, compreendendo o momento evolutivo de cada um, realçando suas qualidades e privilegiando suas potencialidades.

– "Vós sois deuses..."

O Mestre nos mostrou que as criaturas se comparavam a extensos campos, incultos e áridos, profundos e férteis em sua essência, aguardando prestimosas mãos que os preparassem e lançassem a semente...

Naquela tarde dourada e cálida, ao nos lançarmos a Seus pés, ansiávamos pela liberdade do corpo, queríamos que nos instruísse sobre a forma de fugir do contacto de tantos corpos estranhos e invasores! Desejávamos ainda um lar, esposo amado, filhos lindos e perfeitos... Quando finalmente nos levantamos, o meigo Rabi havia nos aberto os olhos e o coração e nos facultado o entendimento da sublimidade da missão de sermos amantes, companheiras, amigas, mães e irmãs de uma infinidade de insensatos e sofredores que buscavam no sexo desenfreado e irresponsável a resposta para o vazio existencial que os consumia.

Ele desvendou a nossos maravilhados corações os caminhos do amor incondicional, auxiliando-nos a amar além dos limites familiares, acima da carne, sem nada exigir, dando o melhor de nossos sentimentos sem esperar retribuição...

Inolvidável o momento em que ousamos perguntar:

– Mestre, que fizemos para merecer tão triste sina? Por que prostitutas?

Sorrindo bondosamente, Ele ponderou:

– Nada fizestes de mal, seguramente. Nem sempre o sofrimento indica erro, acreditai. Vedes somente o momento, desconhecendo os projetos

espirituais por detrás da situação... Oferecestes-vos para a tarefa ingrata, mas gloriosa! Estais no lugar certo, na hora adequada, no desempenho imprescindível... Muitas criaturas me conhecerão através de vós...

Nós O compreendemos. Ouvindo Suas pregações, reconhecíamos conceitos que nos animavam as almas, recordávamos que a liberdade não estava em poder ir e vir com nossos corpos, e sim, residia em nossos espíritos, a quem somente nós poderíamos acorrentar com nossos pensamentos distorcidos e desesperançados, com nossa ignorância e nosso egoísmo. Nada vindo do mundo poderia nos macular, pois que a pureza d'alma assemelha-se a lírios de alvinitente e aromático esplendor em meio a charcos profundos e malcheirosos!

Doce e sábio Jesus! Elevou a mulher acima dos hábitos e conceitos da época, resgatando-a do servilismo, reconhecendo-lhe o direito à instrução e ao respeito, concedendo a ela o lugar devido e justo na divulgação da Boa Nova, apesar dos preconceitos de então. Vide o exemplo de Maria de Magdala, descendo aos sombrios redutos do Vale dos imundos, iluminando-os com a doutrina do Mestre, levando o Amor onde o sofrimento habitava! Falando em reencarnação, igualou o valor dos sexos, obrigatória e diferenciada vivenciação para todos os espíritos em trajetória evolutiva, principalmente entre aqueles em que o amor ainda se restringe ao instinto e às sensações. E as mulheres O seguiram, compartilhando de Sua presença pura e vibrante, aprendendo com Ele, reafirmando-se como criaturas de Deus, modificando crenças e valores arcaicos e absurdos que faziam parte de suas próprias existências e que as inviabilizavam para realizações maiores, principalmente na área espiritual e emocional. Junto à cruz, enfrentando a fúria da multidão enlouquecida, enfrentando humildemente a soldadesca rude, estavam elas aos pés do Mestre muito amado, até Seu último suspiro... E depois, no resgate de Seu corpo... E nas cerimônias que não chegaram a se concretizar, pois Lhe acharam vazio o sepulcro... A uma delas, Maria, a outrora cortesã de Magdala, Ele aparece primeiramente, ressurgindo dentre os mortos... Maria, aquela que, como nós, fora prostituta...

Jamais nos julgou, sempre nos amou... As leis humanas nos pren-

diam ao bordel, mas assim havíamos solicitado antes da reencarnação, pois ali a doutrina do Cristo seria extremamente necessária. E quem mais adequado do que aquelas que conviviam com os infelizes que as procuravam na casa dos prazeres? No início não foi nada fácil, mas nos acostumamos a olhar as criaturas com Amor, e o lugar não mais nos pareceu degradante e triste, assumindo feições de luminosa clínica de recuperação, posto de socorro para aqueles que desconheciam Jesus e, por circunstâncias diversas, teriam dificuldade de O encontrar em outros lugares. Pouco a pouco, acercavam-se de nós os que estavam sensíveis à Verdade. Leis da afinidade... Vibrando Amor, nós os atraíamos! E o Cristo passou a habitar no luxuoso prostíbulo, médico onde havia doentes, através de nossa atuação anônima e humílima.

A existência foi-nos longa e proveitosa, contrariando as estatísticas das casas de prazer da época. Quando a mocidade e a beleza nos abandonaram, os extensos alojamentos dos fundos converteram-se em reduto de reunião dos seguidores do Mestre, sob os complacentes olhares da proprietária. Idosa também, disfarçando os sinais do tempo com camadas de pintura e vistosas roupas, ainda governava com férrea mão o prostíbulo, mas já não repassava aos clientes os gastos com beneficência, encarando-os corajosamente, ainda que com muitos resmungos...

Jamais esqueceremos os que, envergonhados e temerosos, atravessavam os magníficos jardins do palacete, na escuridão da noite, na friagem das madrugadas, expondo-nos os problemas que lhes atormentavam o dia-a-dia, buscando em Jesus o verdadeiro caminho, ansiando pela modificação interior, pressentindo a verdadeira destinação do ser sob os perecíveis invólucros carnais. Leitos de sedas e rendas, embriagadores perfumes, corpos jovens e belos... Já não bastavam... Em cada um deles reconhecíamos a figura do Mestre, pois a fome, a sede e a nudez se manifestam em formas das mais variadas. Eles eram, sem dúvida alguma, os seus pequeninos!

Isabel, Lia e Miriam

Lucília

"Estando ainda a falar às multidões, sua mãe e seus irmãos estavam fora, procurando falar-lhe. Alguém khe disse: Eis a tua mãe e os teus irmãos que estão aí fora e procuram falar-te. Jesus respondeu àquele que o avisou: 'Quem é minha mãe e quem são meus irmãos?' E apontando para os discípulos com a mão, disse: 'Aqui estão minha mãe e meus irmãos, porque aquele que fizer a vontade de meu Pai que está nos céus, esse é meu irmão, irmã e mãe.' " (Mateus, cap. XII, v. 46 a 50).

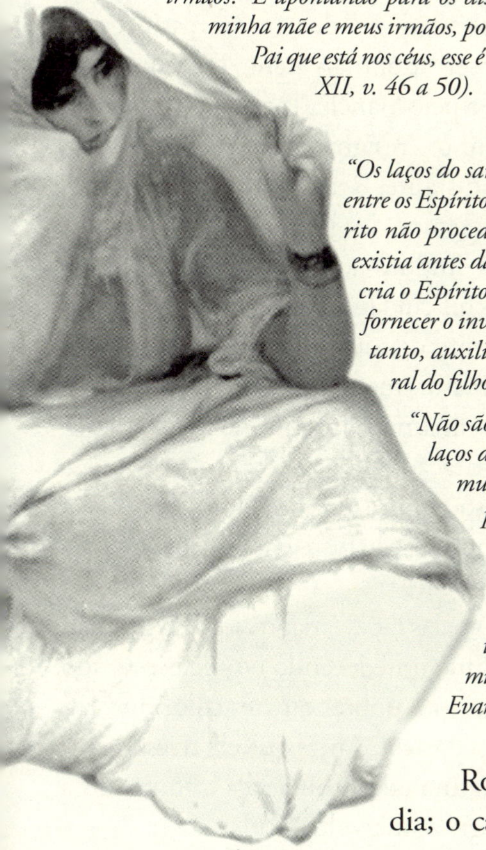

"Os laços do sangue não criam forçosamente os liames entre os Espíritos. O corpo procede do corpo, mas o Espírito não procede do Espírito, porquanto o Espírito já existia antes da formação do corpo. Não é o pai quem cria o Espírito de seu filho, ele mais não faz do que lhe fornecer o invólucro corpóreo, cumprindo-lhe, no entanto, auxiliar o desenvolvimento intelectual e moral do filho, para fazê-lo progredir."

"Não são os da consangüinidade os verdadeiros laços de família e sim os da simpatia e da comunhão de idéias, os quais prendem os Espíritos antes, durante e depois de suas encarnações."

"Foi o que Jesus quis tornar compreensível, dizendo de seus discípulos: Aqui estão minha mãe e meus irmãos, isto é, minha família pelos laços do Espírito..." (O Evangelho Segundo o Espiritismo, cap. XIV).

Roma resplandecia ao sol do meio dia; o calor insuportável àquela hora afastara das ruas as pessoas, confinando-as ao interior das casas. Estamos na região mais pobre da orgulhosa cidade e ali não se ostentam níveos mármores ou luxuosas vivendas; não há flores e o ar recebe os pestilenciais odores dos esgotos que escorrem sob o céu. Chovera na noite anterior e a ruela destituída de pavimentação se transformara em fétido lodaçal. Alinhadas à beira da ruazinha, casinhas pobres e sujas rivalizam com a falta de beleza do local. Aqui e acolá, nos monturos de lixo acumulado, ratazanas enormes disputam parcos restos de alimentos. No calor ardente, o silêncio oprime.

Adentrando uma das construções, pobre e inexpressivo casebre de escurecidas paredes, encontraremos uma mulher ocupada em coser, com enrugados e maltratados dedos, primorosa peça de roupa. Que idade teria? Um observador mais atento dispensaria os cabelos opacos e mal cuidados, a pele manchada pelo sol, detendo-se nos expressivos olhos castanhos, resignadas janelas da alma a denunciar a juventude não tão distante. Realmente, por seu aspecto geral, poder-se-ia calcular seu tempo de vida como longo, mas os olhos negavam. Belos e serenos, impunham-se ao conjunto, falando de uma existência de muitas dificuldades e desilusões, de árduos trabalhos e muita penúria, a ponto de roubar da mulher a aparência viçosa, envelhecendo-a prematuramente.

Gritos a sobressaltaram. Vinham do interior de um dos aposentos e denotavam extrema irritação.

– Então, onde estás? Acaso pensas que pretendo demorar a vida toda a esperar pelo desjejum? Onde foste parar, velha preguiçosa e inútil? Avia-te, vamos, avia-te!

Silenciosa lágrima deslizou pelas faces emagrecidas da mulher, vindo cair sobre a peça de costura, umedecendo o precioso tecido que resvalava pelo chão forrado com pobres tapetes coloridos, em suaves drapeados de finíssima seda azul. Antes que ela tivesse tempo de enxugá-la, belíssima criatura adentrou a sala e, notando a pequenina mancha, desatou a gritar mais alto ainda:

– Olha o que estás fazendo! Por Baco! Onde pensas que irei se manchares uma peça de tão valioso custo?! Seca! Seca antes que se perca!

Ato contínuo, arrancou a veste das mãos da mãe, sacudindo-a vigorosamente, no intento de ventilar o tecido, fazendo evaporar a quase imperceptível marca.

– Filha, não estragará, acredita-me. Foi sem querer...

– Tu me irritas, mãe! Estás sempre a fazer coisas que me desagradam! Depois pedes perdão, como se eu fosse obrigada a relevar sempre, sempre, teus erros... Deixa para lá! Temos desjejum ou terei que morrer de fome?!

– Sobre o fogão, a te esperar, filha. Deixei as brasas acesas para que não esfriasse, pois sei que aprecias o leite bem quentinho!

Atirando a veste azul ao colo da mulher, a moça voltou a atenção para o alimento, torcendo o nariz e lamentando a simplicidade da refeição. Seu estômago clamava por mais do que a reduzida porção e ela tratou de mastigar lentamente o pão e beber aos golinhos, na esperança de saciar a fome. Calou a costumeira reclamação, correndo os olhos pela sala, consternada com a simplicidade gritante. A mãe, no afã de tornar o lar mais agradável, pintara as paredes internas de branco e pendurara nas janelas festivas cortinas de retalhos; folhagens adornavam os cantos, plantadas em potes; os poucos móveis, meticulosamente areados com cinzas, apresentavam-se impecavelmente alvos. Entediada, a mocinha torceu o petulante narizinho, espreguiçando-se:

– Tenho sono ainda, dormirei um pouco mais, pois preciso estar linda à noite. Avia-te, senão o vestido não ficará pronto e me arruinarás.

Mais uma vez puxou o tecido, observando criticamente a qualidade do trabalho. Mais tranqüila, retornou ao quarto, atirando-se sobre o leito tosco, revestido de tecido claro, mas grosseiro. Seus pensamentos resvalaram para a noite anterior e um sorriso desatou a expressão carrancuda e entediada.

Como se divertira! Os ricos realmente sabiam aproveitar a vida! A lembrança das iguarias encheu-lhe a boca de saliva e ela desejou ter algumas delas ali, a lhe satisfazer o estômago ainda faminto. Depois, os homens, belos e perfumados, muito diferentes dos que conhecera entre os de suas relações, naquele lugar paupérrimo em que viviam... E todos vestidos com bom gosto e luxo! Um deles em especial lhe despertara a atenção, deixando-a encantada com seu carisma e grande beleza física. Alto e forte, com a pele bronzeada pelo sol, enormes olhos esverdeados, quais os de um gato, escuros cabelos e muito, muito dinheiro certamente, a julgar pela deferência com que os demais o tratavam e pela magnífica parelha de cavalos que lhe conduziam o carro. Quando a festa atingira o auge, graças ao vinho generosamente servido e à conversa picante, ele pretextara cansaço, retirando-se, para consternação das mulheres que o olhavam cobiçosamente.

A lembrança do belo romano fê-la suspirar, ao tempo em que intensa onda de ciúmes a envolvia. Sentiu-se inferior, inadequada, desajeitada, pobre, ridícula... O problema de por ele se interessar residia principalmente na concorrência feminina, raciocinava. Muitas certamente suspiravam por ele, o assédio era grande... A maioria delas, talvez a totalidade, vestir-se-ia primorosamente, ostentaria jóias de valor... E ela? Como competir? Levantou-se de um salto, correndo para uma das paredes, onde reluzente superfície pendia de um gancho, de modo a espelhar a vaidade de sua bela proprietária.

A moça se analisou criteriosamente, movendo o espelho cuidadosamente, nada escapando ao exame: a fina cintura, as longas e esguias pernas, os sedosos cabelos que lhe chegavam ao fim das costas, em douradas e reluzentes ondas, o colo perfeito... Aproximou-se da janela, submetendo à forte luz o rosto delicado. Finalmente satisfeita, suspirou, considerando que a natureza fora extremamente generosa, dotando-a de excepcional formosura. Competia-lhe explorá-la muito bem! Não esperava morrer naquele lugar, lavando, cozinhando, limpando chão... A mãe se conformara; ela, jamais!

Odiava a casa pobre, a ruela malcheirosa, os moleques mal-educados e barulhentos, os ratazanas imensas e famintas... Arrepiou-se à recordação desagradável, recolhendo-se ao leito, toda encolhida, enquanto monologava bem baixinho:

– Preciso pensar, usar a inteligência... O moço me agrada, mas ele tem tantas à sua disposição! Terei que ser diferente... Mas como?!

Passou parte da tarde refletindo, até que o sono finalmente a venceu. Ao despertar, anoitecera. A mãe deixara uma bacia com água morna sobre um dos bancos, acompanhada de áspera toalha. Olhou com desprezo o pedaço de sabão caseiro, retirando outro de uma pequena bolsa bordada com fios de prata, presente de uma de suas novas amigas. Aspirou o perfume com volúpia, mergulhando-o na tépida água e com ele se banhando, tomando cuidado para economizar ao máximo, pois não sabia se teria outro... Esfregou o corpo com a toalha, reclamando da pequenez da mesma. Voltou a vestir a camisola, enquanto se decidia sobre o longo ritual de preparação para a festa. Resolveu começar pela pintura, extraindo da mesma bolsa alguns cosméticos, com os quais pintou as faces, os olhos, os lábios, esmerando-se na tarefa, talvez até um pouco demais, a julgar pelos resultados.

Faltavam-lhe jóias! Com os olhos percorreu o aposento singelo, deparando com improvisado vaso, onde delicadas flores desabrochavam. Desta vez a mania da mãe, sempre preocupada com a casa e as plantas, favoreceria seus desejos! Destacou cuidadosamente o mais belo ramo, observando que a cor combinaria perfeitamente com seus trajes novos.

– Ficará bem em meus cabelos, lindo mesmo! Na falta de colar, uma fita no pescoço e tudo se resolve...

Subitamente, a idéia surgiu. Como não pensara nisto antes?! Atenta aos menores gestos e expressões do belo romano, impossível não notar o desagrado pela licenciosidade no banquete! Quando a bebida acabara por liberar os convivas, ele se retirara discretamente, apesar dos apelos dos demais. Por outro lado, ele parecia muito à vontade nos luxuosos salões, sinal de que provavelmente costumava freqüentá-los... Quem sabe, naquela noite estaria na festa para a qual as amigas a levariam... Então, alguém de tímida e virginal aparência poderia lhe chamar a atenção! Correu para a bacia, retirando rapidamente as camadas de pesada pintura que lhe envelheciam e vulgarizavam o rosto, enquanto murmurava:

– Pouquinha, bem pouquinha cor nas faces e lábios... Talvez um leve toque nos olhos... Nada mais!

As vestes azuis a envolveram com perfeição e ela mentalmente louvou a destreza da mãe com a tesoura e a agulha; pela primeira vez, a modéstia materna, que se encarregara de diminuir o sensual decote por ela exigido, foi apreciada. Ocultou ainda mais os seios, soerguendo o rico tecido.

O espelho devolveu uma imagem feminina jovem e linda, puramente envolta em ondas vaporosas e azuis. Nos cabelos, as pequeninas flores brancas matizadas de azul e lilás formavam delicada grinalda, combinando perfeitamente com a estreita fita do mesmo tecido das vestes, que lhe cingia o pescoço delgado. Uma jovenzinha ingênua, virginal! Destoaria do ambiente, repleto de mulheres maquiadas, de jóias caríssimas... Um enorme receio a invadiu. Estaria certa de assim se apresentar? Olhando-se novamente, sentiu-se insegura, indecisa com a aparência... Desejou refazer a maquiagem, acentuar a visão dos seios jovens e perfeitos... Suspirou fundo, agitada e trêmula. Como era difícil decidir! A lembrança do moço, de seu tédio, da maneira educada e fria com que acolhia as investidas femininas mais ousadas, acabou por convencê-la. Era tudo ou nada!

Perfume! Necessitava de algo suave, muito diferente do costumeiro. Na véspera, percebera nos ares voluptuosos aromas, sugerindo e excitando a sensualidade e a permissividade. Mais uma vez correu até a sacola, retirando pequenino frasco, aspirando com satisfação a rica essência. Não servia! Sensual demais! Com relutância, guardou-o, preferindo recolher no jardim, ali mesmo da janela, algumas folhas de alfazema, esfregando-as nos pulsos e antebraços. O fresco e suave odor a satisfez.

Em frente ao espelho, conversou baixinho com a imagem pura, virginal:

– Veremos se o belo romano cai na armadilha!

Na salinha pobre, a mãe fitou-a com surpresa e alegria.

– Estás linda, minha filha. Pareces uma menina, a minha menininha de outrora!

– Cala-te! Não sabes nada! Por mim, outros seriam os modos de me apresentar, mas veremos!

– Sairás tão tarde e sozinha? Temo por ti... Poderás encontrar um bandido qualquer oculto nessas ruelas!

– Tranqüiliza-te! Virão me buscar... com um carro... Ainda bem, caso contrário sujaria os pés na lama podre deste lugar! Odeio tudo isto, a miséria de nossa vida e até esse teu jeito de tudo aceitar, como se tivéssemos a obrigação de vivermos como porcos! De que adianta te matares de sol a sol costurando, se quase nada temos?! Passam-te para trás nos custos dos serviços, estou cansada de presenciar, e fica por isso mesmo! Idiota! Olha para ti... És muito jovem, no entanto estás acabada. Que homem há de te querer? Decididamente, não quero isso para mim!

Sem esperar resposta, apressou-se em abrir a porta e sair para a rua, onde confortável veículo de duvidoso gosto acabara de estacionar. Em seu interior, algumas mulheres, todas jovens, espalhafatosamente vestidas, adornadas e pintadas. A mãe, seguindo os passos da filha, vislumbrou-as e se preocupou. Em que companhia estava sua menina! Quis aconselhar, sugerir, proibir, mas compreendeu a inutilidade de seus esforços. Calou-se, voltando para o interior humilde, deixando-se cair sobre o rústico banco. Pouco tempo teria para lamentações, pois urgia acabar algumas costuras. Elevou o pensamento às alturas e baixinho teceu sentida e simples prece, onde se entregava ao Criador. Intensa onda de paz a envolveu e se sentiu consolada e pronta para o trabalho, todo atrasado graças ao vestido que a filha desejara. A lembrança da mocinha estrangulou-lhe a garganta: de onde teria vindo o precioso tecido, seda de finíssima qualidade? Nada afeita ao trabalho, com toda certeza não o conquistara com o suor do rosto, embora afirmasse que assim acontecera. Uma intuição revestida de desagradáveis sensações apontava para as moças do carro. Corria perigo a sua filhinha, infelizmente tão bela! O medo da prostituição, caminho pelo qual muitas conseguiam sair da pobreza material, apertou-lhe o peito magro. Orou mais uma vez, colocando a alma nas palavras, implorando o auxílio do Alto e proteção para a jovem.

O ribombar de trovões ao longe trouxe evocações do passado. Chovia na noite em que a filha viera ao mundo e os raios clareavam a negritude dos céus. Suave e terna onda de saudade a envolveu docemente: naquele tempo era feliz. Embora humildes, nada faltava e o esposo, criatura boníssima e bela, constituía a melhor parte de sua vida. A filha herdara a estonteante beleza física dele. Que pena não ser possível receber também as qualidades morais que adornavam a personalidade serena e amorosa do pai! Como ficara orgulhoso com o nascimento da primogênita! Quis o destino que fatal acidente o vitimasse alguns dias depois do feliz evento. Dor e sofrimento não mais a abandonariam: com uma filha pequenina, poucos recursos e nenhuma experiência de trabalho, a penúria lhe visitou o lar dantes aventuroso. Após muito pelejar, conseguira serviço em uma oficina de costura, onde a velha senhora, dona do empreendimento, cuidara de lhe ensinar o ofício que seria a salvação do futuro dela e da filhinha, que crescia em tamanho, graça e beleza. Anos depois, com a morte daquela que se tornara uma amiga, fora obrigada a abandonar a loja, mas carregou consigo muitas clientes, permitindo-lhe ganhar o pão de cada dia com honradez.

As palavras cruéis da filha relembravam sua aparência. Envelhecera muito, principalmente quando a mocinha atingira a idade em que, deixando para trás os folguedos infantis, passara a solicitar luxos, a exigir conforto. Educara-a com tanto cuidado e, no entanto, acreditava haver falhado em algo. Em quê? Recusava-se a auxiliá-la nos trabalhos da casa e no aviamento das encomendas de roupas, interessando-se tão somente pelos tecidos mais bonitos, sonhando em envergar as vestes luxuosas que as clientes de maiores posses lhe destinavam à confecção. Revoltava-se por tudo e assumia doentia repulsa ao trabalho. Excessivo pendor para o luxo sinalizava problemas futuros e a atribulada mãe pressentia um triste final para os sonhos da filha inconseqüente e bela.

Nos últimos dias, recebera a visita de algumas jovens, todas dedicadas à vida irresponsável, sobrevivendo de favores masculinos. Logo se tornaram ótimas clientes, pois substituíam as roupas com incrível rapidez e não se incomodavam com o preço. Uma delas, a mais velha, encantara-se com a mocinha pobre e lindíssima, cumulando-a de perguntas e atenções. Convites gentis se sucederam e, apesar dos protestos maternos, a filha passara a lhes freqüentar a casa, voltando sempre com mimos e roupas descartadas pelas novas amigas. O corte de tecido azul, caríssimo por sinal... O vestido de festa que a mocinha usara na noite anterior... Inquirida a respeito de tamanha generosidade, Lucília sempre desconversava, convencendo a amorosa mãe a ajustar as vestes, adequando-as a sua esbelta silhueta. Impotente diante da difícil situação, temerosa de que se concretizassem seus medos, a pobre mulher limitava-se a aconselhar e satisfazer as vontades da voluntariosa filha, impotente em lhe coibir os excessos e anseios. Sentia-se solitária, cansada, ansiando pela presença do esposo há muito desencarnado, por seu apoio como pai.

– Ah, meu querido, que falta me fazes! Esforcei-me muito, procurei exemplificar honestidade e trabalho, mas creio haver falhado! Não posso ser cega, nossa filha deixa muito a desejar: foge dos dignos labores, ilude-se com os brilhos do mundo, infantilmente acredita que pode tudo, julgando lícito fazer e desfazer, não medindo conseqüências. No entanto, meu caro, foi uma criança tão meiga, tão linda... Ainda é! Às vezes tenho a impressão de que vai me abraçar, pedir perdão pelas palavras ofensivas, sentar em meu colo como fazia quando era criança... Quando fiquei doente, com aquela febre estranha e perigosa, ela não me abandonou a cabeceira da cama, velando por mim dia e noite! Como é possível duas formas tão diferentes de ser em uma mesma pessoa? Talvez, se estivesses junto a mim, se Deus não te houvesse levado, as coisas seriam diferentes!

Enquanto pensava e dizia de si para si, os ágeis dedos costuravam. Horas se passaram e os primeiros alvores do dia tingiam o céu quando adormeceu, debruçada sobre a mesa. A filha ainda não retornara.

Havia festa na casa do ilustre Caius Pompilius naquela noite. Aliás, havia-as sempre, em uma sucessão interminável de noitadas que fatalmente descambavam em orgias estrondosas, das quais toda Roma tinha notícia. Viúvo, riquíssimo, esbanjador ao extremo, o festejado patrício costumava reunir em seu palacete as mais importantes figuras de Roma, lado a lado com mulheres de vida fácil, jogadores, artistas... Para lá se dirigiam as alegres moças. Ainda intocada, a bela jovem pretendia preservar ao máximo a virgindade, acreditando que esta poderia lhe render muito financeiramente; não lhe interessavam meras aventuras amorosas, ao preço de algumas flores ou jóias. Ambicionava mais, muito mais, e a visão do moço da noite anterior reforçara seus sonhos de riqueza, ao mesmo tempo em que se adequava perfeitamente aos anseios amorosos. Com ele uniria o útil ao agradável! Assim, prazerosamente recostada nas almofadas de seda, escutava as companheiras, isentando-se de tecer comentários, refletindo: "Por bem pouco se vendem essas tolas! Com a beleza e a esperteza farei mais, conquistarei o mundo! Quero sim um patrício de ricas posses, mas terá que ser aquele por quem meu coração bater forte e não um qualquer... Casaremos, seremos felizes, o tempo de miséria será esquecido...".

Surpreendeu-se com o luxo do palacete, pois excedia em muito o imaginado por ela: mármores, ouro, prata, flores, perfumes, servos e mais servos, sendo que estes se movimentavam elegante e silenciosamente entre os triclínios e mesas, servindo deliciosas e exóticas iguarias. O vinho corria de taça em taça e os ares sufocavam com os perfumes densos e a conversação viciosa. As companheiras logo se acertaram com alguns senhores e ela, embora assediada com ênfase, isolou-se em um canto, semi-oculta por densas folhagens. Esperaria. Os minutos se passaram, transformando-se em horas; o estômago revolvia-se, estimulado pelo cheiro da comida e pela ausência de alimento, pois se limitara ao leite e ao pedaço de pão em sua casa, única refeição do dia; a boca seca ansiava pelas suculentas frutas que adornavam os preciosos vasos dourados. Quando se convenceu de que era inútil esperar por seu eleito, aventurou-se em direção a uma das mesas, servindo-se de alguns pasteizinhos, aceitando uma taça de vinho das mãos de educado serviçal. Durou pouco seu sossego, pois um romano, em elevado estado de embriaguez, puxou-a para luxuoso triclínio revestido de tecido bordado a fios de ouro, enlaçando-a com lascívia e acariciando o corpo jovem sem a menor cerimônia. Ondas de repugnância a envolveram e ela empurrou vigorosamente o intruso. Indignado com a insólita rejeição, a cambaleante criatura desatou a vociferar:

– Vadia! Como ousas me repelir? É dinheiro o que te convencerá?

Ato contínuo, atirou-lhe algumas moedas de ouro, avançando para a moça, intentando derrubá-la sobre o improvisado leito. Espantada com a fúria do embriagado senhor, ela buscou auxílio em redor, mas registrou cenas que se repetiam; sob o efeito do álcool, todos haviam se esquecido dos pudores naturais e, homens e mulheres, entregavam-se aos jogos sexuais sem embargo. Jamais imaginara que as coisas pudessem chegar a tanto! Ingênua que fora, acreditando que teria alguma chance de realizar seus sonhos ali, pois sequer se lembrariam dela no dia seguinte, embriagados que estavam! Seria mais uma em meio a tantas! Lembrou-se da mãe... Quis recuar, contudo era tarde; os mesmos braços fortes a derrubavam e o corpo pesado a pressionava desagradavelmente. Começou a chorar, seus sonhos de conquista e poder caíram por terra, voltando a ser uma mocinha desprotegida e pobre perante o apaixonado agressor. Resistiu, mordendo-lhe a mão, porém forte bofetada a atordoou. Em meio ao desespero, as vestes azuis rasgadas e amassadas, soluçando e gemendo de medo, sentiu que alguém arrancava o homem de cima de seu corpo, enquanto uma voz zombeteira e calma falava:

– Caro amigo, decididamente estás a assediar a jovem errada! Não fôssemos tão ligados, zangar-me-ia contigo! Vamos lá, outras morrem por tua atenção e não precisas me roubar a amante!

Desculpas se ouviram e o alcoolizado romano se foi, desabando nos braços de duas jovens que rapidamente lhe embolsaram as moedas de ouro desdenhadas pela moça e lhe aceitaram os carinhos.

Intensa fraqueza e tremores incontroláveis sacudiam o corpo de Lucília e os sentidos lhe faltaram. Ao acordar, os sons da festa estavam distantes e se achava deitada sobre frio banco de mármore, cuja temperatura lhe acalmava o calor da afogueada nuca. Fortes e delicadas mãos molhavam seu rosto com a água de artística fonte, onde voluptuoso fauno derrubava cristalino jorro em nívea bacia, em meio a plantas aquáticas.

Deixou-se ficar, de olhos fechados, sentindo-se protegida e estranhamente feliz; depois, descerrou vagarosamente as pálpebras e mergulhou no ansioso olhar do moço. Alegria e surpresa a envolveram! As coisas haviam saído muito melhor do que engendrara e o pesadelo havia se transformado em sonho: ele, o homem por quem seu coração pulsava mais forte desde que o vira pela primeira vez, havia conseguido salvá-la com rara diplomacia das asquerosas mãos do inoportuno conquistador, livrando-a de iminente estupro! O arrependimento de se haver envolvido na vergonhosa e constrangedora situação sumiu como por encanto e ela voltou a acreditar que o destino e os deuses a estavam favorecendo!

– Senhor!

– Enfim, acordaste! Estás bem? Queres um médico?

Ao negativo meneio de cabeça, continuou:

– Parece-me que estás na festa errada, menina. Por acaso tens idéia do que se espera da jovem que vem a este tipo de recepção? Que seja no mínimo conivente com o que se pratica no lugar e, convenhamos, aqui não se respeita a honra das mulheres, se é que alguma delas faz questão disso... Alguns minutos a mais e o vexame seria maior e irremediável, a menos que estivesses a fazer gênero. Duvido muito, pelo estado de tuas vestes e pelo enorme hematoma que se arroxeia em tua face!

Somente então tomou consciência do verdadeiro desastre em que suas roupas novas haviam se transformado e da dor que latejava no rosto inchado. As lágrimas apareceram sem que conseguisse controlá-las. Maldito patife!

O olhar de seu protetor suavizou-se e ele murmurou:

– Passou! Calma! Desculpa-me a falta de jeito... Vamos, levar-te-ei para casa...

Jamais! Tudo estaria perdido se ele visse o horrível lugar onde morava e a mãe acabada e humilde! Que fazer?! Calou-se, fechando novamente os olhos, na falta de algo melhor, fazendo surdos ouvidos aos insistentes apelos para que dissesse o endereço. Cansado de insistir, julgando-a ainda em choque, o moço tomou-a nos braços com facilidade e, rodeando os salões onde a festa corria desenfreada, adentrou a casa, dirigindo-se para uma ala mais além, onde se localizavam os aposentos de dormir. Assustado servo, deparando com o jovem senhor, perseguiu-lhe os passos, tendo recebido ordem de afastar as cobertas do leito de um dos quartos, onde o moço romano depositou a jovem pretensamente desmaiada, chegando-lhe às narinas um frasco com sais reconstituintes. Ela gemeu, afastando o estimulante, dizendo mansamente:

– Estou tão cansada, senhor, tão cansada...

– Dormirás, então. Depois resolveremos teu destino. Acalma-te. Se precisares, o sininho de prata alertará a serva que ficará no quarto ao lado, à tua disposição.

– Quem sois, senhor? Pareceis o dono da casa!

Rindo ironicamente, os alvos dentes à mostra, ele esclareceu:

– Sou o filho único do dono, o ilustre Pompilius. Infelizmente meu pai perde tempo toda noite com festas e mais festas, que estão a levá-lo ao túmulo, tamanhos os abusos a que submete o corpo já não tão jovem. A mim, resta-me respeitar-lhe a vontade, embora não compactue de suas preferências e gostos, honrando-o como filho e estimando providencial mudança de atitudes que talvez nunca ocorra... Portanto, podes dormir em paz! Não corres o risco de ser expulsa... Amanhã, apresentar-te-ei a meu pai e decidiremos o que fazer... Dorme!

E se foi, fechando a porta com cuidado. Imersa na penumbra do enorme aposento, de altas paredes forradas com seda creme, primorosamente pintadas com delicadas guirlandas de rosas amarelas, julgou-se no céu. Delicados móveis dourados e transparente dossel envolvendo a cama confirmavam que o quarto pertencia a uma mulher. Homem algum acataria algo tão feminino e suave em seus aposentos! Pulou do leito silenciosamente, procurando não alertar a serviçal que o moço dissera estar à sua disposição... Queria privacidade para melhor conhecer onde estava... Percorreu os espaços, demorando-se em cada detalhe. Em uma mesinha, que era uma verdadeira jóia, um cofrezinho guardava peças de rara beleza e extremo bom gosto. O brilho do ouro rivalizava com faiscantes pedras preciosas! A quem pertenceriam aquelas jóias estupendas? Sua dona estaria na festa? Não... Assim fosse, seu eleito a teria conduzido a outros aposentos... Continuando a inspeção, dirigiu-se ao espaço de vestir, onde se deslumbrou com a imensidade de trajes e calçados, perfeitamente arrumados. Roupas de mulher! Belíssima porta, em ouro e creme, conduziu-a ao quarto de banho. Jamais ouvira falar de algo semelhante e, em seus devaneios, não tivera a capacidade de supor o luxo ali existente! Incrustada em níveo piso de mármore, enorme banheira aguardava água e perfumes. Toalhas imensas pendiam de argolas douradas, frascos de cremes e essências alinhavam-se sedutoramente, como se delicada mão estivesse para abri-los... Espelhos magníficos refletiram sua imagem, comprovando o lamentável estado de suas roupas e as marcas escuras e feias na face delicada. Desviou os olhos, assustada com os estragos, sentindo-se enjoada e tonta, prestes a desmaiar novamente, o coração acelerado, as extremidades subitamente frias... Apressou-se em voltar para o leito, receando uma queda no piso duro e frio. Aos poucos, o mal-estar cedeu e ela pôde raciocinar melhor. Onde estaria a dona daquele paraíso? Adentraria a qualquer hora, expulsando-a de seus domínios? Esticou os braços, passando os dedos sobre os móveis mais próximos, olhando-os criticamente. Nenhuma poeira sugerindo abandono... Subitamente, sentiu o cansaço dominá-la. Amanhecia. Acomodou-se no macio leito, adormecendo quase que imediatamente.

Ao acordar, anoitecia. Incrivelmente, um plano estava delineado em sua mente, como se o houvesse idealizado durante o sono. Sorriu satisfeita. Precisava conquistá-lo e isso somente seria possível se estivesse a seu lado; por outro ângulo, inconcebível revelar sua origem humilde, pois ele se afastaria na mesma hora. Uma bela invenção explicaria sua presença na festa, mas teria que lhe dizer onde residia! Melhor fazer-se de desmemoriada, profundamente traumatizada pelo choque do ocorrido. A figura angustiada da mãe veio-lhe à cabeça, e ela sentiu pena, sabendo de sua angústia e aflição. Afastou-a energicamente: cuidaria de seu próprio futuro, ainda mais que se reconhecia perdidamente apaixonada e depois, quando tudo estivesse bem, procurá-la-ia e juntas resolveriam a pendência... Poderia trazê-la para a mansão ou talvez visitá-la sempre, nada lhe deixando faltar. Amava-a, mas não podia deixar que atrapalhasse seus sonhos de amor e grandeza!

Tudo ocorreu como planejara. Foi fácil fazer-se de doente, despertando a piedade de todos. Um médico, chamado às pressas, tranqüilizou a família, dizendo que o tempo se encarregaria de curá-la, bastando atenção e carinho. Quanto maior o sossego, mais rápida a cura, asseverara o velho esculápio, batendo afetuosamente na cabeça da bela jovem.

Sentia-se uma rainha. Satisfaziam-lhe os menores desejos! Uma das servas, justamente a designada para seu constante atendimento, tagarela criatura, contou-lhe que os aposentos haviam pertencido à falecida esposa do jovem amo, desencarnada durante difícil parto, levando consigo a criancinha. Sem muito incentivo por parte da suposta enferma, desatou a desvelar fatos do passado:

– Amavam-se muito. A morte da linda senhora, sempre gentil e generosa, deixou o amo inconformado e sofrido. Ordenou mantivéssemos os aposentos em escrupulosa ordem, como se a qualquer instante ela pudesse retornar e ocupar a cama, a banheira... Sinto arrepios só de falar! Muitas vezes, à noite, principalmente, ele adentra o quarto, deita-se no leito dela e esquece o mundo... Temos ordens de não o incomodar e nem somos loucos de desobedecer!

– Como era ela?

– Linda, muito linda, tanto física como interiormente! Todos sentimos sua falta, pois a considerávamos muito devido à maneira como nos tratava... O amo, esse então jamais se recuperou da tragédia!

– Faz quanto tempo?

– Muitos anos, sete ou oito, mas parece que foi ontem. A casa encheu-se de gente, pranteando a partida da jovem senhora e da criancinha... O amo, inconsolável e desesperado, agarrava-se ao corpo, recusando-se a deixá-lo. O filhinho, gordo e lindo, foi com ela para o sepulcro. Nunca mais o pobre foi o mesmo... É bem verdade que jamais se entregou a festanças como o pai, mas era muito mais sociável... Repara, presta atenção na sobriedade das vestes, no olhar dele... Foi uma grande perda!

Penteando os longos cabelos da jovem, continuava:

– Julgamos que fosse morrer também, mas acabou por se recuperar da fatalidade, ainda que de forma incompleta. Em compensação, não quer saber de ninguém! As mulheres correm atrás e ele as desdenha! Assediam-no e isto somente o irrita. O velho amo não se conforma, pois sonha com netos que lhe perpetuem o nome nobre e herdem as imensas riquezas que se acumulam nos cofres! Este sim é danado! Ficou viúvo, mas não se incomodou, parece até que gostou... É um conquistador daqueles! Toma cuidado com ele, pois tem mel na voz e gelo no coração... Viste a maneira como te olha? É assim com todas, não escapa ninguém... Até eu, quando era mais jovem e bonita, esquentei seu leito!

Sem sequer dar tempo para a menor ponderação da "enferma", prosseguia:

– Este quarto, estás a ver? Foi decorado especialmente para ela, a falecida esposa do jovem amo. Adorava amarelo! Permaneceu intocado, sequer se retiraram as jóias. Continuam na caixa as que usou nos últimos dias... As demais incorporaram-se às que abarrotam os cofres. O velho senhor é riquíssimo! Quanto mais gasta com festas, mais dinheiro entra! Parece ter o dom de transformar em ouro o que toca...

E continuava a contar, desfilando fatos, detalhando a personalidade da falecida senhora.

Os dias se escoavam lentamente. Para sua decepção, o moço ordenou que lhe preparassem outras instalações, para os quais a mudaram assim que o médico diagnosticou repouso e tempo indeterminado de recuperação. Igualmente luxuosas, não tinham o encanto da anterior e a intrigante atmosfera de mistério. Simulou indiferença, embora se julgasse desprezada em relação à esposa falecida, agradecendo os cuidados, sempre desmemoriada. Quase não o via, pois reduzira as visitas ao constatar as cores saudáveis que lhe tingiam as faces de pele clara e acetinada. Ao término de pouco tempo, os hematomas desapareceram e ela se apresentava linda como sempre. No entanto, ao contrário do que sonhara, as visitas rareavam, até que somente os servos a atendiam. Irritou-se com a indiferença do amado, mas escondeu a mágoa sob um manto de doce resignação. Manteve a pretensa enfermidade, enganando o médico que a atendia com conversas e reclamações sofridas.

Certa noite, ouviu passos no corredor habitualmente silencioso. Dirigiam-se aos aposentos da falecida! Deslizando mansamente, aproximou-se da porta com infinita cautela, colando o ouvido a ela. Alguém chorava sentidamente... Lembrou-se das palavras da tagarela escrava e seu coração encheu-se de ressentimento. Como poderia prantear dessa maneira uma morta que se fora há muito, esquecendo-se dela, tão linda, relegando-a ao abandono?! Moveu lentamente a maçaneta dourada e entrou. Estava deitado no leito, abraçado ao travesseiros de seda, como se eles fossem uma extensão do corpo da amada. Penalizou-se, vendo uma criatura tão forte prostrada por uma dor que somente seria resolvida com a aceitação inevitável da morte. Ele sequer se dera conta de sua presença ali! Silenciosamente, temendo que a expulsasse, achegou-se, deitando ao lado do homem e enlaçando-o com amorosos braços. Um forte cheiro de vinho a envolveu, denunciando que ele estava profundamente embriagado. Surpreendeu-se, pois o julgava imune a tais fraquezas.

Docemente o embalou, sentindo que o coração se apertava com tanta angustia vã. Um desejo imenso de retirar dele toda aquela dor... Como que tocado por mágicas vibrações, ele correspondeu ao abraço, beijando-a apaixonadamente. Quis resistir, sair do leito, fugir enquanto era tempo, mas o coração a impediu... Ficou.

Ao amanhecer, os raios de sol invadindo o quarto pelas amplas janelas, cujas cortinas estavam descerradas, despertaram-na. A seu lado, ele dormia, o braço forte e pesado envolvendo-a em apertado abraço. Quis desvencilhar-se, mas era impossível. Aos seus movimentos, o moço acordou e imensa surpresa se retratou no belo rosto. Profundamente constrangida, baixou os olhos, evitando o olhar perscrutador e inquisitivo dele:

– Que fiz eu? E que fazes aqui?! Como ousaste invadir estes domínios?!

– Ouvi-te chorar e quis te consolar... Então, talvez me confundindo com ela, tu me abraçaste e me amaste. Mas não te aflijas! Não és responsável por nada, ir-me-ei agora mesmo!

Ato contínuo, abandonou o leito em desalinho, correndo para a porta, magoada com o olhar de repulsa que julgou entrever no semblante do amado. Uma parte de si, interesseira e ambiciosa, bradava para que aproveitasse a oportunidade, exigindo reparo, nem que fosse simplesmente financeiro. A outra, apaixonada e ansiosa por retribuição afetiva, sofria com seu desdém e a impulsionava para longe, bem longe da decepção amorosa. Para seu desespero, ele nada fez para impedi-la, continuando no quarto daquela que se transformara em odiosa rival, uma rival morta que detinha um poder imenso sobre o jovem romano, encadeando-lhe o coração em amarras invisíveis, contra as quais ela não sabia como lutar.

Chegando a seu dormitório, procurou no armário os trajes com que viera, encontrando-os de tal forma rasgados que impossível envergá-los. Escolheu então o mais simples dos vestidos com que a haviam presenteado e saiu rapidamente do palacete, ganhando a rua ainda deserta àquelas horas.

Algum tempo depois, chegava à infecta ruela, animada por pessoas que transitavam de um lado para o outro e por moleques malcriados que a insultaram. Em tempos idos, teria respondido com uma bela saraivada de pedras e imprecações, mas agora sentia que nada a poderia atingir. Uma dor ardente dilacerava seu peito, lembrando-lhe a perda. Nunca mais o veria!

Entrou na casinha, surpreendendo a mãe. Esta, julgando-a perdida para sempre, depois de muito por ela procurar, continuara a vidinha de sempre, resignada e triste. Deixou-se abraçar, pretextando cansaço, mal respondendo às perguntas ansiosas. Compreendendo que algo muito sério acontecera, a mãe calou, limitando-se em acomodá-la no quartinho pobre, fazendo-a tomar um chá calmante, afagando-lhe os sedosos cabelos até que adormecesse profundamente.

Ao despertar, a moça compreendeu que uma fase de sua existência se encerrara. Jogara o complicado jogo dos interesses mundanos e perdera. Muito tarde chegara ao entendimento de que seu coração ansiava por amor, e não por luxos. Senão, qualquer um serviria, inclusive o devasso que a forçara na festa, o que lhe atirara as moedas de ouro. Muito tola fora em se apaixonar pelo rico romano, ainda mais sabendo de seu amor pela esposa! No entanto, quem disse que se colocam rédeas no coração? Restava-lhe prosseguir, agora sem os tolos sonhos de riqueza, as ilusões pueris, pois não cederia aos instintos de ninguém por dinheiro e aprendera que os homens do tipo daquele que a agarrara na festa, e a maioria assim era, somente a usariam... Estava na hora de parar de alimentar absurdos sonhos de grandeza e aprender o ofício de costureira com a mãe... Ganhar o sustento dignamente, recomeçar... Juntas poderiam melhorar a vida, conseguir uma clientela maior e melhor, talvez até sair daquele horrível lugar...

Para alegria e surpresa maternas, uma nova criatura passou a habitar a casa humilde. Nada de reclamações, partilhando obrigações, disposta a aprender! No entanto, preocupava-a demasiadamente a tristeza de Lucília, surpreendendo-a muitas vezes a chorar pelos cantos por motivos que se recusava a nominar.

Dois meses se passaram e, ao final deles, uma notícia misturou alegria com tristeza: um filho adviria do relacionamento com o rico romano, um filho inesperado, mas nem por isso indesejado!

Os anos decorreram e a criança crescia linda e forte, espelhando a beleza de ambos os genitores: os olhos verdes do pai e os loiros cabelos da mãe; o físico forte e atlético daquele e a natural elegância desta. Jamais se vira criaturinha mais inteligente e bondosa, iluminando o lar com seus risos e sua voz infantil e feliz, sempre às voltas com pássaros, gatos, cachorros, sem falar nas plantas, o que não o impedia de ser extremamente arteiro, exigindo das duas mulheres cuidadosa vigilância, tamanho seu destemor e impetuosidade.

Naquela manhã, os trabalhos de costura acumulavam-se sobre a imensa mesa, exigindo dedicação irrestrita e pressa. Aproximavam-se as festas em honra a Vênus, a deusa do amor, requisitando vestes especiais e bonitas, conforme a tradição. Graças ao trabalho conjunto de mãe e filha e ao gosto naturalmente apurado de Lucília, a clientela havia aumentado e já não habitavam na ruela de outrora, passando a residir em ampla casa com pomar nos fundos e bem cuidado jardim, em bairro modesto, porém recomendável. Embora simples, a residência assemelhava-se a um palácio, se comparada à anterior.

Sempre entregue ao trabalho, a moça não levantou os olhos quando um homem alto e visivelmente de nobres origens adentrou o salão, sendo recepcionado por uma das auxiliares, que imediatamente o conduziu a ela, dizendo pressurosamente:

– Senhora, o ilustre senhor deseja encomendar um traje de festa!

Enquanto dava os últimos pontos em bela indumentária, disse suavemente, sem desviar os olhos do magnífico bordado:

– Para as festas de agora, impossível. Estamos atribuladas com...

A voz morreu na garganta ao confrontar os grandes olhos verdes, tão surpresos quanto os dela.

– Senhor, senhor...

– Ora, ora, então aqui te escondeste? Fugiste como se eu fosse um monstro! Anos se foram, cinco para ser exato, e continuas belíssima!

Embora o tom fosse irônico, ela constatou no olhar uma estranha mistura de alívio e ternura. Olhos abaixados, nada conseguia dizer, mentalmente implorando para que o filhinho não irrompesse na sala, vindo do pomar onde se divertia com os animaizinhos e as árvores repletas de frutos. Eram tão parecidos! Ele entenderia ser o pai!

– Procuro-te desde aquela noite! Que feitiço puseste em mim, pois não consigo te esquecer, muito embora só me restem vagas impressões daquela fugaz noite de amor? Meu contato te desagradou tanto que preferiste fugir?

Como dizer que o amava?! Que fugira para não ser humilhada, que se envergonhava do estratagema que usara na intenção de o ludibriar, que o feitiço virara contra o feiticeiro?! Olhos novamente baixos, trêmula voz, limitou-se a murmurar:

– Nada disso tem importância; nada me deveis, meu senhor! E, quanto à roupa, sugiro que procureis outra casa de costura, pois estamos com serviço em demasia.

Com uma leve reverência, deixou-o no salão, dirigindo-se apressadamente para os fundos da casa. Um medo enorme a invadira, temendo pelo filho. Se ele o visse, reconheceria os traços de família e o levaria, exigindo os direitos paternos! Era rico, poderoso, seria fácil, muito fácil, tomá-lo para si!

Desesperada, resolveu revelar à mãe, finalmente, o segredo guardado durante tanto tempo. Ambas se preocuparam. Seria preciso fugir, escapar à influência do poderoso homem... Mas, para onde ir?

Naquela mesma tarde, Lucilia se dirigiu a pessoas de seu relacionamento, buscando informar-se. Viajaria, levando a mãe e o filhinho para terras distantes, onde estariam protegidos. Em nenhum momento pensou que o homem a quem amava tanto poderia querê-la também. Não alimentava esperanças, somente medos.

A Judéia pareceu-lhe suficientemente longe e, além do mais, iria recomendada por ilustres patrícias romanas para serviços de costura junto a famílias lá residentes. Não passaria por dificuldades, pois eram muitas as queixas de que faltavam, naquelas longínquas paragens, pessoas habilitadas na arte de montar finos trajes ao gosto patrício.

A viagem não poderia ser mais longa e penosa, pois o mar se mostrava revolto e as tempestades eram constantes. Pior do que isso, a alma sofria pelo homem que persistia em amar, o sentimento avivado pelo recente encontro. Ainda assim, chegaram todos a salvo e elas finalmente se instalaram em simples, mas confortável casa, que rapidamente transformaram em lar e local de trabalho. Embora sentindo falta do pomar e dos animaizinhos de estimação a que estava acostumado em Roma, o menino logo fez amizades entre as pessoas da terra e iniciou novos relacionamentos.

A vida transcorria calma até que, em fatídica manhã, Lucília se surpreendeu com os aflitos gritos da mãe e da serva que as auxiliava nos serviços domésticos. Vinham dos fundos da residência e ela receou imediatamente pelo filho. Realmente, a situação apresentava-se extremamente grave. Com a impetuosidade característica das crianças, o menino havia escalado alto maciço de rochas e escorregado, caindo sobre as pedras de base, onde jazia imóvel. O médico diagnosticou paralisia, advinda de séria lesão na coluna. Estava inválido o filho querido!

Desespero e dor! Sensação de remorso, pois fugira, subtraindo o pequeno à convivência paterna, egoisticamente o reservando a si somente, levando-o para tão longe. Talvez, se estivesse com o pai, não houvesse ocorrido o acidente... Como costuma, os "se" multiplicaram, em uma avalanche de culpa... Consultaram os mais diferentes esculápios, graças aos conhecimentos que detinha como costureira das mais influentes famílias romanas residentes na região. Todos foram unânimes em ratificar os pareceres iniciais. Insatisfeita com os meios procurados até então, abdicou do orgulho e do temor, escrevendo longa carta ao pai da criança, na qual lhe contava tudo, meticulosamente, desde o primeiro encontro de ambos até o cruel incidente, pedindo-lhe que usasse sua fortuna para conseguir auxílio para o filhinho. Enviou a carta e aguardou ansiosamente. A resposta veio pessoalmente, na figura do aflito e belo homem que a abraçou e se ajoelhou junto ao leito onde o menino inocentemente brincava com seus soldadinhos de madeira, imobilizado da cintura para baixo. Trazia consigo uma equipe dos mais aptos e importantes doutores de Roma e cercanias. Inútil, pois os diagnósticos se repetiram, sinalizando a irreversibilidade do traumatismo.

Restava-lhes acatar a triste realidade.

Aliada às angústias, uma alegria com a qual a moça há muito deixara de sonhar: o romano abriu-lhe o coração, confessando-se apaixonado desde a primeira vez em que a vira, somente lutando contra o amor por não ousar sentir novamente as emoções de um envolvimento que poderia terminar em dor, em morte, em perda... Para seu desespero, confessou ele, a mulher amada lhe fugira por duas vezes e fora necessária uma desgraça para que se encontrassem e pudessem ter uma nova oportunidade juntos.

Obedecendo a determinações médicas, que julgavam o clima da região mais salutar ao doentinho, transladaram-se alguns dos negócios familiares do filho de Caius Pompilius para as terras conquistadas da Palestina e o casal passou a residir em rica vivenda na região da Galiléia. Acompanharam-nos a criança e a avó, esta sempre cordata e resignada.

Naqueles dias, corria por toda a região a notícia de um Profeta que se dizia Filho de Deus, realizador de milagres. Descrentes, os pais da criança recusaram-se a tomar conhecimento de Sua existência. Coube à avó conhecê-lO primeiramente, talvez por sua mansuetude de coração, que se assemelhava muito àquela que o divino Rabi proclamava em seu inigualável Sermão do Monte:

– "Bem aventurado os mansos de coração..."

Com o casamento da filha única, cessaram as lutas pela sobrevivência, pois o genro, criatura nobre em sentimentos e imensamente rico materialmente, proibia terminantemente suas intenções de continuar a trabalhar, demonstrando a inutilidade de perseverar na lida diária, sugerindo outros afazeres menos desgastantes e concernentes à sua nova posição social, como sogra de um dos homens mais ricos do império romano. Assim, com a natural grandeza de coração, ela cedeu a oficina de costura às mulheres que com ela labutavam, permitindo-lhes continuar a retirar do honesto labor o pão de cada dia. Eram quase todas viúvas e, com a eventual perda do trabalho, achar-se-iam em sérias dificuldades, provavelmente lhes restando poucos meios honestos e dignos de sobreviver. Rindo de seus temores, que se centralizavam principalmente em constituir um peso morto para o casal, o genro logrou convencê-la de que seria mais útil junto ao doentinho, outorgando-lhe carta branca na luxuosa vivenda, para exercer junto aos inúmeros servos o papel de sua representante, podendo gerir a casa a seu bel prazer. Assim, aquela alma generosa concedia-lhe a oportunidade de se sentir útil e necessária na nova família.

Os primeiros tempos, repletos de novidades, preencheram-se gradualmente até que, tudo devidamente encaixado e os serviçais cada um com suas atribuições, a avó achou-se ociosa, ansiando por atividades que lhe ocupassem as mãos agora níveas e macias. A antiga costureira, não obstante o carinho da filha e do genro, sentia-se vazia e o coração aguardava algo indefinível e terno. Recriminava-se, conversando baixinho consigo mesma:

– Velha tola, eis o que és. Com tudo a teus pés, ainda assim te sentes sozinha e inútil?! Anseias pelo novo! Falta de serviço, isto sim!

Passou a examinar a cidade com olhos mais atentos, quando dos translados em luxuosa liteira ou nos passeios com o doentinho, em carro confortável, puxado por cavalos treinados, as soberbas crinas brancas esvoaçando à cálida brisa, as patas retinindo sobre as estradas que o poderio romano já fazia pavimentar, estendendo às terras conquistadas o progresso que caracterizava o modo de vida dos romanos.

Quanta gente pobre! Quanta miséria a se refletir em rostos esquálidos! Apiedou-se, começando a fazer dos longos passeios que tanto agradavam ao netinho verdadeiras excursões de caridade. O pequenino, limitado pela inércia das perninhas, sentia-se feliz junto aos pobrezinhos de sua avozinha, maravilhando-se com a alegria que provocavam as roupas que a senhora costurava para eles, com as lágrimas que lhes brotavam dos olhos à vista do alimento e, principalmente, com o encantamento que seus brinquedos, doados espontânea e alegremente, despertavam nas crianças. Eles, os desfavorecidos, provavelmente porque sempre afetados severamente pelo infortúnio, não o fitavam com receio ou repugnância, retirando-o sem cerimônias do carro, instalando-o em caixotes com rodas, brincando com ele e deixando-o participar de seus folguedos. Como eram diferentes dos amigos ricos, que o evitavam! À chegada da belíssima parelha de animais alvos e imponentes, os bairros pobres se agitavam:

– A senhora e o senhorzinho! Nobre senhora, sê bem-vinda! Entra, senta-te, partilha de nossa refeição... É humilde, mas de coração, senhora!

Um dia, Deus assim o quis, encontraram-se Jesus e a velha senhora e, como não poderia deixar de ser, a criança inválida.

Nos arredores da cidade, o bairro quase ligado à praia sobrevivia da pesca. Embora afeitos ao labor, seus moradores passavam por privações, pois os impostos incidiam duramente sobre eles e as doenças careciam de assistência adequada, uma vez que eram precárias, praticamente inexistentes, as estruturas sociais de apoio à saúde. Entardecia e o calor diminuía gradualmente, fazendo-se o momento ideal para as costumeiras visitas de caridade da outrora costureira. O luxuoso carro, transformado em verdadeira feira ambulante, abrigando mantimentos, roupas, remédios, brinquedos, descia o caminho e os cavalos trotavam alegremente, pois o percurso era conhecido e culminaria, com certeza, em grande balde com água fresca e verde pastagem. Jesus subia para a vilazinha, retornando de Sua pregação. Parou e ficou a observar o belo espetáculo do sol a refletir nas estupendas rodas douradas do veículo, conferindo-lhes o aspecto de fogo girante. Seus olhos claros e serenos enterneceram-se ao constatar a suave claridade azulada que envolvia todo o veículo. Chamando João, o mais novo dos companheiros, instruiu-o:

– Observa, meu amigo! Vês aquele carro? Magnífico, não é? À primeira vista, vem-nos à cabeça tão somente uma impressão de riqueza. No entanto, fixa tua visão e perceberás a luz que o envolve. Vês? Todos ali vibram em notas de amor, de seus ocupantes ao cocheiro que o guia habilmente, finalizando pelos animais, tratados com doçura e responsabilidade.

– Mestre, decididamente não sou agraciado com os vossos olhos privilegiados, pois somente consigo perceber o luxo!

– Somos nós os responsáveis por aquilo que visualizamos, João! Enquanto estiveres restrito à matéria, somente a ela tereis acesso. Para uma percepção mais acurada, necessário se faz entender que ali, naquele magnífico transporte, almas vibram em determinadas ondas e se interessar em sondar quais seriam elas... Com o tempo e a espiritualização necessária, educarás teus olhos para a verdadeira visão.

Rindo do jovem discípulo, que o fitava como se Ele estivesse falando em desconhecida linguagem, continuou a subir o caminho, palmilhando a terra arenosa com seus pés bronzeados e fortes, alcançando, em pouco tempo, as habitações simples e o carro estacionado sob frondosa árvore.

– Mestre, Rabi querido, permite que te apresentemos nossa benfeitora e seu netinho!

Os olhos claros e luminosos de Jesus olharam-na com apreço e ela se perdeu neles com a consciência imediata de que encontrara o que procurava há muito. Colocou sobre a tosca mesa as roupinhas costuradas por seus dedos ágeis e diligentes e se aproximou do Profeta, ajoelhando-se respeitosamente. Este, em gesto de ternura e amizade, ergueu-a, envolvendo-a em fraterno abraço, enquanto dizia suavemente:

– Então aqui estás, minha irmã!

– Conheceis-me, Senhor?

– Um pastor conhece todas as suas ovelhas e, das que servem ao Pai, és reconhecida como tal e louvamos teu empenho em realizá-lo anonimamente, fazendo do trabalho de tuas mãos e das iniciativas de teu generoso coração a dádiva amorosa. Permites que te dê uma prova de meu agradecimento e carinho, prezada irmãzinha?

E, unindo a ação à palavra, retirou dos braços do estupefato servo a criança que o fitava confiantemente, sentando com ela sobre Seus joelhos no tosco banco à entrada da casinha de pescador.

– Quem sois, Senhor? Jamais Vos encontramos por aqui... Eu e minha avozinha vimos toda semana... Já sei! És o tal Profeta, de que me contam histórias que mais parecem magia pura?! Pensei que fossem contos, fábulas...

Jesus sorria, escutando a tagarelice do menino:

– Então escutaste histórias sobre mim... E quem tas contou?

– As crianças daqui! Disseram que virias, que contarias histórias, que curarias os doentes... E são muitos os doentes, senhor... A avó de Zacarias, a mãe de Miriam, também a de Raquel... O velho manco e cego que mora no casebre perto da praia...

– Pelo que vejo, são muitos realmente –, disse a sorrir o Mestre – mas certamente tu também queres algo de mim...

– Não, meu Senhor, pois tenho tudo, tudo o que pode me fazer feliz. Pai, mãe, avó, amiguinhos... Não me falta nada, posso até repartir com os outros... Comida, roupas, brinquedos...

– Não te incomoda não andar, meu pequeno?

– Somente de vez em quando, mas descobri que os amigos dividem comigo o dom de andar, auxiliando-me a ir a todos os lugares e, muitas vezes, até a locais que desconheço, produto da imaginação e dos desejos deles... Descobri que posso ir a lugares fantásticos quando me deito e fecho os olhos... Não sei como isso acontece, mas acredito que posso viajar muito melhor do que muita gente!

Rindo, Jesus continuou a inquiri-lo:

– Realmente, não te deixa triste a impossibilidade de andar? Não te revoltas?

– Senhor, antes eu andava e vivia quase só em casa, trancafiado e restrito ao quintal. Minha mãe vivia com medo de tudo e de todos... Hoje, consideram-me doente, mas eu não me sinto assim! Em compensação, sou muito mais livre agora! Levam-me a lugares interessantes, repletos de pessoas, tenho amigos, tantos que jamais teria oportunidade de ficar só, mesmo que quisesse. Além do mais, Senhor, descobri algo fascinante: não ando com minhas pernas, e sim com minha mente; é ela que me permite excursionar pelo mundo e pelos céus. Vejo pessoas com pernas que não saem do lugar, a não ser para trivialidades... Vivem presas a seus problemas, fechadas em mau humor... Revoltadas, como disseste que eu poderia ser...

– És realmente surpreendente, meu pequeno. Quantos anos tens?

– Quase nove, meu Senhor.

– Prometes para o futuro... Já não sei se o meu presente te agradará, mas, mesmo assim, gostaria de te restituir o dom de andar. Sei que continuarás a voar com a alma, mas precisarei de ti quando me for e a tarefa repousar nos ombros daqueles que me sucederem na difusão da Boa Nova. Sabes, há horas em que somente o sofrimento, nem sempre o próprio, coloca juízo na cabeça de algumas pessoas e as faz ver a verdade da vida, não é, meu pequenino? Muito me alegrou ver que teu espírito indomável não se curvou à problemática momentânea, avaliando com precisão o real valor da existência sobre a Terra, não se deixando abater pela perda de movimentos... Todavia, não existe mais razão para esta imobilidade!

Levantando-se, Jesus colocou o menino em pé e o empurrou suavemente, impulsionando-lhe o primeiro passo.

– Vai!

Impossível descrever o espanto e a alegria dos pais ao constatarem o "milagre". Desesperançados, estavam convictos de que o filho não tornaria a andar jamais, principalmente porque doutos e sábios haviam assegurado isso. E agora, um Homem simples, um Judeu a quem os maiorais de Seu povo repudiavam como impostor e traidor, Alguém que os romanos teimavam em ignorar e até ironizar, restituía-lhe a locomoção, com uma simples palavra de comando:

– Vai!

Com o ventre intumescido pela próxima vinda de mais um filho, a moça transbordava de alegria e agradecimento ao Estranho, ansiando em lhe demonstrar gratidão e apreço. O esposo, embora costumasse duvidar de curas milagrosas que recendiam a curandeirismo, nada poderia objetar quanto ao Rabi, pois lhe curara efetivamente o filho querido, tornando completa a felicidade que desfrutava junto à esposa muito amada. Assim, na manhã seguinte ao miraculoso evento, foram ao encontro de Jesus, encontrando-O na praia, em meio à multidão. Um breve olhar bastaria para que se conscientizassem de que o Profeta era muito mais do que um homem simples, embora nada fizesse para ressaltar sua presença. Perspicaz, o romano comentou com a surpresa e linda esposa:

– Este Homem, mesmo que não o quisesse, iluminaria as trevas mais profundas com Seu brilho interior! Seria necessário subtraí-lO e escondê-lO em inacessível caverna para ofuscar Sua luz!

Como estava ele próximo da verdade, pois os difamadores e perseguidores do Messias tentariam apagar-Lhe a chama ardente da verdade e do Amor, com o estigma de desonrosa morte e confinamento do torturado e morto corpo físico a escuro sepulcro, vedado por pesada rocha! Pobres humanos, ignorantes e infantis espíritos, desconhecedores da verdade, que julgavam tão facilmente deter a crística criatura. A cruz infamante se transformaria em cintilante símbolo a clarear caminhos e consciências e Ele afastaria a pedra que vedava os túmulos, proclamando a imortalidade da alma e sua inapelável trajetória evolutiva.

Olhando-os ajoelhados à sua frente, agradecidos e felizes, o Mestre acolheu-os como a crianças. Que restritas idéias tinham sobre os filhos que conduziam à encarnação, desconhecendo que de Deus vinham os espíritos que lhes animavam os corpos de genéticas heranças! Um dia, séculos e séculos depois, compreenderiam.

– Não me agradeçais, pois tudo faço em nome de Deus. Sou somente o instrumento através do qual Ele se manifesta. Como vós, alegrou-me profundamente restituir a locomoção à encantadora criança. Não havia débito algum que justificasse que se atasse carmicamente, mas somente um desejo e uma aceitação de que, através dele, estivesse expressa a vontade de meu Pai. Tendes um filho especial, que realizará belos e breves feitos em nome da evolução da Humanidade e, embora os livros de história se esqueçam dele, terá seu nome gravado nos céus, no livro dos anjos, como detentor de grandes méritos na difusão da Boa Nova.

Olhando a mulher em adiantado estado de gestação, o Mestre prosseguiu:

– Estás a esperar outro filho, senhora! À tua semelhança, será bela e terá a seus pés poder e riqueza. Deverás cuidar para que seu espírito escravizado a tais tesouros consiga se libertar destes grilhões. Não te importes com os dissabores que dela receberes, criando-a segundo o que aprenderes a partir de agora, amando-a muito, entendendo que nem sempre recebemos em nossos lares almas que possuem sentimentos evoluídos. E que conosco guardem afinidades...

Nos anos que se seguiram, aqueles pais se recordariam das proféticas palavras do doce Rabi da Galiléia e elas lhes serviriam de guia nas horas de dificuldade. Nasceu-lhes a criança e jamais se vira criaturinha mais linda e mimosa, de tamanhos encantos e poder de sedução. Tornava-se difícil educá-la, pois sua beleza fascinava e ela conduzia a bel-prazer os que a cercavam. Dez anos a separavam do irmão e, embora não o soubessem, séculos de evolução os diferenciavam.

Jesus não se enganara com o rapazinho. Os estudos e as atividades espirituais ocupavam-lhe os dias. De extrema beleza física, alto e forte como o pai, preferia dedicar-se a esportes que valorizavam a vida, fugindo aos embates da espada e ao sangue inocente derramado. Alma superior, analisava com extrema perspicácia as conjunturas sociais e políticas, detectando a queda de velhos costumes e tradições em breves tempos, mesmo que à custa de muito sofrimento, compreendendo que Jesus centralizaria importantes mudanças no planeta Terra, nele instituindo a Lei do Amor. Imperadores, sacerdotes e poderosos de toda ordem lutariam com unhas e dentes para expulsá-lO do cenário terrestre. Tudo em vão! Lentamente, as criaturas terminariam por aceitá-lO e se transformariam. As dores e as misérias seriam expulsas do globo terrestre e este se converteria em um mundo onde a fraternidade sobrepujaria egoísticos interesses... Assim sabendo, preparava-se cuidadosamente para a árdua tarefa que o Mestre prognosticara para sua existência, a de mais um dos propagadores da Boa Nova, intuindo a responsabilidade e o sacrifício a ela inerentes.

A irmãzinha, pequenina e incrivelmente linda, encantava-o, muito embora singulares arrepios lhe percorressem o corpo ao tocá-la e estranha aversão, que cuidava de rapidamente afastar, invadisse-lhe o ser, angustiando-o.

Quinze anos se passaram. O doce Mestre havia sucumbido e o rapazinho que Ele sentara ao colo se consolidara em um homem de raras e excelsas qualidades, muito diferente da maior parte dos de sua geração, que se caracterizavam pela extrema materialidade e desenfreada busca do prazer acima de quaisquer conseqüências. Permanecera solteiro, apesar do persistente assédio das jovens patrícias enamoradas de sua beleza e estimuladas pela enorme riqueza dos cofres paternos. Compreendia que a missão a que se referira Jesus exigiria renúncia a afetos exclusivamente direcionados a uma família sua, com filhos e esposa, relutando em propor a uma mulher que aceitasse uma coexistência tão incomum, a menos que ela fosse muito especial e compartilhasse de suas idéias,o que parecia dificílimo, a julgar pelas jovens que conhecera até então.

Quanto à menininha, transformara-se em uma jovem belíssima e, muito embora os pais tivessem tentado educá-la dentro dos preceitos cristãos, era voluntariosa ao extremo. Repugnavam-lhe os conceitos religiosos da família, tudo fazendo para se esquivar das responsabilidades. Era egoísta, preguiçosa e, acima de tudo, manipuladora, não se hesitando em criar e simular situações e atitudes que redundassem em proveito próprio e prejuízo alheio. Detestava normas e limites, principalmente os consignados pelos genitores, ansiando por se libertar da influência amorável e disciplinadora dos mesmos. Assim, mal completara os quinze anos, tratara de localizar rico partido entre os romanos que habitavam em terras da Palestina, cuidando para que o eleito fosse suficientemente influenciável e dominado por sua tirânica vontade. O consórcio realizou-se em meio a festas magníficas e luxos dignos de uma rainha, para desgosto da família que preferiria um companheiro leal e amoroso e com a cabeça no lugar a dinheiro, posição e liberdade irresponsável, sem falar na constrangedora e nada elegante exibição de riqueza.

Pouco tempo depois, chegaram à conclusão de que as terras em que viviam há anos já não ofereciam atrativos e decidiram retornar a Roma, mesmo porque os negócios familiares, com o falecimento de Caius Pompilius em avançada idade, exigiam atenção e acompanhamento mais próximo. A situação não poderia ser melhor para a filha de Lucília, pois a cidade se adequava perfeitamente a seu ideal de metrópole permissiva e rica. Pouquíssimas e tradicionais famílias mantinham a dignidade, alastrando por toda a parte os vícios e a devassidão, sendo normal e invejável passar as noites em intermináveis orgias, das quais participavam homens e mulheres tidos pela sociedade como nobres e respeitáveis. Desligada dos pais, irmão e avó, dos quais se afastara voluntariamente assim que chegara a Roma, morando em luxuoso palacete distante da casa paterna, alheia a salutares conselhos e inspirações, unida a um jovem moralmente fraco e à mercê dos caprichos e desejos de uma esposa sedutora e inconseqüente, a moça viu-se envolta em um turbilhão de festas, passeios, eventos, dando plena vazão a seus instintos e preferências, gratamente se surpreendendo em ser elogiada e requisitada por atitudes que seus genitores condenariam.

Àquela época, a doutrina do meigo Nazareno invadira Roma e começava a incomodar e preocupar o Estado, requisitando posturas repressivas por parte dos interessados em que a situação persistisse inalterável: as oligarquias desfrutando de enormes privilégios e os demais submissos e omissos. Temia-se, de alguma forma, que os cristãos aspirassem ao poder, principalmente porque a nova religião se instalara entre a numerosa plebe e os escravos, fazendo novos adeptos a cada dia. Entre os nobres patrícios, muitos haviam aderido ao cristianismo, mas ainda o faziam em surdina, abolindo os deuses inúmeros, adotando as posturas de amor e caridade, perdão e fraternidade, sem, no entanto, ousarem assumir suas convicções. Realizavam-se perseguições, prisões, torturas e mortes, o sangue dos cristãos começava a ser derramado em espetáculos públicos, muito embora se disfarçassem os motivos com o manto hipócrita da acusação de traição ao império romano.

A corrupção avolumava-se por toda parte, apesar do esforço de alguns valorosos cidadãos que não compactuavam com a situação vigente, temendo pela segurança do império, vendo com clareza que os seguidores de Jesus não representavam o perigo, e sim, a deterioração avassaladora de costumes no seio das famílias romanas. Entre estes, alguns abraçavam o Cristianismo, embora ocultassem o fato para não serem sujeitos a sérias e fatais represálias e não verem seus corajosos questionamentos taxados como deslealdade ao governo constituído.

Inúmeras vezes a jovem ouvira, no âmbito do lar paterno, narrativas repletas de emoção e ternura, onde a figura de Jesus surgia como o Messias, o Filho de Deus. A cura do irmão era relatada com detalhes e ela os escutava com desdém e inveja, inveja daquele irmão considerado perfeito pelos pais, respeitado... Seu espírito ainda não conseguia entender o amor da forma como o Mestre o ensinara, escutava-os com a insensibilidade dos corações que ainda não conseguem vibrar aos acordes da fraternidade, conferindo a Jesus a classificação de curandeiro e perigoso revolucionário, verdadeira ameaça. Em meio aos seletos círculos da sociedade romana, ouvindo que O detratavam e ironizavam, assumia a cômoda postura da omissão, juntando-se aos que O menosprezavam. O banimento do culto aos inúmeros deuses por parte de sua família causava-lhe indignação e temor, receando que a ira dos deuses caísse também sobre ela, por extensão, embora realizasse os rituais, à semelhança dos demais crentes, com precisa perseverança, para assegurar e acentuar os privilégios de que dispunha, a notoriedade, o fascínio, a formosura, a riqueza, em um não acabar de solicitações...

Estabelecidos em Roma, o filho de Caius Pompilius e sua família se integraram rapidamente à comunidade cristã, pelos fortes apelos vibratórios que os irmanavam. Passaram a participar das secretas reuniões, aumentando dia a dia a fé que os iluminava. O filho apresentava inequívocos sinais de que se destinava a desempenhar importante papel na difusão das idéias de Jesus, pois seu verbo inflamado e comovedor penetrava fundo mentes e corações. Muito jovem ainda, de beleza física incomum, aliava à impressionante figura exterior uma alma extremamente bondosa e inquestionavelmente evoluída em sentimentos e emoções. Rapidamente se tornou, nos círculos cristãos, presença indispensável nas improvisadas tribunas, para extrema satisfação dos pais e, principalmente, da avó materna.

Quão opostos eram os caminhos dos dois irmãos consangüíneos! No entanto, a mesma educação e os mesmos ideais haviam coexistido em suas vidas, podendo-se até dizer que a menina recebera dos pais, convertidos ao Cristo pela cura do filhinho amado, uma dose muito maior de conscientes lições, todas elas alicerçadas nas idéias do Mestre. Que ocorrera então? Por que tamanhas diferenças? Somente a diferença de estágio evolutivo dos espíritos reencarnados justificaria as profundas dessemelhanças e as condutas opostas.

Aos olhos do mundo, tudo transcorria normalmente. Quem atentasse para aquela família, julgá-la-ia perfeitamente inserida na maneira de viver romana. Grande equívoco! Uma fachada, verdadeira máscara exigida pela sobrevivência, ocultava as reais atividades e pensamentos daquelas pessoas que, em segredo, amavam o Mestre e compartilhavam de Seus ensinamentos. Seria extremamente perigoso expor opiniões e assumir posicionamentos! Quanto à família constituída pela filha que se consorciara com o rico e fútil romano, esta sim obedecia aos ditames e modismos da época, caracterizando-se, principalmente, pela alienação aos deveres e direitos conjugais. Viviam ambos sob o mesmo teto porque lhes convinha e a sociedade o exigia, mas o amor não lograra se instalar na luxuosíssima casa; dialogavam muito pouco, quase não conversavam, pois os horários raramente coincidiam e os interesses seguiam caminhos diferentes. É bem verdade que toda noite ocupavam o mesmo carro, que os conduzia a infindáveis recepções, mas ali cessavam as obrigações de cada um, pois, nas festas, cada um estava por si. Muito rapidamente, aquilo que o jovem romano julgara ser eterno amor se diluíra após os primeiros meses de convivência no leito conjugal; satisfeitos o desejo e a curiosidade puramente carnais, aborreceu-se da belíssima esposa e partiu para as costumeiras conquistas. Esta, ao contrário de se magoar, agradeceu aos deuses pelo desinteresse do consorte, procurando conforto em outros e muitos braços. Viviam bem, muito bem, alheios um ao outro, típico casal a quem somente interessavam festas e prazeres.

Anos transcorreram. A situação dos cristãos piorava cada vez mais. Inicialmente atingindo a plebe e os escravos, os castigos tendiam a se estender a pessoas de maiores posses e destaque, pois as denúncias se sucediam, grande número delas motivadas pela ganância de inescrupulosos parentes em assumir as fortunas dos sentenciados à morte, muito embora fosse comum os espólios passarem diretamente às mãos do império ou de seus representantes, lastreando os enormes gastos da corrupta massa administrativa e os luxos da corte imperial. Em meio à corrupção vigente, tudo se arranjava...

Nos últimos tempos, as coisas não corriam muito bem na vivenda do casal festivo e inconseqüente. Embora inicialmente a fortuna fosse grande e o nome nobre e respeitado, a continua ausência de trabalho e o abandono das propriedades em mãos inábeis e desonestas acabou por lhes dilapidar quase que totalmente os bens, conduzindo-os a situação de extrema penúria, escondida a muito custo da sociedade, intentando resguardar a posição ostentada até então. Desesperados, em vão buscavam alternativas, acabando por restar uma única, que lhes repugnou inicialmente. Todavia, no transcorrer dos dias e sob o impacto e assédio dos credores, a alternativa passou a assumir conotações mais suaves, menos negras e mais aceitáveis.

A moça sabia muito bem a imensidade da fortuna paterna, herdada do devasso e falecido avô, que não conseguira desperdiçá-la em festas e prazeres, muito embora o tentasse. Observando a perdulária postura de Caius, seu filho assumira bem cedo as responsabilidades nos negócios, garantindo a continuidade das rendas familiares. Com o falecimento do velho patrício, regraram-se definitivamente os gastos e, muito embora a família despendesse grandes somas em beneficência, continuava a gozar de excelente condição financeira. O jovem curado por Jesus assumira juntamente com o pai as propriedades e tudo prosperava indiscutível e sensivelmente. Em diversas ocasiões, a jovem pensou em se abrir com os genitores e pedir auxílio, porém o orgulho e a aversão aos conselhos que fatalmente adviriam sufocaram a salutar disposição. Assim, como o restante da sociedade e mesmo porque aos consortes evitassem convivência mais estreita, a família ignorava a situação do desajuizado casal. Um círculo vicioso de secretas recriminações e inveja acirrada mergulhou os esposos endividados e empobrecidos em um turbilhão de pensamentos infelizes e criminosos, culminando com a tragédia.

Em sórdidas maquinações com corruptas autoridades romanas de seu círculo de amizades, combinaram a denúncia dos pais, avó e irmão da jovem senhora como cristãos, perigosos inimigos do Estado. Deste modo, significativa parte da fortuna honestamente amealhada há gerações lhes viria às mãos ociosas e criminosas. Tais conchavos eram comuns à época e se estabeleciam rápida e eficazmente. O casal realizou algumas visitas às vítimas, com atitudes amigáveis e amorosas, durante as quais os dois manifestaram o desejo de começar a freqüentar as reuniões religiosas dos cristãos, como se subitamente houvessem se conscientizado, indagando dias e horários das pregações. Imaginem a alegria da família! Inocentemente forneceram as informações, acreditando que a moça finalmente se rendera ao Mestre.

Tudo ocorreu como se planejara. Presos em flagrante, em meio à secreta reunião em uma das catacumbas da cidade, foram atirados a infecto calabouço, sem chances de defesa. Em manhã nublada e triste, enfrentaram as feras, sucumbindo em meio a gritos e sangue. Uma única alegria os animava: graças a Deus a filhinha amada e finalmente convertida ao Cristo não comparecera à reunião, escapando ao martírio...

Como fora combinado, o casal de delatores apossou-se de relevante parte da imensa fortuna, resolvendo seus problemas financeiros. Remorsos? Nenhum! Extremamente egoístas, haviam armado uma lista de explicações e desculpas que os eximia da culpa pelo trágico desenlace, asserenando-os, atribuindo-lhes, inclusive, a conotação de dignos e confiáveis cidadãos de Roma, que não hesitaram em denunciar a própria família em favor da segurança do império. Pobres criaturas que enganavam a si próprias! Passaram toda a existência ofuscados pelo ouro e pelas imperfeições que lhes nublavam os espíritos, iludidos e falsamente felizes. Supunham estar tudo muito bem, mergulhados em uma inconsciência temporária que os impedia, dentre outras coisas, de sentir culpa e remorsos pelo terrível ato praticado contra seus familiares. Desencarnaram ainda jovens, devido a excessos de toda ordem que comprometeram e destruíram seus corpos físicos. Da união não advieram filhos, por decisão de ambos e particularmente da moça, que se encarregava de abortar os que surgiam, receando comprometer o corpo e a liberdade. Em nome das aparências e da sociedade, o casamento se manteve durante muitos anos e o relacionamento se apresentava calmo e agradável, com plena e recíproca conivência nos desmandos e excentricidades.

As reencarnações se sucederam e muitas se fizeram necessárias para que os primeiros sinais de arrependimento se manifestassem, aliados à culpa que lhes permitiria a expiação e o lento e progressivo crescimento espiritual. Iniciava-se a colheita obrigatória do que haviam semeado... Acompanhando-os amorosamente, quer do mundo espiritual, quer em encarnações comuns, a família de outrora perseverava, passo a passo, em missão de amor e renúncia, revezando-se em diferentes papéis reencarnatórios, repetindo com os obstinados, incansavelmente, as lições ainda não aprendidas.

Finalmente, ei-los no Brasil.

Minas Gerais, uma próspera fazenda no triângulo mineiro. A jovem escrava chegou, em dia de muito sol e calor. Os céus de límpido azul e as brisas perfumadas falavam de uma terra de belezas mil, celeiro de oportunidades para almas em redenção. Vinha em meio a muitos outros negros, arrancada de distantes terras africanas, amargando nos porões de um navio negreiro a saudade da família e da liberdade para sempre perdida. A nova pátria apresentava-se formosa, apesar da degradante escravidão que ainda assolava os campos verdes e férteis. Ela fechou os olhos ainda adolescentes e sonhou estar em sua terra natal, voltando o rosto para o calor do sol, escutando o cantar dos pássaros nas imensas copas das árvores. Os gritos do feitor e as correntes puxadas impiedosamente arrancaram-na do delicioso torpor... Os pulsos acorrentados sangravam e moscas haviam neles depositados seus ovos; podia sentir as larvas corroendo a carne... A senzala assemelhava-se à enorme prisão, o cheiro forte e nauseante impregnava as roupas, o corpo... Dentro do peito, uma sensação estranha, uma dor, um medo terrível...

Em terra encontraria aquele que um dia fora seu esposo, na distante Roma do passado. Novamente se uniriam, à revelia das dificuldades. Teriam muitos filhos, pois eram fortes e saudáveis, todos escravos, para serem negociados por seus donos, retirados de seus braços de pais amorosos, lançados ao mundo sem que jamais soubessem deles novamente...

Viveriam muitos e profícuos anos. Consolidar-se-ia, então, redentora jornada de amor e renúncia, pois embora real afeto os unisse e se estendesse à prole, ser-lhes-ia proibido um lar estável, pois seus filhos seriam levados para distantes propriedades, leiloados por seus donos. Chorariam lágrimas de sangue, em terrível sofrimento, única maneira de burilarem seus espíritos revoltosos e até então insensíveis. Longa jornada existencial, cerca de noventa anos...

Onde estariam os amorosos genitores da distante Roma dos césares? Também encarnados como escravos, sujeitos a parecidas dificuldades, compartilhando com eles as agruras da senzala, o calor das plantações, amigos dedicados e companheiros de provação, os detentores das imprescindíveis palavras de ânimo e coragem, resignação e amor.

Rapidamente convertidos ao cristianismo em terras brasileiras, afinal haviam conhecido Jesus pessoalmente, o romano e a costureirinha de outrora, na roupagem terrena de escravos negros, mais uma vez apresentaram ao genro e à filha de ontem o doce Amigo, o Rabi da Galiléia. E eles finalmente O aceitaram.

Depoimento

Quando estamos encarnados, nossa percepção espiritual se restringe, somos impedidos de perfeitamente perceber e compreender os mecanismos que envolvem as contínuas e gradativas transformações necessárias à nossa evolução como espíritos imortais e perfectíveis. Presenciando os erros, especialmente os alheios, não raras vezes ponderamos que nada se aproveitou de uma encarnação... Somos apressados demais, desconsiderando que cada mudança requer tempo e paciência, extrapolando os meros aspectos comportamentais, exigindo íntimo contacto com sentimentos ainda imperfeitos e, na maioria das vezes, desconhecidos em sua essência. Trazemos resquícios do que nos marcou em existências anteriores, do que fomos e vivenciamos, o que, de uma maneira ou de outra, requer um trabalho individual mais acurado na área de nossas tendências e sentimentos. Restam-nos máculas que uma educação familiar adequada poderá ajudar a eliminar. Em Roma, a mocinha vaidosa e materialista, que adentrou a recepção em casa de Caius Pompilius com a finalidade de seduzir e ludibriar o jovem romano que lhe acendera no coração a chama da paixão, mal tinha noção de seu verdadeiro eu, acreditando tudo poder, descrendo da possibilidade de se machucar nos jogos de sedução, julgando simular ingenuidade e pureza quando, na realidade, bem pouco conhecia sobre si mesma e o que aparentava ou não. O apego aos bens materiais ainda a anestesiava, sufocando o que de melhor nela havia. Felizmente, na hora da escolha, no decisivo momento, prevaleceram os sentimentos que ela se esforçava por anular!

Eu fui esta moça e saí vencedora do difícil e anônimo embate; tivesse eu sucumbido aos interesses materiais, seguramente não teria conhecido Jesus pessoalmente...

A espiritualidade concedeu-me a companhia do homem amado e de mais uma filha. Esta, muito embora a houvéssemos educado com desvelo cristão, não logrou superar as tentações e falhou, acumulando débitos gravíssimos para futuras encarnações.

Julgo importante salientar o papel dos pais no crescimento e evolução dos filhos que Deus lhes concedeu para que deles cuidassem e direcionassem ao progresso. Comumente rogamos por filhos perfeitos, saudáveis, belos, deixando de entender a relevância de acolher os espíritos e seus receptáculos carnais como são, recebendo em nossos amorosos braços o imperfeito, seja física, espiritualmente ou ambos, como alguém que precisa de nós, direcionando-o, lenta e progressivamente, no árduo caminho rumo à perfeição. A filha querida, que se abrigava em meu ventre ao me ajoelhar aos pés do Mestre, reergueu-se dificultosamente, cumprindo, por séculos, etapas evolutivas que a retiraram de instintivas faixas, rumo ao amor incondicional ensinado por Jesus. Muitas foram as quedas e recomeços, até que as lições foram aprendidas. Porque muito a amávamos, estendendo o mesmo sentimento ao companheiro de deslizes, acompanhamo-los em suas trajetórias, amparando-os, aprendendo a exercitar, de nossa parte, a paciência, a renúncia, o perdão, a indulgência...

Em abençoadas terras brasileiras, consolidou-se, finalmente, importante etapa do longo processo de transformação das almas queridas e pudemos presenciar a real aceitação de Jesus em suas vidas

Fui mãe, patrícia romana e mártir cristã do circo romano... Fui amiga devotada, escrava, companheira de maus tratos da senzala e das planta-

ções, em missão de depurado amor e renúncia... Assim, todos nós evoluímos rumo à meta principal: o Amor, incondicional e pleno, pairando acima dos papéis e títulos da criatura, superando o estar e se plenificando no ser...

Convivemos com muitas pessoas em nossas múltiplas existências, quaisquer que sejam os nossos laços de parentesco. Nossos sentimentos determinarão a qualidade de tais relacionamentos e, muito embora egoisticamente relutemos, caminhamos implacável e lentamente rumo a uma universalidade familiar, a mesma que Jesus pontificou há mais de dois mil anos: "Quem é minha mãe e quem são meus irmãos?".

Assim, cada vez mais buscaremos dilatar os restritos conceitos de família puramente consangüínea, compreendendo que os verdadeiros afetos se firmam em bases de afinidade. Dia virá em que todos nos saberemos e sentiremos verdadeiramente irmãos, nos moldes da fraternidade exemplificada pelo Cristo. Resquícios muito significativos de orgulho e egoísmo nos entravam a trajetória, impedindo-nos de evoluir na velocidade por nós estimada, mas prosseguiremos sempre, passo a passo.

Que Jesus nos abençoe e permita que trabalhemos em Sua Seara, apesar das nossas imperfeições...

Lucília

Esmeralda, a cigana

"Pedi e vos será dado; buscai e achareis; batei e vos será aberto; pois todo o que pede recebe; o que busca acha e ao que bate se lhe abrirá. Quem dentre vós dará uma pedra a seu filho se este lhe pedir pão? Ou lhe dará uma cobra se este lhe pedir peixe? Ora, se vós que sois maus sabeis dar boas dádivas aos vossos filhos, quanto mais vosso Pai que está nos céus dará coisas boas aos que lhe pedem!" (Mateus, cap. VII, v. 7 a 11).

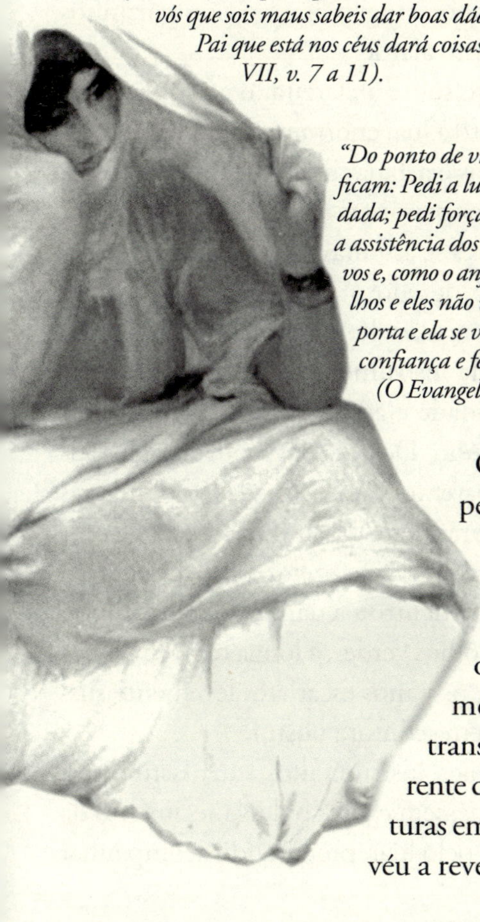

"Do ponto de vista moral, essas palavras de Jesus significam: Pedi a luz que vos clareie o caminho e ela vos será dada; pedi forças para resistirdes ao mal e as tereis; pedi a assistência dos bons Espíritos e eles virão acompanhar-vos e, como o anjo de Tobias, vos guiarão; pedi bons conselhos e eles não vos serão jamais recusados; batei à nossa porta e ela se vos abrirá; mas pedi sinceramente, com fé, confiança e fervor; apresentai-vos com humildade..." (O Evangelho Segundo o Espiritismo, cap. XXV).

O riacho escorria por entre as pedras, semi-oculto pela exuberante vegetação. Descendo da montanha, tênue fio de água em sua nascente, recebendo outros à sua semelhança, aumentava em volume a beleza, transformando-se em pujante corrente de águas, precipitando-se das alturas em formosa cascata, transparente véu a revestir escuras pedras, na qual os arco-íris nasciam e se diluíam, em constante festa de luzes e cores. Abaixo, espraiava-se em larga bacia de cristalina limpidez, onde o azul do céu, as nuvens flutuantes e as copas das árvores se repetiam.

Naquela cálida tarde de maio, em meio aos trinados de pássaros e ao sussurar das folhas ao vento, a natureza quedava-se em derradeiros reflexos. O sol se punha quando o silêncio foi quebrado por relinchos e vozes. Em poucos instantes, as margens até então desertas foram ocupadas por humanos e animais, em busca de água e repouso. Coloridas tendas armaram-se rapidamente, ao som de cantigas e risos, e nas fogueiras acesas, sobre tripés de escurecido ferro, caldeirões exalavam delicioso cheiro de cozido. Risos e conversas abafaram os sons da mata e afugentaram os animaizinhos silvestres, desacostumados a tanto alarde.

A noite desceu suavemente sobre a clareira; o acampamento animou-se ainda mais, enquanto a lua, enorme círculo de luz, derramava prata sobre os caminhos e a água, imensa lâmina a lhe reproduzir o esplendor; os últimos banhistas haviam abandonado as transparentes águas e os viajantes se assentavam para a ceia.

Tempos depois, em torno de enorme fogueira que buscava afugentar o frio da noite e a escuridão, homens e mulheres se reuniam para as danças, ao som de instrumentos musicais. Seus pés moviam-se com graça e habilidade e as vestes das mulheres emprestavam cor ao cenário de sonho. De uma das tendas surgiu delgada criatura, envolta em transparentes panos, ornados de tilintantes pingentes dourados, argolas e braceletes de ouro nas orelhas e pulsos, tênues cadeias de ouro nos finos tornozelos a lhe ressaltarem os desnudos e pequeninos pés. Adentrou a dançante roda, sorriso nos lábios, brilho nos enormes olhos verdes, a longa cabeleira escura a lhe tocar a esbelta cintura, os panos escarlates levemente suspensos pelos delicados dedos, em sedutora postura.

Os músicos imprimiram aos instrumentos sons lastimosos, quase em surdina, como se temessem causar o desvanecimento da encantadora aparição banhada pelo luar, procurando acompanhar os movimentos do jovem corpo. Já não exerciam sua vontade, limitando-se a segui-la, reproduzindo em sons aquilo que era expresso em gestos e movimentos do corpo gracioso. Os delicados pés pareciam alçar vôo sobre a macia relva, ocupando todo o espaço cedido pelos demais dançarinos. Como se imersa em hipnótico transe, ela entregava-se à dança, os leves e diáfanos véus da rodada saia distendendo-se quais imensas asas trespassadas pela luz das chamas, a lhe envolver as longas e esguias pernas. A encantadora e irreal criatura, alheia ao mundo, aumentava gradativamente a velocidade do bailado, perdendo-se em revoluteios vertiginosos. Por fim, deixou-se ficar sobre o solo, em derradeiro movimento coreográfico, os panos escarlates em leque à sua volta.

Os aplausos despertaram-na do encantamento da dança, fazendo-a retornar à realidade. Levantou-se ligeira, curvando o corpo em agradecimento, correndo para o abrigo da tenda de onde saíra, ignorando as solicitações de uns e outros para que reprisasse a performance. No interior imerso em penumbra, a moça se lançou sobre o leito de enormes almofadas, implorando mentalmente para que a magia da dança continuasse a dominar um pouco mais seus excitados sentidos. Decepcionada, constatou que o encanto se quebrara e uma sensação de vazio e angustiosa perda apertou-lhe doridamente o peito.

As lágrimas surgiram espontaneamente, molhando a seda dos travesseiros, acompanhadas de soluços que ela reprimiu, temendo a escutassem. Recordou-se, uma vez mais, da infância...

Era pequenina, três ou quatro anos, e estava na casa confortável e rica, ao lado dos pais e irmãos. Onde acontecera isso? Em que parte do mundo? Que importava, se tudo fora destruído pela fúria devastadora dos exércitos de Roma! Sua memória se recusava a encaixar nos mapas a exata localização e até o nome da terra natal. Para que saber, se ali não mais se encontravam os que amara? Restava tão somente uma dor muito grande...

Lembrava-se da mãe, doce e bela mãezinha, de colo quente e

mãos macias e ternas... O pai, belo homem de negros e profundos olhos, carregando-a nos braços, chamando-a de princesinha, dizendo-lhe de seu amor, adornando-lhe a altiva cabecinha com improvisadas guirlandas de flores, como se brilhantes e esmeraldas fossem...

Saudade dolorosa, que jamais a abandonava! Dançando, conseguia alhear-se temporariamente, fugidio paliativo que se desvanecia mal ensaiava os derradeiros passos.

Recordou-se da vivenda ampla, cercada de árvores a derramarem sombra e flores nas varandas... Sempre havia risos, conversas e visitas... Nas tardes quentes, reuniam-se no pomar, sob enormes árvores, acomodados em confortáveis bancos de madeira, ao redor de extensas e rústicas mesas, repletas de iguarias. Os mais velhos colocavam em dia as novidades e os jovens, entretidos em brincadeiras mil, corriam entre o arvoredo. Os mais afoitos e audaciosos aventuravam-se a escalar os galhos carregados de frutos, desdenhando os oferecidos nas baixelas de prata, cobiçosos olhos nos que permaneciam nas altas ramagens, atiçando-lhes os brios. Os servos mais velhos e afeitos à família, atentos e preocupados, vigiavam-nos, aconselhando-os com a liberdade conferida pelos longos anos de dedicação e amor.

Dias felizes aqueles, repletos de carinho, plenos de segurança!

Segurança. Estranha e desconhecida palavra quando se é criança. Jamais imaginara que tudo pudesse ruir facilmente ou de forma tão cruel. Primeiramente, foram as conversas à meia voz entre os adultos da casa e os das propriedades vizinhas; limitara-se a registrar impressões de receio e agressividade incomuns, protegida pela ingenuidade infantil. Romanos, essa consistia a palavra mais repetida... Chamavam-nos de conquistadores... Mais tarde, entre os gitanos, entendera melhor o sentido do vocábulo, tomando ciência de que eles estendiam o domínio do império sobre a face da terra, em incontrolável desejo de posse e poder. Marchavam implacavelmente, em tropas treinadas nos jogos de guerra, consideradas indestrutíveis, adentrando as cidades, matando e destruindo, recolhendo despojos, assentando seus dignitários nos postos de maior relevância, sugando as riquezas, minando as energias, subjugando os conquistados!

Mas o seu mundinho era tão seguro! As figuras materna e paterna assemelhavam-se a gigantes, portos seguros onde as tempestades abrandavam sua fúria... Diante delas, que significavam os romanos?! Confiante, persistira nos brinquedos e folguedos.

O cerco à cidade resolvera-se em poucos dias e as tropas invadiram, derrubando vidas e sonhos, com inimaginável e desnecessária crueldade. E ela se perguntava, relembrando os fatos, o porquê de tanto furor e de tanto sangue derramado se os romanos já os haviam dominado?

O pai, criatura acostumada à terra e suas lides, generoso e bom, tombara sobre o piso, trespassado por espada manejada com habilidade, na inútil tentativa de defender a família com palavras conciliadoras. Aos gritos, vira seu sangue manchar a alva blusa de longas e fartas mangas, enquanto os homens se apoderavam de sua mãezinha e das irmãs de dez e doze anos, carregando-as para um dos luxuosos quartos do andar superior. Escutava-lhes as súplicas, o choro... Longa fila de soldados suarentos e acalorados pela luta seguiram-nas e ouviam-se suas vozes e risos... Depois, o silêncio aterrador...

A ama, em meio ao desespero geral, empurrara-a para debaixo de pesado móvel, recomendando que se escondesse e ficasse bem quietinha. Assustada, acompanhara detalhes do saque: objetos preciosos, jóias, tecidos, prata, ouro, tudo o que puderam recolher. Na impossibilidade de carregar os móveis, destruíram-nos, partindo as estruturas de madeira e metal, estilhaçando os vidros, rasgando os adamascados. Os servos, selecionados a dedo e considerados de valor, foram amarrados e incorporados aos vencidos que seriam enviados a Roma para a triunfal passeata de chegada dos vitoriosos exércitos; os demais, a maioria velhos e estimados serviçais, inclusive a amorosa ama, foram sacrificados a certeiros golpes de espada. As crianças, entre elas seus irmãos, tiveram a mesma sorte, entre risos e chacotas ou em meio à indiferença.

O sangue escorrera sobre o piso de impecável limpeza, orgulho de sua mãe, objeto de constante zelo das serviçais. Sob o móvel, inutilmente procurara evitar o contato do pegajoso líquido, encolhendo-se.

Quantos dias ficara escondida? Ou teriam sido horas? Não saberia dizer, imersa em terror e estupefação. Calada, escancarados olhos, as vestes tintas de sangue dos amados, deixara de sentir fome ou frio, quedando-se imóvel, esperando...

Escutara-os partir, as vozes diluindo-se ao longe, sem coragem para abandonar o esconderijo. Aventurara-se, enfim, saindo para a luz do dia, afastando-se da casa com seus violados aposentos imersos em sepulcral silêncio, recusando-se a enfrentar a insuportável visão que sua pequenina idade intuía.

O sol da manhã, surpreendentemente, era o mesmo dos dias felizes, esquentando-lhe as trêmulas carnes. Pássaros cantavam nos galhos das enormes e conhecidas árvores e a brisa embalava as flores dos jardins poupadas do pisoteio dos animais e dos invasores. Custosamente chegara às estrebarias, o local predileto de seu pai. Vazias, desprovidas dos preciosos cavalos. A um canto, os corpos ensangüentados dos valorosos cães que haviam tentado proteger a propriedade e seus moradores.

Percorrera os jardins devastados, localizando sobre um dos bancos de mármore o corpo do gatinho de estimação, amorosa e inofensiva bola de macios pelos, que se enroscava em seu colo e partilhava de seu leito, agora inerte como os demais.

Revolta e dor sufocaram-na e seus gritos ecoaram na vazia propriedade rural, lamentos desesperados de alguém que enfrentava bem cedo os reveses e as maldades do mundo. Finalmente, deitara-se sobre a poeira do destruído pátio, encolhendo-se em fetal posição, buscando instintivamente o refúgio do ventre materno.

Assim os ciganos a encontraram e, julgando-a morta, carregaram-na para a enorme vala, junto aos falecidos da casa.

A caravana corria o mundo, fazendo dos carroções e das tendas, moradia e, das estradas, lar. Adentraram a arruinada propriedade, imaginando recolher algo que houvesse escapado à pilhagem romana. Vã tentativa, logo reconheceram. Percorreram a casa, horrorizados com a injustificada violência, contemplando apiedados as cenas brutais de morte e crueldade.

Sob as árvores do jardim, em local onde a terra se apresentava úmida e fofa, abriram extensa vala onde reuniram os mortos, em singela cerimônia. As pás de terra, de permeio com as flores colhidas pelas mulheres, foram recobrindo os corpos, ocultando a triste visão. Repentinamente, ao impacto dos torrões, a meninazinha gemera debilmente, sendo socorrida incontinenti pelos surpresos e improvisados coveiros.

– Está viva! Está viva! Vamos tirá-la daí... Pobrezinha!

Julgaram não escapasse. Embora não apresentasse ferimentos, extremas fraqueza e agitação minavam-lhe as forças, empurrando-a para o túmulo. As ciganas banharam-na, libertando-a das ensangüentadas e fétidas vestes, ministrando à enferma as poções de seu povo; a febre consumira-a durante muitos dias e, à sua cabeceira, quais anônimos anjos, as ciganas velavam, acrescentando orações ao tratamento, refrescando-lhe o ardente corpinho com banhos e compressas de ervas medicinais.

Finalmente, após sete dias, viram-na abrir os olhos verdes, mergulhando depois em profundo e reparador sono, do qual despertou curada.

Acarinhada, recebida como filha pelas famílias, recuperara-se. Solicitada a prestar informações sobre o ocorrido, negara-se, refugiada em obstinado silêncio. Compreendendo-lhe a dor, deixaram de importuná-la, ensejando que o tempo levasse para bem longe as torturantes recordações.

Os anos passaram. Sempre viajando, a caravana de ciganos percorrera longínquas e fascinantes terras. Com eles, a menina aprendera as artes e as ciências do misterioso povo, admirado e temido, lendariamente sedutor, depositário de segredos e fenômenos que atraíam e amedrontavam.

Bem cedo perceberam todos que a criança resgatada à morte era especial. Perguntada sobre seu nome, uma única vez mencionou-o: Raquel. Estranhamente, recusava-se a atender pelo mesmo, como se quisesse deixar para trás o que fora até o dia do massacre. Então, chamaram-na Esmeralda, motivados pela beleza dos esplêndidos olhos da meninazinha.

As mulheres ensinaram-lhe a leitura das mãos e das entranhas de animais recém-sacrificados, assim como a interpretação de presságios através da conjuntura dos astros. Então, imersa em letárgico transe, sentia-se desligada da terra, seu espírito alçado em vôos por estranhos lugares. Ouvia-se falando, predizendo, mas sabia-se longe dali, em incursões por ignoradas paragens. Quem por ela falaria então? Insatisfeita com as explicações singelas das companheiras, terminara por aceitar os dons, assim como acatara as perdas do passado, desistindo de questionar as razões.

Crescera em sabedoria e beleza.

Encantados com a rara inteligência e a sensibilidade da pequenina, os anciãos, depositários dos conhecimentos e ciências do nômade povo, cedo descobriram que fora destinada a projetos mais ambiciosos; afastando-se dos folguedos de infância, não raro Esmeralda vinha assentar-se a seus pés ou em seus joelhos, inquirindo com precoce argúcia. Divertidos com as insólitas pretensões e coragem da meninazinha, resolveram esquecer as restrições costumeiramente impostas ao sexo feminino, passando a ensiná-la com perseverança. A mente lúcida e brilhante descortinara um novo mundo, sorvendo vorazmente os conhecimentos, como se disso dependesse sua sobrevivência. Plantas medicinais, beberagens e tisanas, elixires e poções, massagens, terapias estranhas e eficazes, a tudo se dedicou, aprendendo e discernindo, com raro tato. Ademais, o contato com variados povos e suas culturas proporcionara-lhe a oportunidade de vivenciar uma multiplicidade de experiências.

Os dons mediúnicos, dilatados e aperfeiçoados pelos anos de estudo e dedicação, facultaram-lhe precisão e extrema sensibilidade, provocando respeito entre aqueles que lhe sabiam apreciar as faculdades com que fora agraciada ao encarnar.

Ensinaram-na a dançar desde pequenina, pois criaturinha com tanta graça e beleza certamente fora fadada a isso. A aluna suplantou as mestras! O espírito, como que ansiando libertar-se das constringentes amarras do corpo físico, pairava em sublimes vôos de inimaginável beleza aos sons dos instrumentos ciganos, conferindo ao corpo leveza e graciosidade incomuns. Tinha o dom de silenciar as platéias, retirando o melhor de seus corações, empolgando-as e despertando nobres sentimentos e emoções.

Surpreendentemente bela, encantava também pelas qualidades morais, que exalavam naturalmente de sua límpida e sábia alma.

A caravana seguia sempre viagem, parando a cada cidade que lhe parecesse conveniente, armando as coloridas tendas em aprazíveis locais junto às águas, ou simplesmente aportando os carroções. Dali dirigiam-se às cidades, vendendo artigos diversos, produtos da habilidade dos integrantes da comunidade: jóias exoticamente trabalhadas, panos bordados por habilidosas mãos, longos xales primorosamente tecidos, caldeirões, armas e, sobretudo, muitas ilusões. Música e dança, passado, presente e futuro, esperanças, sonhos...

A infância passara a fazer parte de um tempo distante, persistentemente recalcada. Os rostos dos pais e irmãos desvaneceram-se, envoltos em brumas e saudades. Os membros da caravana tornaram-se sua família e ela se integrara de tal forma à sua nova maneira de viver que se sentira pertencente à comunidade, ativa e participante. Amava-os, respeitando-lhes os valores e crenças, embora muitas vezes deles não compartilhasse. Em contrapartida, nunca se sentira discriminada. Sabia-se amada... Acatavam suas necessidades, estimulavam-lhe os dons, reconhecendo-os e com eles se alegrando, proporcionando condições para que vicejassem em campo seguro e felicitador. Protegiam-na, permitindo que desse livre curso a seus anseios de conhecimento, recebendo como natural a ascendência espiritual e moral que exercia sobre o grupo.

Olhando-os, dançando à luz das fogueiras, em complicados e sinuosos bailados, sentia-se grata e plena de ternura.

Deitada entre as almofadas, Esmeralda retornou ao presente. Os últimos dias haviam sido particularmente difíceis...

Roma.

A proximidade da importante metrópole, associada à figura dos invasores do ultrajado e destruído lar, despertara emoções e conflitos que julgara extintos e superados. Assim que soubera da rota, recolhida ao silêncio, recusara-se a abrir o ferido coração aos benfeitores. Conhecendo-os, sabia que se mudariam o destino da viagem, evitando-lhe sofrimentos, mas calou-se, sentindo que deveria vivenciar o confronto, submetendo a alma à dura prova.

Dia a dia se aproximavam da famosa cidade, palco de sonhos e desilusões de muitos. Ouvia-os falando, estabelecendo estratégias de negociação, apressando o trabalho de ourivesaria, principalmente. As mulheres, em agitada e expectante atividade, confeccionavam trajes e adornos para as danças e leituras da sorte. A riqueza da cidade das sete colinas os esperava!

Respeitaram-lhe o inusitado mutismo. Observando que não se aprestara a confeccionar vestes e adereços, as outras reuniram-se, fazendo-lhe as vezes: preciosos e diáfanos panos coloridos compuseram rico traje, bordado e rebordado. Os homens criaram as jóias de delicada beleza. Na véspera da chegada à cidade, aproveitando uma das saídas de Esmeralda do carroção, deixaram os presentes sobre o leito, junto com perfumoso ramo de flores do campo, atadas com fita de cetim.

Emocionada, ao voltar do banho no riozinho em meio ao bosque à beira do caminho, compreendendo-lhes a dedicação e a delicadeza de sentimentos, vestiu o primoroso traje, saindo da tenda, dançando ao luar, como se a todos agradecesse pelo amor incondicional. Jamais estivera tão linda!

Naquela noite, o sono foi quase que inconciliável e a manhã recebida com alívio. Cedinho, os integrantes da caravana de ciganos dirigiram-se à cidade famosa, transpondo suas portas. Ali seu coração disparou, à visão dos soldados que passavam, envergando trajes que lhe eram conhecidos. Refugiou-se no interior do carroção coberto, sentindo-se desfalecer. Dor e mágoa, revolta e ódio, desejo de vingança talvez...

A razão dizia-lhe que tantos anos haviam se passado e aqueles certamente não eram os mesmos homens, embora a similitude de vestuário. A inutilidade de represálias e a insensatez da revanche eram pensamentos constantes em seu interior sensível e bondoso. No entanto, uma parte de si sentia necessidade de retaliação...

Na praça enorme se distribuíram. As mulheres se posicionaram para as danças e, a cada apresentação, as moedas choviam sobre os panos com os quais haviam estabelecido improvisado palco. Certamente os romanos não eram avaros de sua riqueza! Sentia-se mal, a cabeça latejando dolorosamente, o coração apertado, mas forçou-se a sair da carroça coberta, enchendo-se de coragem, postando-se ao centro do improvisado palco. As dançarinas recuaram, cedendo-lhe prazerosamente a vez, conscientes de que ela estimularia a curiosa platéia a contribuir com generosidade maior, graças a seu talento e beleza. Não a invejavam, antes alegravam-se, cientes da justiça divina, que a cada um distribui os dons de acordo com critérios nem sempre compreensíveis aos mortais. Aceitavam-na, honrando-lhe atitudes e pensamentos.

Súbito silêncio estabeleceu-se na praça repleta e o círculo de pessoas se fez mais concentrado. Soldados aproximaram-se, juntando-se aos curiosos, interessados na encantadora visão; liteiras encostaram-se e delas olhares curiosos se alongavam... A moça cerrou os olhos, implorando mentalmente equilíbrio, pois jamais se sentira tão fragilizada, tão exposta. Os delgados braços se elevaram, acompanhando os primeiros passos sinuosos de dança, os véus se distenderam, impulsionados pelos movimentos e pela branda aragem da manhã; um suave perfume de flores invadiu os ares, fazendo-a recordar dos jasmins da casa de seus pais... Como doía! O passado voltou com força total e então, em meio ao povo, orgulhoso e forte, ela o enxergou! Em destacada posição, displicentemente apoiado aos punhos de uma espada, ele, o que comandara o ataque, o assassino romano! A seu lado, um jovem, certamente seu filho, pela semelhança de traços, que a fitava extasiado, visivelmente seduzido por sua beleza... Controlou-se para não perder a seqüência da dança, impondo-se disciplina, embora o peito se inundasse de insuportável dor, qual corrosivo veneno. Providencialmente, os músicos aceleravam os sons e ela imprimiu maior velocidade ao bailado, rezando para que tudo terminasse e pudesse correr para o carroção.

Sua mente divagava febril, somente o corpo executando maquinalmente os passos tantas vezes dantes repetidos. Aquele mesmo homem, mais moço então, comandara o assalto à casa paterna, permitindo e até incentivando o estupro da mãe, das irmãs, e a morte de todos, avalizando o saque e a destruição. Impossível esquecer sua fisionomia, pois o enxergara perfeitamente de seu esconderijo! Não havia engano!

Rosto impassível e pálido, sorriso fixo, continuou a dançar, ocultando sua mágoa, enquanto os olhos verdes não se desviavam de pai e filho. Nos olhos do homem visualizou surpresa e cobiça; nos do jovem, encantamento e ternura.

Aos últimos acordes, executou com precisão e maestria os derradeiros passos. Graças a Deus tudo terminara! Aplausos entusiásticos e pedidos ecoavam de todos os lados, mas ela os ignorou, mal agradecendo a chuva de moedas, das quais uma, cunhada em ouro, tocou-lhe a fímbria das saias e, em contacto com seus pezinhos desnudos, queimou como fogo. O oficial a lançara... Altiva e linda, perdeu-se no interior do carroção, onde os companheiros a encontraram desmaiada, as mãos geladas e os lábios estanques, as faces lívidas, o corpo abalado por vibrações violentas.

Assustados, retornaram todos ao acampamento, onde os anciãos a medicaram. Que teria ocorrido? Nenhum incidente desagradável sucedera durante a apresentação, afirmavam... Tudo fora bem, muito bem, a julgar pelo dinheiro arrecadado... Retornando à realidade, as lágrimas deslizaram pelas faces pálidas, em silencioso e continuo pranto, até que forte infusão de ervas calmantes concedeu-lhe a bênção do sono.

No dia seguinte, Esmeralda guardou o leito, indisposta e febril, permanecendo no acampamento enquanto os demais se dirigiam à cidade para os imprescindíveis negócios que lhes garantiriam a sobrevivência. Parecia-lhe vivenciar um pesadelo sem fim. No silêncio da tenda confortável, sobre as almofadas, escutando os sons da mata, uma vez mais regressou ao passado. Embora se esforçasse para mudar o rumo dos pensamentos, a mente recusava-se a abandonar as aflitivas idéias de revanche e a figura do soldado não a abandonava, desequilibrando-a. Assassino! Pior, muito pior, pois autorizara o hediondo massacre de inocentes, em desnecessária violência. Lembrava-se dos irmãos. Tão pequeninos! Teriam sido todos mortos? Será que algum não sobrevivera, como ela? A incerteza atormentava a moça... Desarmonizada, submetida ao assédio das sombras, debatia-se, entre lágrimas e gemidos, sentindo-se novamente criança, o sangue a lhe empapar as vestes, impotente perante tanta crueldade gratuita.

Semi-inconsciente, sentiu que mãos frescas e suaves tocaram-lhe as faces afogueadas e a escaldante fronte. Ao mesmo tempo, braços amorosos a envolveram, aconchegando-lhe a dolorida cabeça ao colo. Bem-estar infinito substituiu as cruéis emoções. Deixou-se embalar, como se criança fosse novamente, criança no regaço da mãe. A mãe, a mãezinha idolatrada, tristemente aviltada e morta... Será? Estava sonhando, um sonho bom e lindo... Abrindo com esforço os olhos, fitou-a.

Envolta em fluorescente claridade, pareceu-lhe um anjo com as feições da mãe. Nos cabelos escuros, presos em longas e grossas tranças, flores de impressionante beleza, desconhecidas a ela, de transparentes e alvas pétalas. Um perfume, a fragrância predileta de sua mãe, envolveu-a em doces e balsamizantes emanações.

A angelical criatura consolava-a, estimulando-a ao perdão libertador, mencionando o nome de Jesus. Quem seria Ele? A mente confusa indagava sobre este Homem, de quem nunca ouvira falar. De onde O conhecia?

Adormeceu, ainda no colo da mãe. Sentiu-se elevada aos ares, como se asas tivesse, e no leito, o corpo, o seu corpo, adormecido e quieto. Longo e flexível filamento prateado a ligava a ele, mas mesmo assim a sensação de liberdade perdurava... De mãos dadas com a mãezinha, deixou-se conduzir confiantemente, percorrendo os espaços com rapidez e segurança. Podia voar!

Surpresa, constatou que outros também trilhavam os mesmos caminhos, em extensa e luminosa caravana.

O enorme anfiteatro, localizado em meio a magníficos jardins de indescritível beleza, ornados de flores e murmurantes fontes, estava quase que totalmente tomado quando se acomodaram sobre os confortáveis assentos. Perfumes sutis e extremamente agradáveis distendiam-se nos ares e suave melodia tranqüilizante completava o cenário de sonho.

Recusando-se a abandonar a mão da genitora, aguardou ansiosa o desenrolar dos acontecimentos. Flores e mais flores, todas níveas, adornavam o ambiente, em caprichosos arranjos, enroscando-se nas colunas de mármore que sustentavam a construção. Atreveu-se a esticar os dedos, tocando delicadamente as pétalas: eram aveludadas ao toque, quase que cálidas. Olhando a mãe, notou que eram iguais às que lhe adornavam as madeixas. Incrível... Suspirando feliz, aconchegou-se, deixando-se levar pela beleza do momento, entregue às vibrações de paz e amor do recinto.

As palavras faziam-se desnecessárias. Os sentimentos impunham-se relevantes e a comunicação entre ela e a mãe transcendia meros sons, em contínua sintonia, como se as almas se entrelaçassem.

A noite se fazia e, sobre o imenso cenário, semelhante ao luar da Terra, porém de superior beleza, suave claridade em azul e prata mergulhava-os em um oceano de delicada luz.

Um homem se destacou à frente da assembléia, convidando-os à oração. A energia que dele emanava penetrou-a em ondas de amor e ela sentiu-se leve, plena... Os termos da prece caíram como bálsamo sobre as feridas do passado e as lágrimas, isentas finalmente de revolta, lavaram os ressentimentos, afastando as idéias infelizes de vingança. Como era bom!

Ele citava Jesus e, subitamente, o nome não era mais estranho aos seus ouvidos. Como pudera esquecer, enveredar nas dores do mundo, alhear-se às reais finalidades de sua experiência encarnatória? Como pudera olvidar a doce figura do Mestre amado, ignorar a árdua e redentora tarefa a que se dispusera antes de reencarnar em cenário terreno?

A voz da veneranda criatura ecoava pelo imenso recinto, ocupado por encarnados e desencarnados, estes em inequívoca tarefa de assessoramento e auxílio àqueles. Observando com maior atenção, reconheceu os que se achavam em roupagem carnal pelos longos filamentos prateados, destinados à união aos corpos que se haviam quedado em sono, enquanto os espíritos livres, envolvidos com superiores ideais espirituais, adentravam reuniões expressamente destinadas ao avivamento dos compromissos e à reposição de energias e ânimos. A Espiritualidade maior reconhecia as injunções da carne, couraça a lhes envolver os espíritos, enfraquecendo os propósitos, limitando as ações e, muitas vezes, anestesiando nobres propósitos, reduzindo-os à mediocridade da matéria. Ao lado dos trabalhadores na Seara do Mestre, espíritos dedicados ao bem, em laços profundos de amor, imbuídos das idéias e posicionamentos do Divino Emissário, acompanhavam-nos, amparando e protegendo.

Desviando os olhos da atenta platéia, Esmeralda concentrou-os no instrutor, que prosseguia:

– Prezados irmãos em Cristo, a paz do Mestre esteja convosco!

Mais uma vez nos reunimos, confiantes no trabalho a ser desempenhado sobre a crosta terrestre, sabendo-o importante e necessário à evolução do planeta. Nosso Mestre, neste instante, percorre as trilhas da Galiléia, levando Sua doutrina de amor e libertação. Os esquecidos da sorte, os deserdados do mundo, os sofredores, os excluídos, todos estão sob o efeito de Sua trajetória luminosa. A par destes, espíritos encarnados em condições evolutivas mais adiantadas, com maior entendimento das lições de Jesus, preparam-se para quando o Mestre retornar à Pátria Espiritual. Então, iniciar-se-á a missão deles sobre a Terra! Por enquanto, Jesus percorre os caminhos, curando almas e corpos, ensinando... Breve Ele se oferecerá para o testemunho das verdades que tem pregado e se iniciará a fase de difusão doutrinária da qual se encarregarão muitos, todos irmanados na tarefa de pacificação das criaturas encarnadas na Terra.

Todos vós estareis brevemente, se isso já não aconteceu, em contato com o Divino Missionário do Amor. Todos vós recolhestes sobre os ombros, com sublimes imperativos de humildade e renúncia, a árdua tarefa de auxiliarem na propagação dos redentores ensinamentos do Cristo após Sua partida. A hora se aproxima, meus irmãos; sois, certamente, os trabalhadores da derradeira hora, chamados ao exercício da verdadeira caridade, aquela que ilumina e liberta o ser. Carregareis, por toda a existência, a candeia que possibilitará que a luz se espalhe por remotos lugares, subtraindo as trevas. Muitos estais ainda alheios aos reais compromissos assumidos, persistindo nas lutas opressoras do envoltório carnal. A hora se aproxima, repetimos. Reavivemos, uma vez mais, as diretrizes sublimes, reponhamos as energias, plantemos em firme solo nossos pés, edificando seguro edifício de nossas crenças e valores renovados à luz da Boa Nova. Sabemos que muitos, sob a couraça entorpecedora do veículo carnal, preferirão os momentaneamente prazerosos envolvimentos da matéria, afastando-se dos propósitos redentores. Respeitamos os posicionamentos e as condições evolutivas de cada um, embora saibamos que tais atitudes resultarão em séculos de atraso evolutivo, provocando inevitáveis sofrimentos futuros, frutos das opções inadequadas de cada um, apesar da bondade do Pai. A cada um de vós, o livre arbítrio!

Quando retornardes ao receptáculo carnal, recordar-vos-eis vagamente deste encontro e estareis mais susceptíveis à orientação superior, cabendo-vos analisar e acatar ou rechaçar as instruções advindas da Espiritualidade. Ainda uma vez, o livre arbítrio! Aquilo que comumente classificais como "acaso" será sabiamente acionado, provocando o surgimento de conjunturas necessárias ao estabelecimento de premissas para tarefas próximas e de suma importância. Assim, saibamos entregar-nos ao Mestre plenamente, de corpo e alma, colocando nossas vidas e nosso trabalho em Suas Mãos. Agora, unamos-nos em prece, reconfortando nossos corações, iluminando nossas mentes, cientes de que jamais estaremos desamparados, principalmente nos momentos de sofrimento e das indescritíveis alegrias do dever cumprido.

Angelical coro de vozes encerrou a reunião. Extasiada, Esmeralda elevou os olhos para o firmamento repleto de estrelas. Suave chuva de pétalas de flores alvas e perfumadas desceu sobre a comovida platéia. Delicadamente, a cigana recolheu na palma das mãos uma delas, levando-a aos lábios, sentindo-lhe o perfume suave. Sentiu-se puxada, como se algo a obrigasse a retornar ao corpo adormecido. A visão da mãe se diluiu, persistindo o bem-estar e a emoção...

Amanhecera. Sobre o leito, pensativa e calma, esforçou-se em adentrar os mistérios da memória, repensando os fatos do dia anterior. Recordava-se imperfeitamente da mãe e do toque terno de suas mãos... Um lugar, um lugar de excelsa beleza e flores, pétalas de flores, perfumosas e cálidas, caindo dos céus, quais níveos flocos desprendidos de luminosas estrelas... Abriu lentamente a mão, como se procurasse algo. Pequenina pétala branca, ainda fresca e cheirosa, deslizou para os lençóis... Alguém lhe trouxera flores durante o delírio febril, pensou...

Tocando as faces, compreendeu que a febre havia passado. Bem disposta, esgueirou-se pelo acampamento silencioso, pois todos ainda dormiam, dirigindo-se à queda d'águas para o banho, volvendo ao leito antes de os companheiros despertarem.

Uniu-se ao grupo para o desjejum, resoluta e sorridente, decidida a enfrentar os fantasmas do passado. Sentia-se maravilhosamente em paz após os longos anos de ansiedade e a expectativa de importante acontecimento a assaltava como algo bom. O medo se fora, cedendo lugar à esperança, ao desejo de viver cada momento e ser feliz...

Roma acolheu-os com seus esplendores e misérias. A moça olhou a cidade com renovados olhos, as pessoas assumindo novos aspectos e importância. Reuniram-se uma vez mais na bela praça e as mulheres passaram a oferecer seus dons, convidando os cidadãos à leitura das mãos e as revelações do presente, passado e futuro. Em transe, a jovem percorria com os delicados dedos as palmas estendidas e suas palavras provocavam espanto e admiração. Naquela manhã, acrescentava à consulta incomuns e interessantes conotações, conselhos que denotavam serem superiores demais para sua juventude. Suave luminosidade parecia envolvê-la e sua beleza resplandecia.

Forte mão colocou-se entre as suas. Apavorada, constatou-a lavada em sangue; as gotas rubras escorriam por entre os dedos do homem e manchavam seus vestidos coloridos e rodados. Sequer precisou fitá-lo... Era ele, o assassino de sua família! Sentiu-se tonta, a cabeça girando, girando, os sentidos abandonando-a, as pernas fracas, o corpo resvalando suavemente para a poeira do solo... Braços fortes e ansiosos resgataram-na, tomando-a ao colo, ajeitando-a cuidadosamente em luxuosa liteira, aproximando-lhe dos lábios reconfortante taça de vinho.

Sentia-se imersa em letárgico torpor. Intentando fugir, correr, reconhecia-se impossibilitada de fazê-lo, o corpo recusando-se a obedecer às ordens da mente, paralisado. Vislumbrava os traços preocupados do mesmo jovem que acompanhava o oficial romano por ocasião da dança, percebia-o aflito, preocupado...

Docemente imergiu em profunda e confortadora calma, sentindo-se subitamente segura, protegida pela figura materna que sorridente lhe recomendava entregar-se aos desígnios do Pai e confiar.

Agora os ciganos cercavam a liteira, procurando retirá-la das luxuosas almofadas, surpreendidos com o novo desmaio. Há pouco estava tão bem! Com muito tato e bom senso, o jovem romano acalmou-os, convencendo-os da urgência de cuidados profissionais, oferecendo os préstimos do médico da família. Notando a desconfiança nos olhos que o analisavam, sugeriu a presença de algumas das senhoras junto da desmaiada jovem, assegurando assim suas boas intenções, providenciando, com um simples gesto em direção a um servo postado à sua retaguarda, o transporte para as mesmas.

Na luxuosa vivenda, acomodada entre linhos e rendas, já consciente, imensa prostração apoderou-se de Esmeralda. O médico, providencial e espiritualmente assessorado, diagnosticou profundo abalo emocional, receitando repouso e sedativos, principalmente à base de plantas, acolhendo com prazer as indicações de velha cigana que se fizera uma das acompanhantes da linda doente.

Guardou o leito durante dias, mergulhada em profundo e benéfico sono. A febre ainda estava presente, requisitando cuidados, mas se descartaram as hipóteses de infecções. Nas palavras do bondoso doutor, nada que o tempo não curasse... Temeroso de qualquer contágio, o romano sugeriu ao filho que a mandassem de volta ao acampamento, encontrando férrea e decisiva recusa, o moço insistindo em dela cuidar pessoalmente, alheio às recriminações e conselhos do aflito pai, desesperado, a seu ver, com tamanha insensatez e teimosia.

Sete dias depois, estava totalmente recuperada, embora ainda debilitada. Sustentada pelos vigorosos braços do jovem romano, percorria os jardins, acomodando-se nos alvos bancos de mármore ou debaixo de perfumados caramanchões em flor. Os amigos ciganos vinham vê-la diariamente, preocupados com sua saúde e saudosos, ansiando em levá-la para o acampamento. Das mulheres, somente uma, precisamente a velha cigana, permanecera na vivenda para dela zelar. Lucius negava-se a aceitar que Esmeralda se fosse, pretextando a necessidade de mais consultas médicas, de acompanhamento, de maior conforto... Observando que a protegida se calava, os ciganos aguardavam que se pronunciasse; para espanto de todos, esta parecia conivente com a situação, aceitando a proteção do belo moço. Constatando-a bem, aparentemente feliz, e também porque a grande e rica cidade lhes fornecesse campo fértil de trabalho, resolveram adiar a partida.

Os meses foram se arrastando. Para alívio de Esmeralda, o dono da casa estava constantemente ausente, em campanha pelas numerosas regiões que integravam o vasto império romano. Livre da sua angustiante presença, a gentileza de Lucius e suas demonstrações de amor conquistaram-lhe o coração. Primeiramente, apavorou-se, por ser ele filho do assassino de sua família, do romano que comandara o massacre injustificável. Como pudera tal fera gerar criatura tão diferente, com sentimentos completamente diversos? O jovem era benevolente, calmo, carinhoso, justo... Estava apaixonada! Uma voz íntima lhe recomendava perdoar e esquecer os fatos dolorosos.

Repentina mudança acelerou os acontecimentos. Honrosa promoção destinou o rapaz à prestação de serviços na distante Judéia, irredutível nação conquistada pelos exércitos, cenário de muitas riquezas e rebeldia. Refutando a separação iminente, o moço contatou o pai em distantes terras, informando-o de sua decisão de desposar a linda cigana, convencendo o hesitante genitor a aceitar as núpcias com a misteriosa e obscura jovem, insistindo em que a outra não aceitaria como consorte. Embora almejando partido de maior destaque social e financeiro, o orgulhoso romano cedeu às afrontas do persistente filho ao lhe constatar a inflexibilidade. Que fazer?! Aquele era seu único filho e nada lhe conseguia negar! Em missiva entregue por veloz mensageiro, registrava:

– Casai-vos, já que não me ouvis as justas considerações! Além do mais, sempre poderemos afastá-la de nossas vidas, alegando como motivo seu passado obscuro, sua origem desconhecida... Quereis? Diverti-vos, pois! Fecharei meus olhos para tamanha doidice!

E encerrava a mensagem acrescentando:

– Cansar-vos-eis e então resolverei a questão de meu jeito!

Lucius destruiu o pergaminho que percorrera extensos caminhos, queimando-o, cuidando para que Esmeralda dele não soubesse... Não a queria triste... Ademais, embora amasse o pai, não compartilhava de suas idéias!

Realizaram-se os esponsais de forma discreta, obedecendo aos desejos do par, ansioso em se furtar a olhares e julgamentos. Pela distância e pelo preconceito, o orgulhoso romano não compareceu à cerimônia. Alegrava-se em estar bem longe, uma vez que temia comentários, zeloso do bom nome de família agora compartilhado por uma cigana! À meia voz, pressagiava:

– Esposas morrem facilmente, se preciso!

Quanto à Esmeralda, guardava cuidadosamente o angustioso segredo, temendo fazer sofrer o esposo amado. Despediu-se daqueles que a haviam criado como filha, assegurando que jamais os esqueceria. Na hora em que abraçou o ancião mais antigo, o maior responsável por sua formação desde que a haviam recolhido da vala mortuária, os olhos do velho cigano se turvaram momentaneamente e de seus lábios saíram palavras proféticas:

– Tornarás por teus pés e tua vontade, minha querida! Uma vontade maior, aquela que emana do Criador, guiará tua volta!

A moça estremeceu, pois tencionava permanecer ao lado do homem amado para sempre, ter filhos, envelhecer junto a eles e aos netos, talvez aos bisnetos... Amar e ser amada! Surpresa, afastou-se, entre abraços e acenos de mão.

Encantou-se com a agreste beleza da região onde passariam a viver. Sua alma, que já passara pelas dificuldades da conquista violenta, conhecendo o poder avassalador e cruel dos romanos, entendeu as dores do povo dominado. Ninguém lhe conhecia a história triste, somente os ciganos e ainda assim parcialmente... Que saudade deles! Quanta gratidão! Guardara o primoroso traje com que a haviam presenteado, o que usara em sua última dança, juntamente com os adereços, sentindo que um dia talvez ainda pudesse usá-los. Recriminava-se daqueles pensamentos, pois conhecia seus deveres como esposa de um promissor e jovem oficial de Roma, detentor de títulos e enorme fortuna. A ela caberia acompanhá-lo sempre, acatando e respeitando os costumes romanos. Além do mais, amava-o! Muito fizera ele, denotando rara fortaleza de alma e nobreza de sentimentos, ignorando-lhe a obscura origem, amando-a acima dos interesses e preconceitos de uma sociedade materialista. Cabia-lhe honrá-lo, estabelecendo um lar com filhos, seguro porto onde ele se recuperaria dos embates da vida pública. Sentia-se feliz, imensamente feliz, ao lado do homem amado e não entendia a estranha sensação de perda que a afligia às vezes. Provavelmente estava se deixando influenciar pelo que ouvira na hora da despedida...

Naquela manhã ensolarada e fresca, decidira a realizar algumas visitas sociais de praxe, de conformidade com os impositivos decorrentes do cargo exercido pelo consorte. Conquanto não as apreciasse particularmente, cumpria-lhe desempenhar seus deveres com boa vontade, preparando o espírito para o que adviria, fúteis conversações e interesses, estimando poder repassar àquelas senhoras algo de nobre e útil. Contemplou-se na polida superfície em que se espelhava, constatando que sua imagem sugeria beleza e luxo... Lindo vestido aquele, em suaves tons de água, refletindo a cor de seus imensos olhos claros... Quando imaginaria se vestir de seda e se adornar com preciosas gemas? Dispensou as prestativas servas com delicado gesto da afilada mão, acomodando-se em confortável triclínio, permitindo que o pensamento vagasse: "O passado jaz morto, enterrado... Finalmente acredito haver suplantado a tragédia... Amo, sou amada, possuo tudo o que o dinheiro e o poder podem proporcionar a uma mulher em termos materiais. Por que então esta sensação de vazio, de ausência de plenitude? De onde vem esta saudade estranha que me assalta o coração, que chega suavemente, sem que eu saiba de quem ou do que sinto falta?"

A escrava interrompeu-lhe a reflexão, avisando:

– Senhora, prepararam a liteira, como solicitastes... Estão aguardando vossas ordens.

Entre sedas e almofadas, Esmeralda novamente se alheou, somente atentando para o exterior quando os hercúleos escravos pararam definitivamente. Colocando a cabeça para fora, surpreendeu-se com o ajuntamento de pessoas, coalhando a praia e se espalhando por entre os casebres de pescadores. Impossibilitada de se infiltrar na massa humana, ordenou a um dos servos que averiguasse o motivo da concentração popular. Rapidamente a resposta chegou:

– Um profeta, senhora, um rabi... Dizem que realiza milagres em nome do Deus único dos hebreus. Nós mesmos conhecemos alguns que foram por ele beneficiados, tendo curado os corpos de doenças desconhecidas de nossos médicos. Expulsa os demônios, faz mudos falarem, reanima os mortos...

O lado místico do povo cigano agitou o sangue da bela Esmeralda. Ela mesma não dispunha de dons? È bem verdade que se achavam esquecidos, abandonados, sufocados... Como esposa de um rico e importante romano, estava impossibilitada de ler a sorte, decifrar os sinais da natureza, profetizar...

Descendo da liteira, forçou a passagem, vendo que lhe abriam caminho, provavelmente impressionados com sua beleza e os trajes de patrícia romana. O Homem estava sentado em um dos barcos ancorados à beira-mar, silencioso, calmo, observando a multidão. Os pedidos e súplicas enchiam os ares. Qual seria Seu nome?

Jesus, chamavam-nO Jesus.

Subitamente alerta, o inconsciente acusou o registro do nome, em circunstâncias anteriores. A lembrança da mãe veio-lhe à mente, associada à menção do Pregador. Circunvagou os olhos, condoída, observando as pessoas, constatando-lhes as mazelas. Quem seria aquele Homem que se propunha a aliviar tantos oprimidos? Como teria

Ele coragem de se oferecer para tão difícil empreita? Crianças enfermas, cegos, aleijados, velhos cobertos de chagas e decrépitos, infelizes amparados em muletas, alienados mentais e mais, muito mais...

Um halo de luz envolvia a Criatura e Esmeralda mergulhou em Sua figura serena e bela, atenta a cada detalhe, fascinada com Seus olhos claros, Seus cabelos sedosos da cor da amêndoa... Indescritível nobreza acentuava-Lhe a formosura e ela se perguntava quais motivos teria Ele para desempenhar tal tarefa. Até então, somente vislumbrara interesses escusos e cupidez naqueles que se propunham a auxiliar os menos favorecidos, sempre deles tirando alguma coisa, explorando-lhes a ingenuidade. Estranhamente, o Profeta não parecia aquele tipo de pessoa... Suas palavras diziam de um Amor a que a Humanidade não estava acostumada, falavam de uma vida futura...

Teria o Desconhecido exata noção dos perigos que enfrentaria, contrariando as idéias da época, ousando revelar o Amor como solução para todos os problemas e necessidades do ser?

Temeu por Ele! Coração apertado, concentrou-se em Suas falas e elas assemelharam-se a cristalino jorro de verdades, carregando para bem longe ultrapassados conceitos, afastando temores. Mencionava um reino de outro mundo... E que mundo! Amor e paz, perdão aos inimigos, esquecimento de ofensas! Já ouvira isso antes! No entanto, pela primeira vez O encontrava... Onde já ouvira isso? Certamente em outro lugar, talvez nesta outra dimensão por Ele mencionada...

Repentinamente, em meio à multidão silenciosa, o passado retornou com força total. Novamente criança, debaixo do móvel, o massacre, a destruição de tudo o que lhe era caro, a mágoa que persistia em seu coração. Casara com o filho do assassino, o responsável maior por tudo! Estaria fazendo o certo ou simplesmente cedendo egoisticamente aos anseios de seu corpo, de sua alma? Percebeu então que nada estava realmente resolvido dentro de si, somente recalcado, aguardando que algo maior ocasionasse uma catarse! Nos olhos claros de Jesus encontrou os caminhos e trilhas do perdão incondicional. Como retirara Ele dos possessos os espíritos impuros, auxiliou-a a expurgar os derradeiros venenos da mágoa e do ressentimento, abrindo caminho para a missão que lhe iluminaria os dias. Naquele instante, aos pés do Mestre, uma visão: Esmeralda, a cigana, envolta nos trajes da gente que a acolhera como filha amada, levando as palavras de Jesus, o Senhor de Sua Alma, às mais distantes paragens!

Como? Não o sabia...

Foram horas de encantamento. Escutando-O, reviu-se no Mundo Espiritual, preparando-se para a tarefa de renúncia e amor.

Entardecia quando retornou à casa, encontrando o jovem esposo extremamente preocupado com seu sumiço e demora, intentando reunir tropas para procurá-la. Nada lhe contou, ainda não era a hora, sentia-o. Haveria um momento exato em que o Mestre dele se aproximaria, através de suas palavras provavelmente, e ele se daria conta da Verdade. Talvez ele já O conhecesse, à semelhança do que com ela sucedera! Afinal, apesar de romano e politeísta, suas atitudes condiziam com os ensinamentos do Mestre, sem dúvida...

Coração totalmente liberto das dores do passado, amou-o ainda mais, como se o encontro com o divino Rabi lhe tivesse proporcionado amplitude de visão e sentimentos.

Dias depois, o sogro adentrou a casa confortável e rica, em viagem àquelas paragens. Fitando-o, envelhecido e rude, apiedou-se, compreendendo a infância daquela alma, atada ao materialismo. Jesus jamais estivera tão perto e presente em sua existência! Acomodou o alquebrado oficial nos melhores aposentos, acompanhando-o com ternura, escutando-lhe as falas eivadas de episódios de posse e conquista, sangue e destruição, completamente vazias de ternura e compreensão.

Ouvindo-o, conheceu-lhe os ainda sombrios caminhos da alma. Pobre criatura, pesadamente atada às necessidades da matéria, alheia aos sublimes vôos do espírito, somente se interessando por poder, riqueza, posição social, opinião dos outros... Prisioneiro das ilusões mundanas, subjugado pelas atrocidades que cometera e aprovara, sequer se apercebia de sua real condição!

À noite, ainda que seus aposentos guardassem relativa distância dos dele, escutava-lhe os pesadelos, extravasados em discussões, gritos e gemidos. Observava-o bebendo até altas horas, buscando anestesiar o corpo e a mente com os vapores etílicos, para então, apoiado aos serviçais, deixar-se conduzir até o leito, onde desabava, naufragando na inconsciência.

Em uma das vezes, assustados com o terror manifesto nos brados que partiam do quarto, os esposos adentraram o recinto, intentando despertá-lo. Ela enxergou então as companhias espirituais que o assediavam, sedentas de vingança, as vítimas de sua ferocidade em nome da supremacia do império romano. Eram tantas! Compadecida, tratara de se acomodar em uma das poltronas, gentilmente dispensando o envergonhado e inexperiente companheiro, entregando-se à oração, suplicando ao Mestre e aos benfeitores espirituais que amparassem os sofredores que ali estavam, em ciranda de dores, sob o domínio das idéias de vingança! Como que por milagre, o aposento se enchera de claras criaturas. Dentre elas, a mãe, a sua mãezinha! Cercaram o leito em que o sogro se debatia como se mil chicotes o fustigassem e, sem que os envolvidos no drama obsessivo o percebessem, iniciaram o trabalho de emissão de fluidos calmantes, conseguindo asserenar a todos. Depois, foram-se, somente restando aos pés do leito, a mãe com uma auréola de luz, a destra ainda estendida sobre o alcoolizado corpo, em vibrações socorristas.

Três anos decorreram.

A doença encarregou-se de prender ao leito o indomável conquistador romano. O corpo outrora musculoso e altaneiro abriu-se em chagas pestilentas, pútridas úlceras que lhe rompiam as carnes e nunca cicatrizavam, apesar dos cuidados médicos de toda ordem. Os amigos afastaram-se, os servos evitavam a designação de dele cuidar, de longe se sentia o odor... Além do filho, duas criaturas o acompanharam na hora de expiação, plenas de amor e reconforto: na Terra, a esposa de Lucius, meiga criatura que um dia calara o segredo de infância, agora totalmente esquecida das ofensas, reconciliada com o algoz, tendo-o como pai muito querido; no Mundo Espiritual, a doce figura da mãe de Esmeralda, espírito de elevadas conquistas, anjo de perdão e amor a prestar voluntário e inestimável amparo ao bom cumprimento das etapas de redentor sofrimento.

Sobre a cama, em dores atrozes, humilhado com o abandono e a rejeição, concordou finalmente que lhe falassem de algo maior, transcendendo a materialidade de cada existência, bens que o ser juntava graças a conquistas muito mais difíceis do que as empreendidas de espada em punho, pois combatidas contra um inimigo muito mais forte e persistente: as próprias imperfeições espirituais. Suave e perseverantemente, Esmeralda começou a apresentá-lo a Jesus, repassando-lhe sublimes e libertadoras lições. De início descrente e receoso, paulatinamente foi se deixando envolver pela consoladora presença do Mestre, terminando por albergá-lO no coração.

A moça não mais vivia unicamente em função da Terra; espírito voltado para a Verdade, alçava-se em vôos aprimorantes, recolhendo de iluminadas fontes os conhecimentos sobre a Doutrina do Mestre. Sua alma preparava-se para a missão a que se dispusera antes da reencarnação!

Ao desencarnar o sogro, gratamente constatou que a criatura que partia era muito diferente daquela cuja lembrança a aterrorizara nos dias de infância. Aceitara a presença do Cristo em sua existência, arrependendo-se sinceramente dos feitos cruéis, resgatando através do sofrimento resignado de muitos anos grande parte de seus débitos, contribuindo positivamente para o esclarecimento e iluminação dos obsessores, tão infelizes quanto ele, ou talvez mais. Pensamentos, palavras e ações transformados e dignificados ocasionaram a mudança nos relacionamentos, permitindo que criaturas envolvidas em laços de ódio e culpa se reconciliassem, possibilitando o perdão e o esquecimento de ofensas ou, pelo menos, o abandono de represálias e o repensar de conceitos e crenças.

Seis meses depois da desencarnação do genitor, abandonava o cenário terrestre o espírito daquele que fora o esposo amado da bela Esmeralda, vitimado por súbita e desconhecida enfermidade. Ela o pranteou sentidamente, embora, bem no fundo de seu coraçãozinho, soubesse que o esposo findara sua tarefa naquela existência e que nada mais justificava sua presença entre os encarnados. Pelos doces caminhos do amor entre um homem e uma mulher ele se tornara o abençoado elo de ligação entre a meninazinha traumatizada e seu algoz, viabilizando bem sucedido processo que culminaria com a modificação de uma alma profundamente devedora e a consagração de outra ao Amor incondicional. Gratidão, amor e saudade se entrelaçavam e a bela Esmeralda rendeu ao valoroso espírito que se libertava do corpo carnal as homenagens que a sociedade prescrevia e as que seu coração amoroso impunha.

Após os cerimoniais fúnebres, na casa enorme e silenciosa, ela se dirigiu ao baú prestimosamente guardado, retirando os trajes coloridos. Usara-os na primeira vez em que vira o amado, com aquelas vestes localizara a figura odiosa em meio às gentes e vislumbrara a ternura nos olhos de Lucius! Os braços do amado a haviam levantado e ela ainda podia senti-los, fortes e protetores, a lhe envolver o delgado corpo, resgatando-a do improvisado palco. Então, seu espírito ainda se agitava nos estertores da mágoa e do desejo de vingança e as coisas do mundo a atingiam, minando-lhe o precário equilíbrio. A figura do Mestre veio-lhe à mente e ela rememorou a serenidade com que Ele palmilhava os caminhos, em contato com o mundo, interagindo com as pessoas, doando-se, compartilhando, sem jamais se deixar constranger ou contaminar. Quanta mudança, meu Deus! Jesus, o doce Rabi, fora crucificado, o sogro se modificara, deixando saudade em seu coração; Lucius, o seu Lucius, também se fora...

Acariciou o tecido, percebendo que a hora chegara. Vestiu os belos trajes, olhando-se na superfície polida, reconhecendo-se a mesma de outrora, a cigana Esmeralda! Continuava formosa, como se o tempo para ela houvesse parado: nenhuma ruga, nenhuma mancha na pele perfeita, o corpo delgado, a aparência viçosa, os olhos verdes e brilhantes na face pálida, os cabelos presos em elaborado penteado... Soltou as longas e negras madeixas, balançando energicamente a cabeça delicada, e eles se espalharam pela costas, em anéis sedosos. Ensaiou alguns passos de dança... A mesma Esmeralda! No entanto, sabia-se diferente por dentro, apta para a árdua missão de toda uma existência! Sentou-se, deixando que seu espírito se elevasse em silenciosa prece de agradecimento: pelos companheiros que a haviam resgatado da casa devastada, criando-a com carinho e responsabilidade; pelo esposo amado que lhe proporcionara amparo e ternura; pelo sogro que lhe servira de instrumento de aprendizagem e evolução, pois com ele exercitara a maior das conquistas, o perdão; pelos benfeitores espirituais; pelo Mestre amado que lhe ensinara o caminho e a verdade da vida.

Rapidamente, desfez-se do imenso patrimônio, destinando a quase totalidade aos necessitados, reservando-se somente o necessário para as despesas de viagem. Parentes, não os tinha; de nada precisaria a não ser do Cristo e sabia que a divulgação de Sua doutrina prescindia de bens materiais, exigindo somente o maior dos bens espirituais: o Amor.

Sabia onde os ciganos estavam, pois com eles mantinha contato em sonhos. Corria o mês de maio uma vez mais. Entardecia e o céu de abria em cores. Por um daqueles acasos providenciais, novamente a caravana cigana estava acampada no mesmo local do início de nossa narrativa. De um ponto mais alto, avistava-se Roma. Os risos e o cheiro bom de ensopado enchiam os ares. As primeiras estrelas brilhavam timidamente quando a jovem adentrou o acampamento; as labaredas da fogueira iluminavam os bailarinos e Esmeralda se incorporou à roda dançante, como se nunca a houvesse abandonado. Os últimos anos resumiam-se em preparo para a divulgação da Boa Nova!

A caravana cigana continuou a viajar, a muitas terras levando o sedutor encanto e a magia do nômade povo. Aquela, em especial, contava com a presença belíssima de uma mulher de verdes olhos e longos cabelos negros, de suaves mãos, cujo contacto aliviava as dores do corpo e da alma, e de suave e sábia voz. De forma doce e enérgica, paciente e perseverante, espalhava a Boa Nova, levando Jesus às almas que por Ele ansiavam, aos que se debatiam nos abismos da desesperança e da descrença de uma destinação maior para o ser humano.

Viajando, Esmeralda levou as palavras do Mestre a lugares distantes, amparando e consolando. Candeia na noite escura, assim Ele o dissera.

Depoimento

Em meio aos sofrimentos atrozes, aqueles que dilaceram a alma e alquebram o corpo, comumente nos julgamos sós, abandonados pelo Criador, ínfimos perante a grandiosidade das tempestades que açoitam nosso coração. Séculos se passaram, todavia aquela encarnação persiste particularmente em minha memória, provavelmente porque ela delimitou o antes e o depois. Os trágicos acontecimentos quando criança haviam influenciado o surgimento de uma pessoa adulta temerosa de encarar seus problemas, sempre preocupada em ocultá-los dos outros e principalmente de si mesma. Por conjuntura daquilo que costumais chamar de destino, reencontram-se os personagens do massacre de anos atrás. Estávamos frente a frente! Com o apoio da Espiritualidade e da doutrina do Nazareno, conseguimos suplantar o passado e trabalhar nossos sentimentos, culminando com a trajetória daquela a quem aqui conheceis como Esmeralda, a cigana, pelos caminhos, levando a distantes regiões a doutrina do Mestre.

Felizes dias aqueles! Liberta dos apegos da matéria, permiti-me amar sem esperar retorno, espalhando aos quatro ventos as palavras de Jesus, clareando mentes e dulcificando corações. Ainda posso sentir o balanceio do carroção, o sol em meu rosto, a movimentação do acampamento, o carinho nas vozes, o respeito, a solidariedade dos companheiros de andanças... Havia um vestido, de amplas saias transparentes em escarlate tecido, sedoso ao contacto... O meu predileto! E argolas imensas de ouro nas orelhas... E o som dos violinos ciganos! Nas minhas mãos, as das pessoas! Quão variados são os caminhos das criaturas em busca de Deus e de si mesmas! Persiste o doce encantamento de outrora, as palavras fluindo, fluindo, e, junto com o aconselhamento corriqueiro, envolvendo o dia-a-dia e seus problemas, os ensinamentos do Mestre amado:

– "Perdoa, para que a paz habite em teu coração..."

– "Não faças ao outro o que não quererias para ti..."

– "A vida te parece solitária e triste? Olha à tua volta e verás quantos choram, ansiando por teu amor, por tua presença... Ama sem nada esperar, vai de encontro à humanidade com as mãos plenas de esperança e fé..."

–"Queres saber o que a vida te reserva, quais amores trilharão as estradas de teu coração? Primeiramente, necessário se faz permitas que as pessoas se acheguem de ti..."

– "Por que julgas teu irmão? Não sabes que somos todos imperfeitos, sujeitos a erros e merecedores de oportunidades de recomeçar? Não nos compete condenar..."

Impossível olvidar!

As lições mais difíceis se transformam em alavancas de crescimento pessoal quando concordamos em utilizá-las para impulsionar mudanças. Os acontecimentos em nossa existência são o resultado dos plantios atuais e pretéritos, muito embora costumemos atribuir aos outros a culpa de nossos sofrimentos, demonstrando nossa imaturidade espiritual e persistindo em nosso alheamento da verdade. Somos os únicos arquitetos de nossa vida! Somente nós podemos mudar o traçado de nossa casa mental e o fazemos de acordo com nosso acervo de conquistas espirituais... A cada um segundo suas obras... Assim, vivermos atados a experiências tristes constitui a pior maneira de nos aprisionarmos em inércia evolutiva. Aquele romano, o responsável pelo massacre dos meus, acabou se transformando em meu benfeitor, na medida em que serviu de instrumento a inadiáveis transformações!

Jamais estamos sós! Contudo, necessário buscar o auxílio através de nossa sintonia mental com a Espiritualidade Maior. Temos que perseguir o bem! Por outro lado, não podemos nos julgar os únicos com direito à felicidade, mesmo porque ela constitui edificação própria, inerente ao conhecimento, ao progresso de cada um... A conquista de tudo isso implica que saiamos da inércia e do acomodamento, indo de encontro à Humanidade... Impossível crescer sozinho, deixando para trás os outros, pois certamente chegará o momento em que teremos que retornar e lhes entender a mão... Então seremos luzes, não importa quão grande seja o nosso brilho! É imprescindível que estejamos ligados aos planos espirituais mais elevados, através de nossas orações, pensamentos e atos, deles extraindo forças para nossas tarefas sobre a Terra. O homem costuma outorgar a Deus a responsabilidade de construção de seu destino, olvidando a importante e maior parcela que lhe cabe, como criança a esperar que o pai faça suas tarefas de escola. Se fecharmos nossos ouvidos às verdades, cegarmos nossos olhos, atarmos nossos pés e mãos e calarmos nossa voz, como o Mestre Jesus poderá chegar até nós? Em vão por Ele esperaremos, sem perceber Sua mensagem de Amor espalhada pelo Universo.

Esmeralda

Maria Clara

"Porque o Reino dos Céus é semelhante a um pai de família que saiu de manhã cedo para contratar trabalhadores para a sua vinha. Depois de combinar com os trabalhadores um denário por dia, mandou-os para a vinha. Tornando a sair pela hora terceira, viu outros que estavam na praça, desocupados, e disse-lhes: 'Ide, também vós à vinha, e eu vos darei o que for justo.' Eles foram. Tornando a sair pela hora sexta e pela hora nona, fez a mesma coisa. Saindo pela hora undécima, encontrou outros que lá estavam e disse-lhes: 'Por que ficais aí o dia inteiro sem trabalhar?' Responderam: 'Porque ninguém nos contratou.' Disse-lhes: 'Ide, também vós, para a vinha.' Chegada a tarde, disse o dono da vinha ao seu administrador: 'Chama os trabalhadores e paga-lhes o salário, começando pelos últimos até os primeiros.' Vindo os da hora undécima, receberam um denário cada um. E vindo os primeiros, pensaram que receberiam mais, mas receberam um denário cada um também eles. Ao receber, murmuravam contra o pai de família, dizendo: Estes últimos fizeram uma hora só e tu os igualaste a nós, que suportamos o peso do dia e o calor do sol. Ele, então, disse a um deles: 'Amigo, não fui injusto contigo. Não combinaste um denário? Toma o que é teu e vai. Eu quero dar a este último o mesmo que a ti. Não tenho o direito de fazer o que quero com o que é meu? Ou o teu olho é mau porque sou bom? Assim, os últimos serão primeiros e, os primeiros serão últimos." (Mateus, cap. XX, v. 1 a 16).

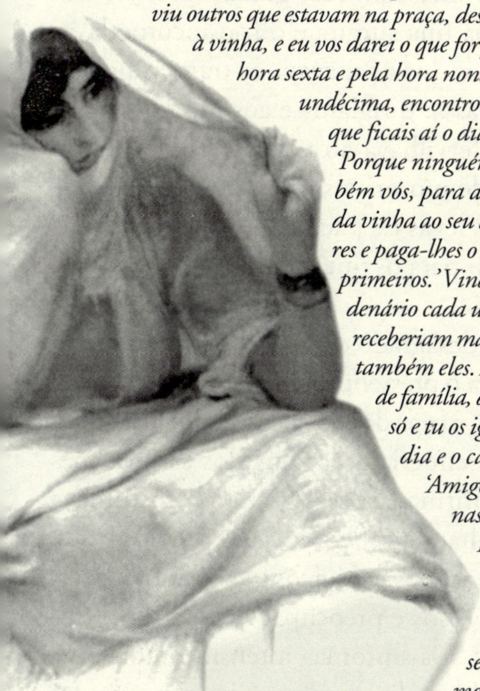

"Bons espíritas, meus bem-amados, sois todos obreiros da última hora.(...) Todos viestes quando fostes chamados, um pouco mais cedo, um pouco mais tarde, para a encarnação cujos grilhões arrastais;

mas há quantos séculos e séculos o Senhor vos chamava para a sua vinha, sem que quisésseis penetrar nela!"

"Ditosos os que hajam dito a seus irmãos: 'Trabalhemos juntos e unamos os nossos esforços, a fim de que o Senhor, ao chegar, encontre acabada a obra', porquanto o Senhor lhes dirá: 'Vinde a mim, vós que sois bons servidores, vós que soubestes impor silêncio aos vossos ciúmes e às vossas discórdias, a fim de que daí não viesse dano para a obra!' "

(O Evangelho Segundo o Espiritismo, cap. XX).

Anoitecia na grande cidade. Os altos edifícios e a poluição, sempre crescente àquela hora em que todos abandonavam seus postos de trabalho diurno e retornavam a suas casas, haviam ocultado as belezas do crepúsculo e o sol se pusera sem que os habitantes da metrópole pudessem se maravilhar com suas gradações em ouro, vermelho e laranja. Uma garoa fina surgira e o frio incomodava, secundado por cortantes ventos que açoitavam os transeuntes, os quais, unidos em anônima massa, dirigiam-se aos metrôs ou aos lotações. A Avenida Paulista fervilhava ao toque de impacientes buzinas e gritos exasperados de motoristas estressados. Dos arranha-céus desciam levas e mais levas de paulistanos. Findava mais um dia na cidade de São Paulo para os que haviam iniciado o trabalho às nove horas da manhã.

Célio olhou com imenso desagrado o céu cinzento, suspirando desanimado. Bem que tivera o pressentimento de anexar à maleta executiva, antes de sair de casa, a capa de chuva! Praguejou baixinho, recriminando-se. Quando aprenderia a dar ouvidos às intuições constantes e quase sempre confirmadas? Desde criança costumava ter estranhos sonhos e lhe vinham à cabeça idéias e premonições, inutilmente evitadas. Tratamentos psicológicos e até psiquiátricos, supervisionados por pais amorosos e preocupados com seu bem-estar, mostraram-se ineficazes. Os sintomas intensificaram-se na adolescência, exigindo o uso de medicamentos. Com o passar dos anos, acomodaram-se as estranhas manifestações e ele passara a conviver mais suavemente com os fenômenos que lhe conturbavam a jovem existência, a ponto de não mais deles se queixar, guardando para si mesmo os tais "distúrbios", como os qualificava.

Em meio à multidão, protegendo a cabeça com a pasta de couro legítimo, caríssima por sinal, esforçava-se por chegar ao estacionamento onde abrigara o carro esporte pela manhã, lamentando a ausência de vaga própria no prédio onde exercia suas funções de consultor financeiro. Em dias chuvosos, tal inexistência constituía verdadeiro transtorno, sinalizando, inclusive, ameaça de roubo ou seqüestro, devido à morosidade com que o povo se movia e à inevitável aglomeração. Mentalmente afastou as idéias negativas, acelerando os passos na medida do possível. Agora a garoa se transformara em chuva forte, e ele viu-se forçado a buscar refúgio sob uma marquise, condenado a esperar que o aguaceiro cessasse, temeroso intimamente pelo agravamento de uma gripe ainda mal curada e pelas calças do terno de finíssimo tecido, irremediavelmente sujas. Outros haviam tido a mesma idéia e ele se viu pressionado contra a parede, sentindo nas costas a aspereza do concreto aparente. Praguejou novamente, à meia voz, pois as pessoas pareciam não atentar para o fato de a projeção da laje não ser suficiente para tantos. Repentinamente, indescritível onda de mal-estar o envolveu e teve a sensação de estar se desligando do corpo... Uma vertigem, um abandono... Viu-se caindo, caindo, o rosto resvalou contra a calçada esburacada e, como se em letárgico transe, sentiu algo quente escorrendo, misturando-se às gotas geladas, formando róseos veios na enxurrada. Sangue?! Seu sangue?! Vozes, muitas vozes, mas ninguém ao seu lado, ninguém a tocá-lo ou auxiliá-lo... Bem de longe, registrou o comentário:

– Bêbado! No entanto, parece ser importante! Olhe só as roupas!

Uma parte ainda consciente de seu ser reagia silenciosamente à acusação indevida:

– Mas eu não bebo! Está acontecendo algo muito sério! Por favor, chamem um médico, uma ambulância!

E o pesadelo continuava... Sentia todo o corpo se distender dolorosamente, como se submetido a violenta tração; braços e pernas agitavam-se à sua revelia; a cabeça latejava violentamente. Quis gritar, mas a voz não saía...

Alguém, abençoado fosse, destacou-se da multidão, ajoelhando-se a seu lado. Mãos delicadas e firmes ajeitaram-lhe a cabeça e uma voz suave murmurava:

– Calma, calma... Logo você estará bem. Vamos pensar em Jesus, pedir para que Ele esteja conosco nesta hora, implorando Seu auxílio.

Escutava-a, mas não conseguia vislumbrar-lhe as feições. Sentia um peso enorme nos olhos e pensava: "Seria assim que um cego se sentiria?" A abençoada samaritana agora utilizava um telefone celular e, pelo tom de voz e cunho das palavras, compreendeu tratar-se de pessoa da área médica, pois seu discurso tinha a fluidez e a confiança dos relacionados ao ramo. As mãos da estranha pousaram novamente sobre seus cabelos molhados e havia tanta suavidade! Sussurrava palavras de ânimo. Finalmente, o veículo branco, de piscantes luzes e cantante sirene estacionou, os enfermeiros o ajeitaram na maca e ele se viu no interior da ambulância. Havia um cheiro forte de desinfetante e constatou com imenso pesar que a moça não o acompanhara. Estava só novamente... Imenso cansaço o invadiu; lentamente seu corpo retornava à normalidade, quedando-se sobre o estreito estrado.

Era grande a movimentação no pronto-socorro naquela quase noite de sexta-feira. Deixaram-no em extenso corredor, junto a muitas outras macas. Ouvia gemidos, choros, lamentações, todavia ele mesmo não conseguia se expressar, por mais que o tentasse. Por um período que se assemelhou a uma eternidade, foi tocado, examinado, agulhas penetraram-lhe os braços indefesos... A abordagem repetiu-se vezes inúmeras. Quis reagir, solicitar um médico particular, reclamar seus direitos, reivindicar... Como? Imóvel, mudo, paralisado, impossível enfrentar a situação de cobaia à mercê de experimentadores! Pânico! Lágrimas deslizaram pelas faces sujas e pálidas sem que ninguém as notasse. Uma enfermeira com ares de cansaço trouxe um suporte e sentiu a picada de uma agulha na veia do braço direito, seguida da ardência de um líquido a penetrá-lo, em lento gotejar. Nenhuma palavra! Ansiou pela presença da jovem que o acudira... Ou seria uma senhora? Ela pelo menos falava, ainda que não lhe compartilhasse as idéias religiosas. Jesus? Um estranho. Que poderia Ele fazer que os médicos não pudessem? Fanatismo de quem não dispunha de nada melhor!

O enorme corredor tornava-se cada vez menor. Mais e mais doentes chegavam, alguns em estado grave. Escutava-os, contudo não conseguia mover sequer os olhos. Exasperou-se. Não haveria quartos para esses infelizes? Teriam que ficar expostos? Subitamente, teve a consciência de que compartilhava com eles do problema aparentemente insolúvel. Embora desejasse acalmar a agitação, a ira aumentava a cada instante. Um médico, impecavelmente trajado de refulgente branco, submeteu-o a acurado exame e ele lamentou a rudeza de suas mãos e o mutismo desesperador. Ansiava por explicações... Certamente não as teria da pretensiosa criatura! Jovens também vestidos de branco cercaram-no e ouviu-os chamarem-no de professor. Sentiu-se um vegetal, manipulado, apertado, cutucado... Depois, verdadeiro alívio, a ordem emanada dos lábios finos do médico:

– Levem-no para a enfermaria e lhe consigam um quarto assim que puderem. Vasculhem seus bolsos! Já o fizeram? E não tinha nada com ele? Certamente, roubaram-no... Todavia, pelas roupas caras, trata-se de alguém de posses... Observem-lhe as mãos. Unhas feitas... E os cabelos. Tratados... Convém que lhe prestemos bom atendimento para evitarmos problemas futuros. Não se trata de um indigente... Terá familiares, amigos... Afinal, meus caros alunos, alguém tem que pagar a conta de vez em quando! E este terá condições de arcar com nossos honorários...

Graças! Intimamente, o jovem doente suspirou aliviado. Finalmente, privacidade! Os minutos escoaram-se, transformaram-se em horas, e nada de quarto ou até de simples enfermaria. À sua frente, no alto da parede, enorme e feio relógio marcava o tempo e ele seguia o lento movimento dos ponteiros com hipnótica atenção. Meia hora, uma hora, duas, três... Agora somente restava sua maca no corredor silencioso e deserto. Pegou-se lamentando a ausência de gemidos! Pelo menos se sentia acompanhado no infortúnio! Tê-lo-iam esquecido? Só podia ser! Imenso pavor dominou-o. Ouvira relatos de tantos casos sobre hospitais, alguns verdadeiramente macabros...

Passos leves fizeram-se sobre o chão limpo e reluzente. Quis erguer-se, falar, pedir socorro, mas o corpo não obedecia à sua vontade. A moça vestia branco e, na cabeça delicada, ornada de louros e fartos cabelos recolhidos em longa trança, equilibrava encantadora touca enfeitada com tênue friso azul. No delgado pescoço, algo que se assemelhava a um estetoscópio; nas mãos, uma ficha médica, e nos lábios rosados, milagre dos milagres, lindo sorriso. E ela falava com ele!

– Lembras-te de mim? Provavelmente não, pois estavas em meio a séria crise. Desculpa não ter vindo antes, mas havia compromissos mais urgentes. Sinto-me em falta contigo. Já ouviste falar que somos responsáveis por aqueles que auxiliamos? Vejamos como estás!

Seria a moça que o acudira? Como se lesse seus pensamentos, a linda enfermeira meneou negativamente a loura cabeça. Não, não era ela a moça do celular...

Que diferença no toque! Mãos gentis afastaram a camisa de seda, revelando-lhe o tórax bronzeado. Sempre sorrindo, ela friccionou a base do singular estetoscópio contra o jaleco impecável, comentando:

– Está frio demais para este aparelho gelado! Vejo que esqueceram de te cobrir... Sou Ana Lúcia! Alguns insistem em me chamar de doutora... Minha especialidade é cuidar de pessoas com certos probleminhas, como os teus! Vamos lá!

Como que obedecendo a invisível comando, enfermeiros finalmente chegavam, conduzindo sua maca para um quarto simples, todavia limpíssimo, pintado de azul bem clarinho. Percebeu no corpo desnudo a maciez do camisolão do hospital e o contato com os lençóis alvos e bem passados. Uma solícita atendente cobriu-o e se sentiu protegido, aquecido, adormecendo profundamente. Deixou de notar as vezes inúmeras em que Ana Lúcia adentrou o quarto em penumbra, quedando-se silente junto ao leito, como se zelando dele em especial.

Bem cedo se iniciavam as atividades no hospital. Médicos e enfermeiros transitavam pelos corredores em direção aos centros cirúrgicos e salas de exames; carrinhos com o desjejum passavam e o cheiro de café fresco chegou-lhe às narinas. Que delícia! Sentia fome. Queria banhar-se e fazer uma farta refeição matinal, pois somente almoçara no dia anterior e, ainda assim, um sanduíche engolido às pressas entre a análise de um papel e outro e o telefone que não cessava de tocar. Constatou com horror que o corpo não obedecia ao comando de seu cérebro. Estava paralisado! Tentou gritar, tocar a campainha, chorar! Nada...

A mesma enfermeira da noite anterior, agora com ares cansados, adentrou o quarto e substituiu o frasco de soro por outro cheio, rápida e silenciosamente. Sem olhá-lo, afastou as cobertas, colocando-lhe a sonda com habilidade e logo o enfermo sentiu a pressão da bexiga diminuir à medida que o líquido quente passava para a cuba esmaltada. Outro enfermeiro banhou-o com esponja e água morna, trocando a roupa de cama. Conversavam entre si, contudo pareciam não lhe notar a presença. Simplesmente exasperante!

A manhã escoou-se lenta e inexoravelmente solitária. Onde estaria a linda Ana Lúcia? Quando já desanimava, ei-la que surge, acompanhada de suave perfume e uma paz incrível. A moça sentou-se na única cadeira e, após os cumprimentos de praxe, disse-lhe:

– Célio, tu não me conheces, mas tenho seguido teus passos há anos. Não te assustes, não sou nenhuma maluca... Meu nome é realmente Ana Lúcia e fui enfermeira há muito tempo, exercendo esta profissão na Terra, considerando-a um verdadeiro ministério de amor. Isto foi há muitos anos, como podes notar por minhas roupas...

Observando-a mais atentamente, o rapaz reparou na saia que chegava aos pés calçados com delicadas botinas de pelica branca. O casaquinho, que equivocadamente julgara um jaleco, acinturava-se encantadoramente, marcando suavemente o corpo jovem e bonito, apresentando o mesmo friso da touca na gola e nos bolsos. Lembrou-se de alguns filmes de ficção e perguntou-se: "Que estaria acontecendo? Viajara no tempo?" Como se lesse mais uma vez seus pensamentos, a moça riu, esclarecendo:

– Não fizeste tal viagem fantasiosa, meu caro! Todavia, estás vivenciando uma experiência fascinante. Quem achas que sou?

– Já não sei! Inicialmente julguei que fosse uma enfermeira do hospital. Agora percebo que as roupas são de outra época... Com você posso me comunicar, falar... Decididamente, trata-se de um enigma, bela Ana Lúcia! Que terá acontecido comigo?

– Passaste por severo ataque, provocado pela tensão demasiada, pela má alimentação, pela ausência de exercícios... Sem falar no cigarro, na ausência de sono, na mágoa recolhida, na solidão...

A voz compreensiva e terna da moça rompeu as máscaras de competente onipotência, permitindo que as emoções extravasassem, e com elas a fatídica pergunta:

– Vou morrer? Você é um daqueles anjos que surgem para anunciar a morte? Ou será que já morri...

– Não, não morreste e não vai acontecer isso, pelo menos por enquanto, a não ser que persistas no processo de autodestruição em que enveredaste há tempos... Então, nada poderemos fazer por ti! Desencarnarás e, o que é pior, amargarás profundos sofrimentos decorrentes de tua negligência e desamor pelo corpo físico, pois estarás cometendo, nada mais nada menos, o que designamos como suicídio involuntário. Quanto a ser um anjo, falta muito para isto! Melhor me considerar um espírito amigo, designado para te auxiliar... Por favor, olha teu corpo com atenção!

O moço volveu os olhos para si mesmo e se viu em aparelhos, tubos, respirador artificial... Imóvel, olhos fechados... Morto?

– Não, não estás morto. Clinicamente, classificam-te em coma profundo. Para a ciência da Terra, poucas chances tens... És aquilo que jocosamente chamam de "um vegetal"...

– Mas vejo, sinto, ouço! Embora meus olhos estejam cerrados, nada deixa de ser percebido!

– Assim é! Em muitos casos, mais do que imaginas, a imobilidade e letargia atingem somente o corpo físico, embora a medicina terrena e os encarnados ainda não saibam disso.

– Espera! Falo com você, dialogamos, como pode ser? Por que não com os outros? É terrível!

A moça sorriu levemente, acrescentando:

– Teu corpo está em coma, não teu espírito. Este guarda perfeita lucidez. Quanto a mim, sou aquilo que costumas ironicamente chamar de "fantasma". A bem da verdade, sou um espírito designado a contigo desempenhar importante tarefa na Terra: a de conscientizar as criaturas sobre a continuidade da vida após a morte, despertando-as para a realidade espiritual.

– Então você está morta? Mortinha?

– Parece-te que eu assim esteja? Simplesmente não possuo o corpo físico... Assim, as pessoas não me vêem e não me escutam, pelo menos a maioria delas... Contudo, estou viva, pois a verdadeira vida é a do espírito. Este é imortal... Disse-te que há anos acompanho tua trajetória. Desde que nasceste... Hoje tens vinte e cinco anos. Apreciaria que os resumisses para mim, por favor.

– Complicados, muito complicados, a meu ver. Tive infância difícil, principalmente porque sempre me julgaram "instável", eufemismo para maluco, creio eu. Aos quinze anos, perdi meus pais em desastre de carro e fui para a casa de tios idosos; boas pessoas, mas constrangidos a aturar o sobrinho adolescente e problemático... Estudei a duras penas, pois após a morte de meu pai e minha mãe, financeiramente falando, pouco me restou. Economizava cada centavo e, após o falecimento dos tios, que ocorreu um logo em seguida ao outro, a coisa piorou muito. Às vezes deixava de comer para poder estudar e adquirir livros... Hoje, consideram-me um jovem gênio das finanças, presto assessoramento a importantes empresas, sou o bom, como dizem... Mas, para chegar a isso, comi o pão que o diabo amassou... Do ponto de vista do dinheiro, nada me falta agora. Casei-me aos vinte e seis anos com jovem beldade da mais influente sociedade paulistana, julgando-me perdidamente apaixonado. Aos vinte e oito estava só, traído, enormes galhos na testa, desiludido com o amor. Já ouviu aquele ditado: "O marido é sempre o último a saber?" Verdadeiro! Há um ano e meio me encontro residindo em selecionado apart-hotel, mergulhado em um abismo de baixa estima e solidão. Você tem razão: alimento-me muito mal, de sanduíches, habitualmente, e a horas incertas; durmo pouco, pois a cama vazia da mulher que ainda amo constitui tormento que se repete noite após noite; entupo-me de calmantes para adormecer e de estimulantes para conseguir trabalhar; fumo muito, cerca de três maços por dia... Morro de ciúmes da esposa que se foi; temo e evito novos relacionamentos. Tornei-me avesso às mulheres... Que mais? Será que esqueci algo, doutora do além?

– Sim, o mais importante a meu ver. Como estás com Deus?

– E Ele existe? Não O tenho visto ultimamente ou sentido Sua Presença entre nós, pobres mortais! Senão, Ele deve ser um sádico! Quanto sofrimento há no mundo sob Suas vistas complacentes... Olha este imenso hospital, por exemplo. Gemidos, choros, dores, abandono, insensibilidade!

– Embora te recuses a acreditar, Célio, Deus existe e Sua justiça é perfeita e jamais deixa de se manifestar, muito embora as pessoas não consigam perceber sua extensão e a forma como acontece! Mandou-me a ti, nesta hora de derradeiro chamamento. Estás sendo convocado uma vez mais para a tarefa, meu amigo. Como tu, muitos se destroem física e emocionalmente, acreditando tão somente em uma única e material existência. Retornarás do coma profundo amanhã e receberás interessante e providencial visita.

Através dela, abrir-se-ão novas e redentoras oportunidades em tua existência, alargar-te-ão os horizontes. A princípio julgarás tratar-se unicamente de nova paixão, pois o que sentiste até agora pelas mulheres não passou disso. No entanto, vivenciarás experiências extremamente gratificantes se te dispuseres ao necessário e redentor ônus. No momento, a Espiritualidade Maior autorizou-me a te prestar estas informações iniciais. No mais, estarei a teu lado, apoiando-te e aguardando o momento propício do trabalho conjunto. Mais uma coisa: esquecerás o que contigo ocorreu durante esta crise, que se resumirá, para o mundo, em um simples colapso físico. Todavia, em teu inconsciente, guardarás os fatos e palavras e terás a intuição do que aconteceu e acontecerá. Além disso tudo, necessito dizer-te que olvidaste alguém muitíssimo especial, o que não nos surpreende em absoluto e constitui fato comum quando as pessoas se tornam essencialmente materialistas. Em teu caso, julgamos imprescindível reavivar-te a memória. Olha!

Célio observou com crescente assombro a pequena parede da sala de Unidade de Tratamento Intensivo ampliar-se e seus limites distenderem-se ao infinito. As cenas surgidas eram vívidas, como se constituíssem um mergulho no tempo, incluindo direito à participação sua como personagem da surpreendente história.

..*

A história de Máximus

– Vamos! Empurrem com força! Sei que são pesadas, mas sois bastante fortes e bem alimentados para tanta moleza. Força! Não conseguis içar três míseras cruzes? Talvez prefirais ocupar o lugar dos malfeitores! Certamente eles adorariam a permuta! Vamos, vamos!

O céu brilhava nos ardores da tarde quente e abafada em Jerusalém. O jovem e musculoso escravo, transformado em soldado romano após a conquista do seu país natal, amaldiçoava baixinho

Roma e seus oficiais, acrescentando no rol de injúrias veladas o povo hebreu e a terra ingrata e quente que habitavam. Que lhe importavam os que padeciam presos às cruzes?! Alguma razão haveria para ali estarem... Revolta, ódio e desejo de vingança agitavam-lhe o coração. Fora aprisionado durante uma das violentas e sanguinárias campanhas romanas, todas destinadas à subjugação dos povos, como se Roma fosse uma fera faminta e eternamente insatisfeita, necessitando dominar e devorar as entranhas dos que não lhe compartilhassem a raça. Por seu porte atlético e bela aparência, escapara à morte, sendo presenteado a um dos muitos generais do império, o orgulhoso Flávius Tarquinius, na qualidade de escravo. Escravo! Quem eram eles para assim determinar? Nascera livre, continuaria livre, não obstante o açoite, as ordens, o uniforme detestado de soldado imposto pelo orgulhoso general, seu dono! Um dia, quando menos esperassem, cortar-lhes-ia as gargantas odiosas, atirando-os à piscina. Não haviam feito isso com suas irmãs? Com sua mãe? Então! Julgavam que, por envergar o uniforme romano, esquecera o sofrimento e as injúrias? Jamais! Vingar-se-ia! Saberia esperar a hora e o momento exatos! Acompanhara a tarefa de fixar os dois homens sem sequer olhá-los. Para quê? Era indiferente a seus gemidos de dor à transfixação dos enormes cravos. O terceiro, ao contrário, despertara-lhe a atenção. Nenhum gemido. Um dos ladrões praguejava ferozmente, amaldiçoando a multidão e os algozes; o outro, chorava e gemia, buscando com os olhos Aquele a quem o povo chamava de Rabi. Este calava-Se simplesmente, suportando com rara coragem e surpreendente resignação o castigo humilhante. Por que não lançava uma maldição contra a soldadesca e a turba? Fosse ele em tal circunstância, daria o último suspiro maldizendo a presente e as futuras gerações dos que o crucificavam! Malditos romanos!

Pegou o cravo e a marreta das mãos do serviçal a seu lado e pregou com batidas certeiras, sem piedade, movido pela raiva interior contra o opressor. O supliciado continuava calado. Teria morrido? Tanto trabalho para nada! E naquele calor infernal! Maldita terra! No instante de insana irritação, seu braço hercúleo chocou-se com a coroa de espinhos que algum irônico havia enfiado na cabeça do flagelado; os afiados acúleos rasgaram sanguinolentos sulcos na pele bronzeada e ele repassou a ira ao sentenciado:

– Maldito Profeta!

Sequer pensou que a dor certamente teria sido bem maior no Rabi, pois já se achava ferido e o impacto tê-lo-ia atormentado muito mais. Seu punho levantou-se contra o indefeso Crucificado, para o golpe de revanche da injúria supostamente perpetrada. Olharam-se. Nos claros olhos de Jesus, compreensão e infinita paz. A mão do moço estacou, abaixando-se lentamente, sob o efeito dulcificante do olhar do Mestre. Um sorriso débil iluminou as feições machucadas e cansadas do Rabi da Galiléia e Ele sussurrou:

– Perdoa!

Agora os demais levantavam o braço da cruz e o jovem e atormentado soldado acompanhava com os olhos a ascensão do madeiro. Que teria querido dizer o condenado com a palavra "perdoa"? Estaria Se desculpando? Não parecia. Seu coração dizia que Jesus sabia o que se passava em sua mente, os pensamentos que lhe convulsionavam a existência, a necessidade de vingança! Adivinharia Ele seus planos e maquinações? Loucura! Ninguém detinha tal poder, muito menos um pobre coitado que se deixava matar como um cordeiro! Absurdo! Estava a imaginar coisas, provavelmente devido à raiva e ao calor terrível...

O raro momento de consciência perdeu-se no labirinto rotineiro de atividades. Aguardar a morte dos supliciados, certificar-se dela, abrindo-lhes o peito, sangrando-lhes o coração para que não houvesse dúvidas; livrar-se dos corpos; recolher despojos, se os houvesse...

Para o soldado, a crucificação do Mestre Nazareno não passara de mais um castigo em meio a muitos. Esqueceu-se do Homem de claros olhos e de Sua palavra gentil e persuasiva:

– Perdoa!

Com o coração imerso em sombras e o desejo de vingança bradando alto no peito, o soldado aguardava o retorno a Roma, onde mais fácil seria a consolidação de seus propósitos assassinos. Três anos se passaram e estes não foram suficientes para asserenar a mágoa e o ódio; ao final deles, o orgulhoso Tarquinius recebeu ordens de tornar à sede do império, onde ocuparia importante cargo. Como não poderia deixar de ser, fez-se acompanhar do escravo silencioso e enigmático, considerando-o seu mais valioso e submisso pupilo, crendo-o mais do que um escravo: um brilhante soldado, moldado ao seu gosto e à sua competência. Iludia-se inteiramente! Dentro daquele corpo musculoso e aparentemente apático, habitava uma alma em revolta, somente aguardando o propício momento da revanche.

Após uma viagem cansativa e repleta de incidentes desagradáveis, incluindo tentativa de motim e ameaça de epidemia a bordo, finalmente aportaram, seguindo para Roma imediatamente. A cidade assemelhava-se a um paraíso! O palacete luxuoso adornara-se com fitas e flores, enfeitado para a volta do ilustre comandante dos exércitos imperiais. Recepções marcaram a ocasião e o jovem escravo, envergando o uniforme de soldado, acompanhava seu amo, embora lhe repugnassem as manifestações repletas de curiosidade sobre sua pessoa e, especialmente, a forma orgulhosa, prepotente e insensata com que seu superior a ele se referia, timbrando em apresentá-lo em sua real condição de subjugado e se enaltecendo como o autor de sua transformação em uma máquina a serviço da guerra. Humilhava-o ferozmente a displicência de seu amo e a falsa generosidade em apresentá-lo como seu protegido... Tinha bem clara a noção de que não passava de um joguete nas mãos do fútil e inconseqüente romano! Talvez, se este houvesse se portado com maior diplomacia e pureza de propósitos, o moço tivesse conseguido superar os traumas da conquista, aceitando o jugo, acomodando-se à situação, ainda que ingrata.

Os primeiros dias decorreram rapidamente, devido à enormidade de compromissos e atribuições do regressante, não dando ao moço tempo para análises mais acuradas ou elaboração de estratégias. A partir do décimo quinto dia, a vida entrou em rotineira cadência. Foi então que se traçaram os primeiros planos concretos da vingança tão sonhada.

Alojado na ala dos servos da casa luxuosa e decorada com bom gosto e liberalidade, o rapaz pôde observar os costumes de seu amo. Rígida disciplina incidia sobre os servidores. Os castigos eram comuns e não raro descambavam para a violência; as servas e escravas jovens e bonitas eram consideradas à disposição do senhor e seus amigos; descartavam-se sumariamente as crianças que nasciam das relações ilegais, vendidas ou entregues à Porta dos Enjeitados. Tudo isso, aliado à indignação e ao ódio já existentes, servia para acirrar ainda mais o anseio de desforra. Por mais que raciocinasse, não conseguia, contudo, elaborar um plano que o satisfizesse. Onde estaria o calcanhar de Aquiles daquele homem insensível e egoísta, a quem nada parecia importar, a não ser a própria pessoa?!

Dois meses depois, em certa manhã, o palacete despertou inusitadamente agitado. A filha mais jovem do oficial retornava ao lar! Pela vez primeira, o moço leu nos olhos de seu senhor expressão de verdadeiro bem-querer e imaginou quão grande seria sua dor se algo acontecesse à mocinha. Assim, determinou a estratégia central de seu plano retaliatório: faria o orgulhoso romano passar pela dor da perda do ente muito amado! A filha era seu ponto fraco! Seqüestrá-la-ia, levá-la-ia para distantes terras, comercializando seu corpo, destruindo seu espírito. Ao pai restariam as lembranças e a certeza dos maus tratos e das humilhações por que estaria passando!

A jovenzinha ainda não chegara e tudo já estava engendrado na mente em revolta do moço soldado. Para seu desagrado, recebeu a incumbência de buscá-la no porto por ocasião do desembarque. Almejava permanecer em seu posto de vigia na residência, de onde poderia observá-la sem ser notado e lhe registrar os gostos e tendências. Provavelmente, tratar-se-ia de mimada criatura e, se herdasse a aparência paterna, nada poderia esperar no tocante à beleza física... No cais, desdenhosamente aguardava que os escravos baixassem as bagagens, importunado com a demora da jovem. Onde estaria a infeliz?

Uma figura de esbelto talhe e traços perfeitos, nos braços de cuidadoso servo, desembarcou finalmente. Olhando-a, mal acreditava no que seu olhos enxergavam! Muito bonita, quase uma menina, e, para seu espanto, impossibilitada de andar! Exasperou-se. Quem compraria uma escrava branca paralítica? Ou seria aleijada?

Disfarçando as emoções, achegou-se, inclinando-se respeitosamente. Os olhos claros e imensos observaram-no com a pureza das crianças, sem qualquer preconceito ou receio, e sua voz suave e ainda infantil correspondeu informal e agradavelmente ao rígido cumprimento do soldado atraente e sisudo.

– Senhor, bem vejo que meu pai está às voltas com suas obrigações mais uma vez! Que fazer?! Estou muito feliz em voltar, pois as saudades do paizinho me afligem o coração! Quem sois?

– Senhora, podeis me considerar um escravo de vosso pai. Encarregou-me de tomar as providências para que estejais bem e conduzir-vos à casa.

– Escravo?! Como, se envergais o uniforme de nossos exércitos?! Além do mais, não me pareceis um escravo... Sois demasiado orgulhoso para tal!

A observação pertinente e franca incomodou-o e sentiu o rosto arder. Ela sequer o conhecia e, no entanto, conseguia ler os reais sentimentos que agitavam sua alma! Como sabia que era orgulhoso? Controlando-se com muita dificuldade, respondeu:

– Trata-se de uma história longa e sem atrativos... Vosso pai julga-me merecedor de confiança. Assim sendo...

– Por favor, não vos zangueis! Não houve, em absoluto, a intenção de vos ferir os brios! Sigamos adiante, deixando momentaneamente de lado minhas interrogações inoportunas!

A viagem de volta foi silenciosa. Embalada pelo sacolejar cadenciado do veículo, a mocinha adormecera, propiciando ao moço o ensejo de a olhar sem constrangimentos ou temores. Os traços suaves do rosto, as mãos delicadas, os cabelos dourados em caprichosos cachos, as pérolas ao pescoço longo e flexível... Que teria ocorrido para que estivesse imobilizada? Deduziu que seu senhor preferira não mencionar o verdadeiro estado da filha muito amada. Talvez se envergonhasse! Bem característico de seu orgulho e vaidade imensos!

Um pai ansioso e feliz aguardava nas escadarias de mármore. Abraçado à filha, chorava de emoção, deixando o escravo surpreso, pois o considerava insensível e jamais calculara a extensão do sentimento devotado à jovem.

– Lívia, filhinha, que bom voltares ao lar! Embora tenhas sido bem cuidada em casa do nobre Sextus, teu lugar é aqui! Estou definitivamente afastado das campanhas, em cargo puramente administrativo, e dos mais importantes e bem remunerados! Não mais nos afastaremos! Conta-me os detalhes do acidente! Vejo que ainda estás impossibilitada de andar, portanto deve ter sido muito grave!

– Sim, não o imaginas, paizinho! Terrível! Por pouco não morremos todos! O carro derrapou na lama provocada pelas chuvas muito intensas e virou perto da casa de meu tio; os cavalos se espantaram, fugindo e me arrastando por um bom pedaço. Graças aos deuses, acudiram-me, conseguindo sustar o galope dos pobres animais. Estou há mais de quarenta dias enfaixada. O doutor diz que a perna está quebrada em dois pontos, prevendo, todavia, cura breve e definitiva. Paciência!

Alívio imenso tomou conta do jovem soldado e escravo. Seus planos estavam salvos! Restar-lhe-ia aguardar o restabelecimento completo e acionar a trama de vingança!

– Paizinho, podes designar o soldado que me buscou para me acompanhar? Não pretendo guardar o leito por conta do ocorrido! Desejo ver gente, rever amigos caros...

– Certamente! O que quiseres, minha linda! Escolheste bem, é de inteira confiança minha, inteligente e sabe seu lugar! Além do mais, creio que ele me teme e respeita! Companhia ideal para ti, minha preciosa!

As coisas estavam tomando rumo muito melhor do que o imaginado. Ele a teria ao seu lado, poderia estudar-lhe os horários e preferências e, no momento exato, subtraí-la-ia ao pai, infernizando-lhes as existências. Poderia simplesmente ter matado o romano Flávius, ocasião não lhe faltara para tanto, mas considerava pouco, muito pouco, em razão das crueldades cometidas contra sua indefesa e inocente família. A lembrança das irmãs brutalmente estupradas pela soldadesca sob as vistas da mãe e dele próprio; a morte violenta das pobrezinhas, a golpes de espada; os risos da turba, a cumplicidade daquele que agora era seu dono e senhor... Depois, a mesma sorte para a mãe, a vergonha nos olhos dela, submetida a tamanhos vexames frente ao filho firmemente manietado! A impotência de lutar, de lhes defender a vida e a honra! O ódio, o desespero! Ele pagaria, receberia o castigo, já que os outros algozes poderiam ter sido por ele impedidos. A culpa era dele. Maldito fosse! À sua filhinha tão amada destinaria a fúria de sua justa ira! A morte era pouco, muito pouco! Viveria, seria condenado a viver amargando a desventura da filha, pedindo aos deuses que a matassem, livrando-a da sorte ingrata. Mas viveria!

A voz irritadiça e prepotente do romano despertou-o:

– Em que mundo estás, Máximus? Dormes acordado? Estou a falar-te e não me respondes!

– Perdoai-me, senhor. Que dizeis?

– Que cuidarás de minha bela filhinha, respondendo com tua vida por sua segurança!

– Será feito, senhor!

Os dias que se seguiram foram agitados. Embora imobilizada, a mocinha marcou dezenas de visitas e inventou passeios inúmeros, envolvendo-o na agitação de sua existência jovem e despreocupada. O riso alegre e a voz clara e gentil invadiram a casa silenciosa e ele se acostumou com seu falar constante:

– Papai me envia à casa de parentes quando em campanha, Máximus. Teme que algo me suceda se ficar somente com os servos! Bobagem! Que poderia ocorrer?! Assim, é um tal de passar tempos na casa de um e de outro, uma maratona! Na verdade, gosto mesmo é desta casa, de meu quarto, do sossego do lar! Mas ele não aceita e, a cada viagem a serviço, lá vou eu, de bagagem e servas, rumo à casa dos outros... E tu, Máximus, onde está tua família?

A pergunta ingênua e trivial surpreendeu-o. E pensou: "Será que aquela criaturinha linda e perfumada ignorava o que comumente acontecia às famílias dos vencidos? Seria tão inocente?"

– Estão mortos, senhorinha.

– Ah! Que pena! Eu também não tenho mãe ou irmãos, somente papai. Tive, a bem da verdade duas irmãs, mas uma terrível epidemia as levou, juntamente com minha mãezinha... Ele, contudo, sempre supriu a falta de todos, amando-me muito, muito. Tens pai?

– Morto em batalha, senhorinha.

– Façamos o seguinte! Serei tua família, ainda que seja ela constituída de uma só pessoa! Que achas?

– Como quiserdes, senhora!

– Máximus, és sempre tão sério! Estou tentando te alegrar... Deve ser difícil ser só...

O passar dos dias em inevitável inércia irritava-o cada vez mais. Quando estaria curada? Imprescindível que andasse, pois ninguém adquiriria uma escrava, ainda que tão somente para o sexo, se inválida. No fundo, preocupava-o a convivência com a mocinha e os sentimentos de afeição que ameaçavam aflorar... Impossível não se sensibilizar com sua alegria, não sorrir de suas histórias, não se enciumar com a procissão de jovens e ricos romanos a lhe disputar a atenção... Às vezes, surpreendia-a observando-o com cismadores e verdes olhos, perdida em divagações. Nada de bom poderia advir disso! O contato com o corpo jovem e quente, ao carregá-la, tornava-se mais difícil a cada dia, pois lhe causava uma sensação prazerosa e terna, absolutamente incompatível com seus terríveis projetos.

Naquela manhã, a natureza se esmerara. Flores desabrochavam após uma ligeira chuva noturna e brisas cálidas espalhavam perfumes primaveris. A moça havia planejado um passeio pelo campo e, ao contrário do rotineiro, dispensara a liteira e os servos, preferindo que ele a conduzisse no leve carro de dois lugares. Com a petulância dos jovens, determinou que fossem a pequenino bosque, localizado nas terras do pai, dizendo querer descansar junto à encantadora cascata e ali fazer o desjejum. Quis negar-se, mas não encontrou desculpa satisfatória, ainda mais que o pai não colocara nenhum obstáculo aos planos. Tudo transcorria satisfatoriamente até que, ao retirá-la do carro, viu-se envolto por braços delicados e demoradamente beijado por lábios trêmulos e quentes. Quis reagir, fugir ao contato, mas correspondeu apaixonadamente, enquanto a depositava em suave saliência relvada, entre florezinhas silvestres. Ouvia-a murmurando palavras de carinho, retribuindo aos afagos que suas mãos e lábios faziam... Queria parar, deixá-la ali, voltar a casa e ordenar aos servos que a buscassem, todavia ansiava por ela. Cenas das violações cometidas contra as irmãs e mãe misturavam-se em sua confusa e atormentada mente com as palavras e atos de amor daquele momento. Era a filha do assassino de sua família! Por que a amava, se deveria odiá-la?

Como foi difícil encará-la depois, disfarçar a dor que lhe consumia a alma, refrear a revolta!

Pretextando súbito mal, esquivou-se dela nos dias seguintes. Precisava pensar, refletir, decidir-se. Culminando o processo, finalmente o doutor retirou as faixas e a perna estava curada. Poderia andar, locomover-se, libertar-se da companhia do escravo fantasiado de soldado romano! Houvesse melhor analisado seus sentimentos e emoções, o moço reconheceria o medo de que ela o olvidasse, desprezando-o em favor dos ricos jovens que a cortejavam. Agora podia andar, não mais dele necessitava para a carregar para todo o lado! Preferiu continuar se enganando, acreditando odiá-la, persistindo no abominável plano de vingança.

Para seu desespero, o feliz pai resolveu empreender ligeira viagem, celebrando o restabelecimento da saúde de sua menina. Embora a mocinha solicitasse a presença do belo escravo, decidiu ele prescindir de sua companhia, deixando-o encarregado da casa. Inicialmente, julgou que o afastamento seria excelente para a esquecer, tirando da cabeça a fatal paixão, mas o lento e angustiante decorrer do tempo provou que ela continuava presente, a cada instante, viva lembrança que nada parecia eliminar... Estava louco! Quarenta dias depois, retornavam. A aparência saudável da jovem e os olhos brilhantes que o buscavam sem cessar diziam que tudo estava bem e que também não o olvidara!

Felicidade e revolta invadiram-no. Como poderia se sentir assim em relação à filha de seu inimigo? Então, uma voz do passado voltou a lhe sussurrar:

– Perdoa!

O Homem da cruz! Que sabia Ele sobre dores e perdas? Soubesse sua história, não daria tal conselho! Precisava ser forte, muito forte, para não sucumbir à tentação de abraçá-la, beijá-la, deixar de lado a trama fatídica...

Anoitecendo, mal a imensa casa mergulhara em sombras e seus moradores adormeceram, uma figura envolta em leve traje de dormir atravessou os jardins, penetrando nos aposentos do escravo. Pelo caminho, colhera perfumados cachos de minúsculas rosas brancas, entretecendo delicada guirlanda, com ela enfeitando os cabelos longos e louros. A porta estava somente encostada e ela a empurrou suavemente. Estaria dormindo o amado? Sobre o leito, este olhava para o teto, perdido em cismas. Não se assustou ao vê-la e muito menos fugiu ao seu abraço, entregando-se à paixão. A madrugada encontrou-os abraçados.

– Máximus, devo ir. Antes quero contar algo que te fará feliz! Guardo em mim um filho, nosso filho, meu amor!

Um filho! Com o maldito sangue dos romanos nas veias? Entrou em desespero, sentindo-se um traidor da família! Como pudera se deitar com a filha do assassino?!

– Não! Quem te disse que quero um filho? Ouve! Livra-te dele, pois não desejo nada contigo! Não penses que esta notícia me impedirá de levar adiante a vingança!

– Que estás a dizer? Impossível que não desejes um filho! É bem certo que papai quererá nos matar em um primeiro momento, mas aceitará! Além de tudo, estima-te como a um filho!

– Estás louca, louca! Filho? Acaso julgas que teu pai me considera como a um filho? Jamais! Sou um objeto, algo que se coloca onde se quer, que se manipula, doma... E tu, tu julgas que desejo algo de ti? Aceitei o que me ofereceste simplesmente... Achas que quero um filho contigo? Odeio-te com todas as forças!

Completamente transtornado, o jovem escravo sacudia a moça com fúria. Olhos injetados, fitava-a cegamente. Depois, vendo-a recuar aterrorizada, golpeou-a na cabeça com o punho fechado. Desmaiada, ele a carregou com facilidade, apoiando-a contra seu corpo na veloz montaria. Juntos perderam-se na noite, rumando para os arredores de Roma. Resolvera colocar em prática o plano de transformá-la em escrava imediatamente!. Ao amanhecer, chegou ao ponto onde caravanas de distantes terras retornavam a seus pontos de origem após lucrativos negócios. Sem negociações prolongadas, vendeu-a por irrisório valor a suspeito mercador, procurando não encarar o comprador, como se fugisse à possibilidade de arrependimentos futuros. Depois, retornou à casa de seu amo, tendo o cuidado de antes passar pelo quartel, onde estabeleceu o necessário álibi, deixando claro que ali passara a noite, em plantão. Ainda dormiam todos quando atravessou os portões, dirigindo-se aos aposentos da afastada ala. Deitou-se e esperou, simulando dormir.

Breve o palacete se animava na rotina diária. Como de hábito, não tardaria o senhor a se levantar. Precisava manter a costumeira postura a fim de evitar suspeitas! Assim, vestiu-se, envergando o odioso uniforme, dirigindo-se ao salão de desjejum. Para seu alívio, encontrou-o deserto ainda. Alguns minutos depois, surgia o amo. Sentou-se para a refeição matinal, quase sem o notar, a não ser por ligeira inclinação de cabeça. O moço quedou-se junto à porta de entrada, como de costume. Entendia que não precisava se preocupar com a ausência da jovenzinha, pois jamais abandonava o leito tão cedo. Provavelmente a ama perceberia primeiramente sua falta, muito mais tarde, alertando os demais. Restava-lhe aguardar.

O dia quente e abafado de verão na cidade de Roma jamais lhe parecera tão monótono e difícil de passar. Por volta do meio do dia, apressado e apavorado escravo, cavalgando espumante animal da estrebaria de seu amo, adentrou os portões do quartel, irrompendo na saleta onde o oficial e seu assistente despachavam.

– Senhor, uma desgraça!

– Ora, acalma-te! Que desgraça? Quem morreu?

– Senhor, a senhorinha Lívia desapareceu! Deixou o leito intacto e sumiu, provavelmente à noite! Vasculhamos os armários e não demos por falta de trajes, o que nos leva a concluir que não planejou tal sumiço!

– Estás louco?! Como alguém pode desaparecer de dentro do palácio, sem mais nem menos?! Com certeza está a passear! Procurem-na melhor!

– Senhor, já buscamos e rebuscamos! Nada achamos, a não ser murcha coroa de flores, rosas silvestres, para ser mais preciso, perto do portão dos fundos, meu amo! Nem sabíamos que ali havia uma passagem para o exterior! A ama nos revelou, em meio ao desespero! Tudo sugere que tenha sido seqüestrada!

– Quem quer que seja o malfeitor, a esta hora deve estar longe! Vamos, quero ver bem de perto o que está acontecendo! Máximus, acompanha-me!

Apesar das buscas e diligências, muito pouco se pôde concluir a partir das hipóteses levantadas. Um desatinado pai passava do desespero à cólera, acabando por desabar desacordado sobre um dos inúmeros triclínios ao constatar que algo muito sério sucedera à filhinha muito amada.

Mobilizou-se o contingente de soldados e oficiais de Roma na busca. Após três semanas, o próprio pai concluiu a inutilidade da tarefa. Quem a seqüestrara provavelmente estaria bem longe. Restava a esperança de que o meliante intentasse lhe extorquir dinheiro, sabendo-o muito rico e extremamente ligado à filhinha, mas os dias decorriam e o silêncio continuava, para desespero do genitor e dos muitos que a amavam. Dentre os que persistiam nas buscas, salientava-se o jovem e belo escravo, também soldado de Roma. Sua fisionomia fechada e abatida reforçava a idéia de que muito penava pelo desaparecimento da jovem senhora, comprovando o afeto que o unia à família do poderoso senhor. Como se enganavam!

Aos setenta dias do infeliz acontecimento, finalmente chegou à casa do rico romano pergaminho cuidadosamente atado a uma pedra, lançado contra a linda varanda de mármore Em breves linhas, comunicava ao angustiado pai o destino da filha: vendida em mercado de escravas, para prazer de riquíssimo e devasso sultão. A missiva sugeria que, após os primeiros tempos de novidade, este provavelmente a repassaria a um dos muitos prostíbulos da região...

Imaginem a dor daquele pai! Seus gritos e urros repercutiam pelo palacete em polvorosa, aterrorizando servos e amigos, sustando qualquer intenção de consolo. Temeram todos por sua integridade física, supondo-o à beira de um ataque. A esperança de localizar o autor da façanha fez com que o homem se acalmasse, retornando às investigações, sempre com a ajuda do servo e soldado. De onde teria vindo a carta? Como anteriormente, nada se descobriu.

As mensagens se repetiram a espaços médios de quarenta dias e todas relatavam detalhes da difícil situação da moça. Quanto a seu autor, jamais conseguiram localizá-lo, não obstante as estratégias utilizadas para o flagrar. Misteriosamente surgiam os pergaminhos, em locais diferentes, como se por mágica. Suspeitou-se de algumas pessoas, submetidas a interrogatório e tortura na ânsia de descobrir a verdade. Tudo em vão.

Dois anos se passaram nesta tortura ferrenha. O antigo oficial e administrador romano pouco guardava de sua postura arrogante e preconceituosa e muito menos de seu porte atlético. Vergado pela dor, emagrecera, definhando dia a dia; branquearam os cabelos fartos e castanhos; as mãos tornaram-se trêmulas; caminhava com dificuldade, sempre acompanhado por Máximus e por ele amparado. Aos olhos do mundo, assim que o impacto da cruel perda esfriou, tratava-se de um fraco. O próprio imperador, em vista de seu desempenho inconstante e falho, cuidara de o dispensar de suas importantes atribuições. Passara então a se confinar no palacete silencioso e vazio, entregando-se à dor e ao vinho. Também aos olhos do mundo, a boa vontade e perseverança do belo e musculoso servo demonstravam dedicação e afeto, à semelhança de um filho.

Certa manhã, ao passear pelo jardim, um pergaminho depositado sobre um dos bancos de mármore acabou por desatiná-lo. Tratava-se de bem redigido texto, onde o autor, além de fornecer informações, anexara extensa lista de pelo menos vinte nomes masculinos, todos desconhecidos do desesperado pai, afirmando tratar-se dos clientes atendidos pela moça no prostíbulo de distante cidade do Oriente, em um só dia, deixando bem clara a lastimável situação da adorada filha. O documento também esclarecia, finalmente,os motivos da cruel empreita: vingança! Em tons irônicos e rancorosos, o algoz indagava do atormentado pai se ele tinha idéia de quantas famílias dizimara em suas campanhas bélicas, de quanta honra subtraíra a inocentes jovenzinhas, de quanta dor causara a pais, mães e irmãos...

Presente à dramática leitura, Máximus amparava o infeliz pai, impedindo o de cair ao piso do jardim. Fisionomia impassível, viu-o enrijecer-se em terrível ataque, do qual retornou em triste condição, quedando-se em leito de enfermo, imobilizado e emudecido. Aquele que todos supunham fiel e carinhoso servo, Máximus, desvelava-se à sua volta, jamais o deixando...

Presumis que as cartas cessaram de chegar ao palácio imerso em tristeza? Enganai-vos, pois o cruel desconhecido informante persistia em enviá-las periodicamente e o servo Máximus, agora sem o uniforme dos exércitos de Roma, lia-as para seu senhor, observando, com estranha expressão no belo rosto, as lágrimas deslizarem pelas faces do doente, único sinal de que ele tudo ouvia, via e sentia! O ritual repetiu-se ainda por mais três longos anos. Ironicamente, Máximus zelava do bem-estar físico do amo com extremo cuidado e delicadeza. Alimentava-o com infinita paciência, banhava-o vezes incontáveis durante o dia e até à noite, pois o paciente não controlava suas necessidades fisiológicas, exigindo constante higienização. Jamais reclamava da tarefa penosa, atribuindo-se a responsabilidade pelo outrora oficial romano com zelo inexcedível. Servo fiel, assim o julgavam!

Em uma tarde chuvosa e fria, após a leitura de mais uma das funestas mensagens pelo escravo, fecharam-se para a existência os olhos do romano, libertando-se do corpo precário a angustiada alma, iniciando, assim, uma cruzada obsessiva que atravessaria séculos, chegando aos tempos modernos na cidade de São Paulo, Brasil.

Quem redigia as mensagens terríveis nos pergaminhos? Máximus, sem dúvida, cumprindo o terrível e inquebrantável intuito de revanche. De sua mente doentia e perdida nos acontecimentos infelizes dos anos passados, brotavam as idéias com as quais torturava aquele que considerava seu inimigo até o dia da morte de um dos dois. Pobre Máximus! Ignorava que a demanda persistiria após o decesso do corpo físico, assim como desconhecia a perfeição da justiça divina e sua misericórdia! Após a fatídica manhã em que vendera por tostões a mulher amada, nunca mais dela procurara saber, banindo-a de sua existência, ou pelo menos procurando olvidá-la. Embora não soubesse de seu paradeiro ou de sua vida, teceu fantasias, repassando-as ao pai angustiado, criando um verdadeiro inferno para o romano. Após o funeral do amo, dirigiu-se à antiga ala dos servos, onde ficava seu quarto anos atrás, sentando-se no leito, deixando que lembranças emergissem. Com o desaparecimento da moça, passara a ocupar aposento próximo ao do romano a fim de poder assisti-lo condignamente. Não mais pisara na edícula onde haviam se encontrado os dois amantes pela última vez. Agora, olhando a poeira depositada nos móveis e no piso, a marca que seus pés haviam deixado no chão, compreendeu que ninguém ali entrara mais, o que não lhe causava surpresa, tamanho o desarvoramento de todos. Com o passar dos tempos, sem ninguém para lhes cobrar as tarefas, os serviçais houveram por bem deixar de lado a construção desabitada. Tudo estava no mesmo lugar, como se parado no tempo... Onde estaria a amada? Valera a pena uma vingança tão terrível? A quem ele destruíra? Ao orgulhoso romano ou também a dois seres que poderiam ter sido felizes? E a criança?

Vagarosamente percorreu os espaços, tocando levemente os objetos. Sobre o tapete empoeirado e sujo, algo brilhante lhe chamou a atenção. Recolheu entre os dedos trêmulos o pequeno e precioso brinco de ouro e esmeraldas, provavelmente caído durante o ardor da paixão, quando suas mãos haviam afagado os longos cabelos louros...

Olhou para o teto, onde aranhas domésticas haviam tecido tênues e caprichosas teias, e uma das vigas despertou-lhe particularmente a atenção. Minutos depois, seu corpo balançava nos ares, dependurado pelo pescoço, em improvisada corda feita com tiras dos lençóis do leito nunca mais ocupado. De suas mãos fortes, nos estertores finais, tombou a pequenina jóia...

***

Célio contemplava em lágrimas a singular abertura no tempo e no espaço. Na figura de Máximus, identificava-se. Que fizera?

Quantos sofrimentos plantara, quantas dores! Lívia, a amada do passado, fazia-se agora presente, muito próxima, e ele podia sentir o mesmo amor, a mesma angústia da perda, como outrora. As emoções sufocavam-no. Seus olhos fitaram Ana Lúcia e ele viu que ela chorava também, mas seu pranto era suave e calmo, como se confiasse que tudo se acertaria, repleto de esperança e fé. Com medo, indagou:

– É ela que vem me visitar amanhã?

– Sim. Todavia, amanhã terás saído do inexplicável coma e estarás sujeito ao esquecimento e ao livre arbítrio... Poderás acolhê-la em tua existência como a muitas outras que por ela passaram... Mais uma linda mulher... Então, será somente paixão... Poderás até manter estável relacionamento aos olhos do mundo, sem contudo te movimentares rumo ao crescimento vertical da criatura, em direção a Deus. Aquela que no passado conheceste como Lívia hoje se chama Maria Clara. É adepta do Espiritismo, detendo raros dons mediúnicos, exercendo importante tarefa assistencial e espiritual em grande hospital para alienados mentais, onde constitui luz para muitos, na qualidade de médica e espírita dedicada. Tu, semelhantemente, reencarnaste com a disposição mediúnica, mas até o presente tens feito surdos ouvidos ao chamamento do trabalho dignificante. O que farás de tua mediunidade daqui em diante concerne somente à tua pessoa; mais uma vez estaremos te colocando à disposição situações e pessoas ensejadoras de reformas íntimas. És, sem tirar nem pôr, um legítimo trabalhador da última hora, como o classifica o Evangelho de Jesus!

Sorrindo, a moça abraçou-o, dirigindo-se depois para a porta. Vendo-a partir, Célio ousou indagar:

– E onde está meu inimigo de outrora, o pai de Lívia? Deve odiar-me...

– Também reencarnado. Breve o reencontrarás!

– E você, minha amiga, voltará?

Rindo, a moça respondeu:

– Jamais fui embora, Célio. Estou contigo há muito, acompanhando-te a evolução, alegrando-me com teus progressos e me entristecendo com teus insucessos. Tenho procurado te auxiliar, mas não posso te obrigar a mudar! No momento certo, encontrar-nos-emos, acredita!

– Só mais uma perguntinha... Você me mostrou a amada do passado, Lívia. Diz que Flávius está reencarnado, como eu e ela. Falta alguém, se seguirmos a lógica seqüência de fatos e pessoas: a criança, o filho rejeitado por mim, o que vendi, ainda que indiretamente, provavelmente decretando sua morte...

Um sorriso voltou a iluminar as feições da enfermeira, acompanhado de maroto piscar de olho:

– E quem achas que sou? Se houvesses perdoado o pai de Lívia, aceitando as limitações do afeto incipiente que ele demonstrava por ti, com toda a certeza ela o teria convencido a aceitar o neto e o genro indesejado. Enfrentaríeis juntos conflitos, dissabores, uma verdadeira tempestade de sentimentos clamando por lapidação. Seria extremamente educativo, podes crer! No entanto, ainda não estavas pronto para o combate, recuaste no decisivo momento, optando por ações infratoras praticadas fria e calculadamente. Vezes inúmeras regressaste à existência na Terra, até que chegaste à atual. Esse mal que os médicos não conseguem explicar constitui derradeiro chamamento à razão, oportunidade de confrontar a realidade, de parar de fugir! Se uma vez mais te alienares, teremos que nos conformar e deixar que continues teu caminho materialista e autodestrutivo. Mais uma vez desperdiçarás a chance de redenção e crescimento individual...

Pela porta da unidade de terapia intensiva, a moça acenou, desaparecendo no corredor. Ao mesmo tempo, Célio se sentiu extremamente sonolento, mergulhando em tranqüilo sono. Enfermeiros, estes encarnados, efetuaram as visitas diurnas e noturnas sem que deles tivesse consciência. Aos olhos da Terra, o paciente do quarto 368 continuava na mesma, em profundo coma, sujeito a dele não despertar jamais, vivendo vegetativa existência... Aos da Espiritualidade, o espírito reencarnado como Célio dormia, refazendo-se para o despertar no dia seguinte, exatamente às oito horas e trinta minutos da manhã. Seqüelas? Nenhuma! Lembranças do ocorrido quando desacordado? Nem pensar!

Enquanto aguardamos o despertar de Célio, os leitores vão me permitir adicionar alguns esclarecimentos. Certamente estareis questionando qual teria sido o destino da jovem patrícia romana. Quando recolhemos dos lábios de Máximus esta história comovente, manifestamos tal curiosidade. Então, ele se preparava para o próximo reencarne como Célio, precisamente na cidade de São Paulo, estagiando em uma das muitas colônias espirituais, estando sob o impacto do receio de falhar novamente e de uma esperança enorme de vencer. Às minhas perguntas de escritor curioso, levou-me à encantadora casinha, apresentando-me a uma jovem de excepcional beleza. Observando-os juntos, impossível desacreditar que se amavam. Ele me disse:

– Queres conhecer a verdadeira história de Lívia? Não aquela que eu impingi ao desafortunado pai, mas a real? Tenho certeza de que ela poderá narrá-la com maiores detalhes do que eu. Léon, esta é Lívia!

Deixou-nos a sós, pretextando urgentes tarefas na comunidade espiritual. A voz suave da moça esclareceu-me:

– Meu querido Máximus ainda sofre pelo passado de há dois mil anos... Um dia aprenderá a se perdoar e a aceitar que os fatos são imutáveis e, mesmo quando tristes, necessários à evolução da criatura. Necessitamos deles retirar importantes lições de vida e trabalhar as emoções a eles inerentes. Remorso destrutivo? Jamais! Temos que seguir adiante, buscando evitar novos erros. Ao narrarmos nossa história, não pretendemos resolver o pretérito, desenterrar cadáveres... Anima-nos a intenção de esclarecer, compartilhar experiências, falar do amor do Cristo, de Seu chamamento, ao qual muitos ouvidos ainda continuam surdos. Máximus deve ter mencionado que nos preparamos para renascer. Será no Brasil, está planejado que nos reencontraremos, tendo a oportunidade de resolver pendências angustiosas, colocando um ponto final em relacionamentos tristes e aflitivos. Assim, vou contar o que ocorreu após minha venda ao mercador.

..*

A história de Lívia

Acordei em lugar estranho e com uma horrível dor de cabeça. Inicialmente, julguei estar em um pesadelo, mas o latejar de enorme contusão perto da fronte e o estômago que revirava desagradavelmente acabaram por me convencer de que tudo era real. Os enjôos vinham se repetindo ultimamente, resultado da gravidez que eu acolhia jubilosamente. Amava com todas as forças o homem que meu pai escravizara e transformara em soldado de Roma, pretendendo com ele construir uma família, almejando fazê-lo olvidar as humilhações e crueldades por que passara durante e após as batalhas. Meu coração rejeitava o modo de o meu pai tratá-lo, como se fosse um boneco, um ser não pensante. Confiava que o nascimento de nosso filho contribuiria para amenizar o ódio que pressentia escondido em sua alma. Estava enganada! Os danos haviam sido superiores aos por mim avaliados, impedindo que meu amado nos perdoasse, lançando-nos aos sofrimentos abismais do ódio e da vingança.

Como dizia, a cabeça doía muito. Com os dedos localizei o ponto latejante e inchado e a triste recordação encheu-me os olhos de água. Como pudera me atingir tão violentamente após termos nos amado com loucura?!

A tenda estranha acabou por me desviar o curso dos pensamentos; estava em uma caravana, pelos sons e conversas. E estacionados. Concluí que Máximus havia me levado para longe de meu pai, provavelmente temendo suas represálias. Senti-me feliz, acreditando estarmos juntos... Teríamos nosso filho, retornaríamos e nada restaria a meu orgulhoso genitor a não ser nos aceitar e nos incluir em sua existência. Tudo a seu tempo! Esperei pacientemente a volta de meu amado, desculpando-o pela agressão desnecessária, deixando o ato violento por conta da surpresa e do desatino gerado pela notícia de minha gravidez. Seríamos felizes! Nós nos amávamos! Coloquei a mão sobre o ventre ligeiramente distendido e conversei baixinho com a nova vida que se formava. Não via a hora de o agasalhar nos braços, amamentá-lo, acarinhá-lo...

A manhã transcorreu quente e solitária. Uma mulher entrou na tenda, trazendo água e alimentos, e respondeu com vagos gestos às minhas indagações. Considerei que não me entendia a língua e a deixei em paz. Pensei em sair da tenda, mas temi o desconhecido, resolvendo esperar por Máximus e me acalmar.

Quando o sol se pôs finalmente e a noite trouxe frescor ao deserto, o pano que vedava a entrada se afastou e um homem de avantajado físico e rosto marcado por cicatrizes diversas ocupou quase todo o espaço, fitando-me avaliativamente:

– Muito bela, realmente! Vale muito mais do que pagamos!

Às minhas educadas perguntas, simplesmente nada respondeu, limitando-se a me escutar. Quando mencionei o nome querido e o que pensava, caiu na risada, dizendo:

– Achas que o teu Máximus aqui está? Se é assim que o soldado romano se chama, ele se foi há muito, após concluir a transação que me torna teu dono, minha preciosidade! Poderia ter conseguido mais, muito mais, mas provavelmente estava doido para se livrar de ti. Por acaso tens alguma doença, algo que o safado tenha querido me esconder?

Ante meu desespero, exasperou-se, informando secamente:

– Entendamo-nos, bela escravazinha! Tenho compradores para ti! O que der mais... Este é um comércio em voga em nossos dias... Muitos se livram de seus desafetos assim... Outros, quando o dinheiro lhes falta, vendem suas escravas... É a vida, minha bela! Para os que se vingam, nada mais seguro! Quem rastrearia uma mulher pelos sinuosos e diversificados caminhos de uma caravana? Quanto a mim, não me cabe questionar motivos e propósitos. Só fiz te adquirir de quem se nomeou teu dono, um digno soldado de bela aparência, que te classificou como inútil e imprestável... Simples transação comercial! És tão formosa que poucos se lembrarão de avaliar teus defeitos...

– Senhor, não sou uma escrava! Lívia, meu nome é Lívia, senhor! Conheceis o nobre Flávius Tarquinius? Pelo menos ouvistes dele falar? Atualmente é responsável pelos exércitos sediados em Roma... Recompensar-vos-á regiamente se me devolverdes! Tudo não passa de um lamentável engano!

– Estás louca? Filha de Flávius? Se dizes a verdade, urge partirmos, pois vem confusão. Não quero negócios com romanos, muito menos com teu inflexível pai! Para que me arriscaria, se constituis mercadoria de fácil venda e grandes lucros?

Foi impossível demovê-lo de suas intenções criminosas. Realmente temia meu pai e o que ele representava: Roma. Meses depois, chegávamos a exótica cidade do distante Oriente, onde imediatamente fui negociada, indo parar em luxuoso harém de gordo e suarento senhor. Não vos darei detalhes da constrangedora e triste experiência, mas registrarei que a brutalidade de meu senhor no leito e sua insensibilidade me causaram a perda do filho. Abortei em meio a dores torturantes, pois a gestação avançava o quinto mês. Durante dias, debati-me entre a vida e a morte, assistida unicamente por velha senhora, também escrava. Chamava-se Miriam a minha benfeitora. Mais do que me auxiliar a preservar a vida, ela me apresentou a Jesus, o crucificado nazareno.

Guardei o leito por muito tempo e graves foram as seqüelas; tornei-me frágil, susceptível a enfermidades, perdi a aparência jovem e saudável. Meu exigente senhor concluiu haver realizado péssimo negócio comigo e, no intuito de amenizar o prejuízo, ordenou me vendessem. Lembro-me de haver ajoelhado junto à rude cruz que minha nova amiga havia fixado acima de meu leito humilde, agora na ala dos escravos inferiores, entretendo longa e silenciosa conversação com o Mestre amigo:

– Senhor, não sei quais são os desígnios de Deus, mas seguramente se revestirão de justiça e sabedoria! Ainda assim, ouso pedir-vos clemência. Amanhã serei levada a leilão e temo pela sorte! Ainda não consigo aceitar a venda de meu corpo, perturbam-me a casa mental as desonras do físico... Assim, se possível for, concedei-me existência de árduos labores, sem que eu tenha a difícil e ingrata obrigação de ser prostituta... Analisando minha debilidade, compreendo que se tornaria difícil alguém me adquirir para o trabalho de uma casa, mas ainda assim confio em vós. Auxiliai-me, permitindo-me o trabalho digno!

À medida que orava, suaves emanações me envolviam, pacificando o coração ulcerado e temeroso. Compreendi o verdadeiro significado das palavras do Mestre ao nos afirmar que o Pai sempre daria o melhor a seus filhos, o necessário à evolução de cada um. Então, retirei da parede a cruz, aconchegando-a ao peito e tranqüilamente adormeci, entregando-me à vontade do Pai, despertando no dia seguinte aos primeiros raios de sol, quando me retiraram do quartinho, iniciando uma verdadeira cerimônia de preparação: massagens, banhos, perfumes, roupas, jóias... Apassivei-me. Adiantava reagir? Disfarçaram minha palidez com cosméticos, colorindo-me as faces e lábios. Frente ao espelho, espantei-me: estava soberba! Enganaria ao mais astuto comprador!

O leilão foi muito mais rápido do que eu supusera, pelo menos no tocante às mais belas e consideradas "peças". Soube mais tarde que havia infelizes obrigados a retornar vezes e dias seguidos, descendo nas cotações até que alguém desdenhosamente efetuasse a compra. Pobres criaturas!

O homem que me adquiriu ostentava fartos e grisalhos cabelos e seus olhos espelhavam bondade. Tratava-se do encarregado de luxuosíssimo palacete, em busca de uma escrava para servir a mesa.

Na ocasião, intimamente questionei as razões de sua escolha, pois eu me enquadraria muito mais à função de amante do que à de copeira. Com o convívio, um dia ele me esclareceu:

– Lívia, podes não acreditar, mas tua aparência entristecida, envergonhada, desamparada, olhos baixos como se temesse expor tua beleza incontestável, causou-me tamanha pena que resolvi arriscar tua compra. Sempre considerei injusto barganhar com a vida e, sendo eu mesmo antigo escravo libertado por bondade de nossos senhores, ponderei as dificuldades que enfrentarias se fosses destinada ao sexo tão somente. Parecias, no entanto, tão frágil, como se não tivesses forças para carregar as baixelas... Ainda assim, arrisquei-me! A senhora, ao deparar contigo na lide doméstica, surpreendeu-se com tua aparência delicada e nobre, comigo brincando:

– Ao que parece, compraste a mais bela do mercado! Veremos como se sai nas tarefas...

Este homem foi meu segundo pai. Ensinou-me a trabalhar, coisa que jamais havia feito antes, permitindo que ganhasse dignamente o sustento. Embora escrava, jamais me tratou como tal. Mais ainda, com ele reencontrei Jesus, pois também era cristão. Ao constatar minha surpresa, explicou com serena alegria:

– Lívia, não imaginas quantos hoje aceitam a doutrina do Mestre! Espalham-se por todos os lados e aumentam dia a dia, cada seguidor se transformando em propagador das verdades de Jesus... Os poderosos vêem com maus olhos esta explosão de fé renovada, mas persistimos! Nesta casa, graças a Deus, nossos senhores, embora tenham suas crenças próprias, não nos impedem de professar as nossas... Se quiseres, poderás acompanhar-me às reuniões. Teu coração ficará mais leve, entenderás o porquê de muita coisa que à primeira vista parece injustiça divina. O Mestre constitui, realmente, o Caminho! Com Ele deixamos de nos envolver com as ilusões do mundo, aprendendo a amar e a perdoar. Teu Máximus, por exemplo, precisará de tempo para as mudanças necessárias em seus sentimentos. Tanto ódio, tanto rancor... Somente servirão para infelicitá-lo e aos que o cercam! No entanto, criatura alguma se faz vítima de outra se não houver razões para isso e estas se acham, muitas vezes, em existências passadas, das quais detemos abençoado esquecimento. Sem falar que, embora nosso orgulho não nos permita admiti-lo, nós somos os únicos responsáveis por nosso sofrimento, quaisquer que sejam suas origens! Máximus, como tu, render-se-á a Jesus no momento certo, não importa quanto esperneie... Tu o amas, bem sei...

– Meu amigo, aprendi que o verdadeiro amor paira acima das pequenas questões da carne e dos lamentáveis enganos da criatura. Algo me diz que não mais nos veremos nesta encarnação, mas estamos ligados por vínculos extremamente fortes e eles serão reatados mais cedo ou mais tarde... Deixemos a cargo de Deus!

Cedo desencarnei, embora meus senhores me tratassem muito bem. Nos poucos anos que me restaram, jamais pensei em tentar o regresso à casa paterna, considerando tal atitude tardia e inútil. De onde me vinha esta certeza? Provavelmente minha alma identificara, durante o sono de cada noite, a real situação de meu pai e do homem amado. Não bastasse isso, continuava a ser escrava, sem a liberdade de ir e vir, apesar da bondade de meus donos. Retornando ao Mundo Espiritual, deparei com Máximus perdido nos labirintos do vale dos suicidas, em indescritíveis torturas, produtos de sua negligência e do inferno gerado por seus próprios sentimentos. Flávius Tarquinius detinha-se em regiões umbralinas, atormentado pelo desejo de vingança, seus pensamentos vagando em busca do escravo que lhe dilacerara a existência, sem se dar conta de seus débitos em relação a muitos, que também nutriam os mesmos anseios de vingança em relação ao cruel comandante dos exércitos de Roma. Apesar de minhas súplicas e da boa vontade de nossos amigos espirituais, nada se pôde fazer para auxiliá-los efetivamente, pois estavam circunscritos a terríveis recordações, em penosíssimo processo auto-obsessivo e obsessivo. Quanta dor!

Séculos decorreram. Na visão dos encarnados, parece muito

tempo, todavia deixam de ter essa conotação na esfera espiritual, onde o tempo e o espaço são determinados pela criação dos pensamentos de cada um. Para os pobres infelizes, estavam ainda em Roma, em cruel combate de emoções. Continuei a me interessar por eles, aprimorando-me sempre à luz da divina mensagem de Jesus. Reencarnações, envolvendo meu antigo pai e o meu amante, processaram-se, sendo necessárias muitas para que o ódio e a culpa amenizassem, permitindo coexistência menos catastrófica. Em muitas delas, Máximus ocupou o corpo físico em deplorável estado, tendo inclusive repetido o ato suicida por três vezes, ocasionando maiores lesões e sofrimentos, frustrando preciosas oportunidades de reajuste. Meu pai, também devedor em relação à divina lei, sempre perseguido por vítimas do pretérito, passou por péssimos momentos em atribuladas reencarnações, algumas compulsórias. Desconheciam ainda Jesus e Sua redentora doutrina, atendo-se ao materialismo. Quando o Mestre entrou em suas vidas, fê-lo pelas portas dos monastérios e conventos medievais e, mais tarde, pelos caminhos angustiosos da Inquisição... Mais débitos, mais dores... Experiências inevitáveis, no entanto, devido à imperfeição de seus espíritos.

Leio em vossos olhos uma pergunta... Se reencarnei? Sim, inúmeras vezes, em contato com eles, em famílias comuns aos laços do passado e em outros agrupamentos familiares, em tarefas dos mais diversos tipos, muitas exigindo verdadeiros testemunhos de renúncia e amor... Afinal, é imprescindível ao ser que extrapole os limites restritos das famílias carnais, exercitando o amor incondicional defendido por Jesus, sem o qual jamais ocorre emancipação afetiva e felicidade.

Hoje me encontro na Colônia Alvorada Nova, preparandome para mais uma reencarnação. Os companheiros conhecidos como Máximus e Flávius seguir-me-ão com breve intervalo de tempo e, se tudo acompanhar o traçado e combinado, reencontrarnos-emos daqui a vinte e cinco anos. Pergunto-me se Máximus conseguirá esperar por esse momento, pois são muitos os que se desviam do traçado, geralmente movidos por passageiras paixões... Quem sabe?! Enfrentará graves problemas emocionais, resquícios dos atos do passado que ele ainda não consegue olvidar. Padecerá de estranhas angústias, decorrentes da ausência de autoperdão... O Cristo, tantas vezes ignorado, negado, mal interpretado, empreenderá novo e forte chamamento, centrado em ostensiva mediunidade. Esperemos que tudo dê certo, caro amigo Léon!

..*

Uma assombrada equipe médica constatou o inesperado regresso do misterioso e bem apessoado paciente ao mundo dos vivos. Os exames não determinaram qualquer anomalia, ficando por conta de especulações as justificativas. Abrira simplesmente os olhos, dizendo estar faminto! Encontrava-se lúcido, até feliz. Para alívio geral, informou nome e endereço. Breve, companheiros de trabalho compareceram ao hospital, acertando despesas e providenciando sua saída. Encerrava-se assim o episódio. Pelo menos assim o acreditavam...

Aguardando a alta oficial, o jovem consultor financeiro folheava distraidamente algumas revistas na sala de espera, próxima à recepção do enorme hospital, quando a reluzente porta de vidro deu entrada a uma jovem envolta em alva indumentária, uma médica certamente. Seu olhar dirigiu-se à seção de informações, sendo imediatamente captado por jovem atendente, que se adiantou apressadamente, exclamando com sincera alegria:

– Doutora Maria Clara! Que prazer! Em que podemos servi-la?

A moça ficou encabulada momentaneamente. A funcionária a conhecia obviamente! Também não lhe era estranha, mas de onde ou quando não se recordava...

– A senhora não se lembra de mim? A filha daquele seu paciente nervoso, o do Bairro da Liberdade... O Justino... Aquele que teve de ser colocado em camisa de força... O que quebrou o pára-brisa de seu carro com a marreta...

– Ah! Agora me recordo! E como vai ele?

– Bem, muito bem, doutora! Depois que a senhora tratou dele, tudo mudou! Seguimos seu conselho e estamos freqüentando reuniões do Evangelho pertinho de casa, recebendo passe, graças a Deus. Além do mais, cuidamos para que o papai tome os remédios direitinho, pois, se deixarmos por conta dele, já viu!

– Ótimo!Você sabe onde fica meu consultório. Passe por lá e agende com minha secretária uma revisão. Quero avaliar direitinho os progressos... Agora, se você puder me ajudar. Anteontem, por volta das dezoito e trinta, assisti um jovem em sério colapso debaixo de uma marquise na Avenida Paulista... O motorista da ambulância disse que o traria para cá. Pretendia vir antes, mas compromissos médicos me retiveram no Hospital Psiquiátrico e acabei por adiar a visita. Você sabe em que quarto ele está? Não sei o nome, mas se trata de um moço alto, com cerca de vinte e cinco anos, cabelos negros, bem trajado, com um terno azul escuro, camisa clara e gravata de seda italiana...

– Para quem não sabe nada, a doutora viu muito! Deve ser o paciente do 368... A senhora precisava ver quando lhe trouxeram roupas limpas e até um cabeleireiro particular... Um gato!

– Então ele já foi embora?! Que pena!

– Talvez ainda esteja na sala de espera, aguardando a alta. O Doutor Amâncio deverá passar logo após as visitas da manhã. Ele está louco para deixar o hospital! Ainda bem que o nosso doutor tem faro especial para dinheiro! Imaginem se o tratam como um indigente... Ruim, hein?

Neste momento, a figura altiva e impecável do Dr Amâncio surgiu, encaminhando-se com indisfarçável interesse e agrado para a bela Maria Clara.

– Maria Clara! Minha aluna predileta e a mais dedicada, sem dúvida alguma!

– Doutor Amâncio! Sempre gentil! É um prazer revê-lo!

Após breve conversação, a moça extraiu do antigo mestre informações abalizadas sobre o caso do misterioso rapaz, inteirando-se de que, concretamente falando, nada sabiam. Um colapso? Um surto talvez? Provavelmente um estresse gravíssimo, expunha o professor, na falta de uma definição maior.

– Está ao lado, na sala de espera, se quiser com ele falar... Fique à vontade, minha querida. Quanto a mim, muito serviço me aguarda. A alta já está sendo providenciada e logo ele estará longe daqui. Um rapaz deveras inteligente...

Vendo a moça parada à entrada da sala de espera ampla e agradavelmente decorada, Célio sentiu faltar-lhe o ar. Uma emoção intensa, a sensação de reencontro... Uma saudade, uma nostalgia... Contudo, não a conhecia! Ela se apresentou e o moço soube tratar-se da samaritana do fatídico dia. Célio estava encantado! Que moça linda, suave, delicada... Então, a atendente chegava com os papéis finais e ambos saíram do concorrido complexo médico, ganhando a rua. O sol das onze horas iluminava com ardor as ruas movimentadas e Célio aspirou com prazer o ar não tão puro da cidade, maravilhando-se com os gorjeios dos pardais nas centenárias árvores do jardim. Como era bom estar vivo!

Os dias que se seguiram pareciam um sonho, com o doce encanto dos reencontros, inexplicavelmente repletos de saudade e alegria. Maria Clara revelou-se amiga e, breve, muito mais do que isso. Impetuosa paixão envolveu-os, afastando para bem longe a solidão. Ao contrário de Ivete, a ex-esposa, a jovem médica primava pela responsabilidade e equilíbrio, distanciando-se das frivolidades. Sensível, culta, escutá-la era um prazer. Com rara intuição, a moça deixava-o falar, expor-se, revelar suas incertezas e ignorâncias sem medo de ser ridicularizado. Onde esperava espanto, o moço encontrou compreensão e naturalidade; os "fenômenos", dos quais tanto se envergonhava, reduziram-se a simples manifestações mediúnicas, explicadas pela jovem com naturalidade e lógica irrefutáveis, pois tudo se afinava com o que sentia!

– Célio, meu amor, você é médium. Médium é alguém que

detém a faculdade de servir de intermediário entre os dois mundos: o dos desencarnados ou espíritos e o dos encarnados. O único problema é que você ainda não consegue lidar de forma adequada com isso! Sabia que há livros, cursos, pessoas que podem ajudá-lo a educar esse seu dom?

– Amor, você acha que alguém "lida" com esse tipo de coisa? Educar? Quero mais é me livrar deste estorvo!

– Aos olhos do Espiritismo, Célio, a mediunidade constitui sagrada oportunidade de trabalho na seara de Jesus, com conseqüente evolução espiritual do médium. Muitos, eu inclusive, temos tal faculdade e não a renegamos ou tememos; ao contrário, consideramo-la abençoado farol a iluminar nossas existências e a dos que conosco se relacionam. Assim, estudamos a codificação de Kardec, treinamo-nos, aprendendo a conviver com nosso talento e dele extrair o melhor, dilatando nossas opções de servir. Pelo que entendo, você detém um tesouro nas mãos e não sabe dele tirar proveito! Há cursos em respeitáveis instituições espíritas que poderão orientá-lo...

E a conversa se estendia, com interessante desfilar de casos e conceitos, surpreendendo o moço, derrubando falsas crenças e preconceitos decorrentes da ignorância. Embora não recordasse conscientemente do que ocorrera durante o coma hospitalar, confiava plenamente naquela encantadora moça de modos gentis, grandes olhos castanhos e cabelos curtinhos, graciosamente encaracolados. Soube que, como médica psiquiatra, desenvolvia interessante trabalho junto a pacientes qualificados vulgarmente como loucos, aliando à medicina tradicional a terapia desobsessiva, coisa da qual Célio jamais ouvira falar. Ele, que se considerava culto e inteligente, subitamente compreendeu que um mundo novo se abria à sua frente, intimamente ligado a conceitos espirituais, dos quais sempre se alheara.

Cerca de sete dias depois, Célio adentrou pela primeira vez uma Casa Espírita. Maria Clara observava as reações do namorado, sorrindo de seus receios. Será que as pessoas, os amigos principalmente, considerá-lo-iam louco? Talvez macumbeiro? Uma envolvente ansiedade deixara o rapaz sobre brasas durante todo o dia, evidenciando seu temor do desconhecido e do julgamento dos outros... Jamais fora especialmente religioso, limitando-se a ocasionais missas e a algumas cerimônias, geralmente casamentos ou velórios. Ouvindo Maria Clara citar Jesus, chegara a se enciumar, tamanha a emotividade da moça! Jamais olhara o Mestre Nazareno com tais olhos de amor e veneração, limitando-se a considerá-lO mera figura da liturgia católica.

A construção discreta e bem cuidada impressionou-o favoravelmente. Havia flores no jardim e nos vasos que adornavam a sala. Cortinas nas janelas, música suave, agradável silêncio, induzindo ao relaxamento e à meditação. Ouvira falar de velas, fitas, galinhas pretas, pinga, charutos... Ali certamente não encontraria isso! Onde estaria o pastor? Pontualmente às vinte horas, um simpático senhor de grisalhos cabelos levantou-se, dirigindo-se à frente da mesa, enunciando uma oração simples, que ele reconheceu como o Pai Nosso. Depois, sorrindo alegremente, cedeu lugar a um rapaz alto e atraente. Vestia branco, sugerindo que saíra do plantão médico diretamente para o Centro. A seu olhar interrogativo, Maria Clara ajuntou:

– É João Marcos, o atual presidente de nossa Casa.

"Tão jovem! Será que teria condições de orientar os necessitados?" Célio calou as dúvidas, dispondo-se a prestar atenção na palestra, aliás muito interessante. Depois o passe, o copinho de água e a prece final. A conversa generalizou-se então e se viu apresentado a muitos pela namorada. João Marcos, o palestrante, observava-o atentamente e Célio sentiu uma dor estranha no peito, uma aversão injustificável pelo jovem médico. Quando o moço se acercou do casal, Maria Clara apresentou-os:

– João, este é Célio, meu namorado. Ele está interessado em freqüentar os estudos de nossa Casa Espírita, pois é um médium com imperiosa urgência de se educar.

A mão de João Marcos estava gelada e trêmula. Célio apertou-a com sua peculiar franqueza, lendo-lhe nos olhos desagrado e mágoa. Um breve olhar bastou para que compreendesse: também ele amava Maria Clara! Rivais... Uma pontada feroz de ciúme fê-lo abraçar os ombros da moça, dizendo:

– Pois é, meu amigo, ela me convenceu a estudar com vocês! O que não se faz por amor!

Surpresa estampou-se no rosto da jovem. O abraço apertado e íntimo revelava-se muito mais do que simples ato de agradá-la, constituindo ostensiva demonstração de posse. Era como se o moço dissesse: é minha! O que estaria acontecendo com Célio? Estaria enganada ou um desagradável clima de rivalidade se estabelecia entre ele e João Marcos?

A caminho do apartamento da moça, Célio comentou:

– Por acaso você e João Marcos foram namorados? Estou interrompendo algo?

– De onde você tirou tal idéia?!

– Não me diga que você não havia notado o interesse do médico?! Qualquer um pode ver! Teremos problemas! Já nem sei se desejo prosseguir com esta história de educação da mediunidade... Para falar a verdade, quero você bem longe dele! Você é minha namorada, minha, entendeu? Não vou fazer papel de palhaço! Se acha que permitirei que ele se insinue, dando uma de bonzinho, engana-se! Olhe, será que não poderíamos freqüentar outro Centro?

– Célio, que está a dizer?! Conheço João Marcos desde os tempos da faculdade e, de minha parte, nunca senti nada de diferente em termos afetivos. Amo-o fraternalmente, como aos demais companheiros de seara. Além do mais, o hospital psiquiátrico onde trabalho é ligado a este Centro! Mesmo que não fosse à Casa Espírita, encontraria João no ambiente profissional! Sem falar que integramos a mesma mesa de desobsessão, eu como médium psicofônica e ele como doutrinador. Não há motivo para tantos medos, meu amor! Sim, eu sei do suposto amor de João Marcos, mas jamais retribui ou alimentei falsas esperanças, deixando bem claro que meu coração o considera um querido amigo somente. Não creio que ele nos causaria problemas, meu bem! Você está com ciúmes e isso é terrível para qualquer relacionamento e para quem o alimenta... Além do mais, esqueceu de uma coisinha só, a mais importante: eu amo você!

Abraçando-o, Maria Clara compreendeu o longo caminho a ser trilhado por aquela alma. Célio seria companheiro difícil, embora o amasse. Materialista, desconfiado, inseguro, ciumento, com uma vivência de traição a assombrá-lo... Confiantemente, resolveu deixar que o tempo lhe apresentasse os caminhos, implorando o auxílio de Jesus na tarefa árdua. Olhando o moço, seu coração inundou-se de ternura. Como era bonito! Parecia um menino desprotegido a ostentar falsa segurança! Estranhos os caminhos do coração, sem dúvida. Há muito rejeitava o amor do médico João Marcos, embora tivessem em comum a profissão e a doutrina; no entanto, ele era tão belo ou mais que Célio e dono de um equilíbrio muito superior e de qualidades inegáveis, como a generosidade e a gentileza! Seria normal que por ele se interessasse, contudo o imprevisível Célio despertara sentimentos e emoções avassaladoras, a ponto de fazê-la olvidar a razão. A vida sem o impulsivo Célio seria monótona e triste! Quando a tocava, uma torrente de paixão impedia-a de raciocinar e seu amor tinha raízes em existências pretéritas, sentia-o.

Talvez por receio de que Maria Clara sozinha freqüentasse a Casa Espírita, Célio grudou-se-lhe aos passos, acompanhando-a sempre, mesmo nos dias em que não tinha acesso às reuniões devido à sua inexperiência. Decidiu estudar e superar os empecilhos, mergulhando de corpo e alma na programação da casa. Assim, em pouco tempo, integrava-se ao grupo religioso, graças ao seu empenho e dedicação, participando com a namorada de todos os eventos, vigiando com desconfiança e irritação o suposto rival amoroso. A presença de João Marcos incomodava-o, mas não podia evitá-lo, uma vez que participavam de atividades comuns. Sentia que o odiava!

Reencontravam-se Máximus e Flávius Tarquinius, o antigo escravo e o poderoso patrício romano. Assim como Célio, João Marcos também se ressentia da presença do antigo escravo. As inúmeras encarnações juntos e o tempo não haviam conseguido debelar totalmente o rancor cujas raízes se detinham no passado. Reaproximando-se, embora os trabalhos mediúnicos renovadores e as luzes do Consolador, retornavam as remotas propensões.

Graças à inteligência privilegiada e à força de vontade, Célio tornou-se destacado membro da instituição. Aprendia rápido e retinha na memória com invejável facilidade. Falava bem, era carismático, sua juventude e beleza tornavam-no um palestrante atraente e apreciado pelos freqüentadores do Centro. Muito em breve, para sua imensa satisfação, suplantou o rival na humilde tribuna da Casa, a ponto de ser requisitado por outros centros para palestras e seminários. À mesa mediúnica, tornou-se excelente médium, em muito contribuindo com a tarefa desobsessiva.

Sob a aparente afabilidade dos dois moços, desenvolviam-se afiados espinhos de inveja, ciúme e raiva. Sorriam ambos, mas os corações destilavam fel; não raro, alfinetavam-se diplomaticamente, para constrangimento dos companheiros e especialmente de Maria Clara, que se considerava o pivô da rivalidade. Mal sabia ela que outros eram os motivos e que antigos inimigos se defrontavam uma vez mais... Se não fosse ela, achariam outros pontos de discórdia!

Interessante mencionar que ambos constituíam, inegavelmente, os pilares da Casa no momento e que poderiam abalá-los com suas lembranças do passado e com o rancor que não conseguiam superar. No mais, os ensinamentos do Mestre e a Doutrina Espírita constituíam luzes em suas existências, permitindo-lhes auxiliar os menos evoluídos e amparar os desamparados, atribuições que desempenhavam com carinho e boa vontade. Excetuando seus problemas pessoais, tanto um como outro desenvolviam relativo desprendimento pessoal, esforçando-se em auxiliar o próximo.

Dois anos se passaram, em aparente calma, a não ser por incidentezinhos ocasionais envolvendo o triângulo amoroso. A realização de eleições de uma nova diretoria da Casa quebrou a falsa estabilidade, pois ambos presidiam chapas opostas, encarando a sadia disputa como uma batalha de vida ou morte. As trevas bem pouco tiveram que se esforçar para que se enfrentassem de forma extremamente agressiva e vergonhosa. Insultaram-se publicamente, trocaram empurrões, foram separados pelos circunstantes, denegriram-se... Um clima desagradável pairava, fomentando comentários e partidarismos que não combinavam com o ideal espírita e muito menos com a doutrina do Mestre. Em meio à agitação, era comum ouvir-se:

– Quem eles acham que enganam? Brigam a pretexto da Casa, mas é puro ciúme! João Marcos não se conforma em perder a bela Clara, mesmo que não correspondido em seus afetos. O Célio morre de ciúmes da namorada! E nós, que não temos nada a ver com isso, ficamos no meio da briga! Um quer sobrepujar o outro! Vejam só: na mesa mediúnica, o equilíbrio de outrora se foi e com ele a segurança. Os dois praticamente se engalfinham por detalhes ínfimos! Vai mal, muito mal... E o que é pior, os espíritos que desejam anular nosso trabalho, e são muitos, estão deitando e rolando...

Para tristeza de João Marcos, Célio elegeu-se. O médico temia que o novo companheiro de lides espíritas se deixasse levar por um suposto poder. Infelizmente não se enganara! Apesar dos vastos conhecimentos teóricos rapidamente adquiridos, Célio ainda não conseguira abrigar no coração as verdades do Mestre, em seu sentido mais amplo, retendo tão somente o que estava escrito, sem trabalhar seus sentimentos à luz da doutrina espírita e de Jesus. Tornou-se verdadeira obsessão para o novo presidente da Casa Espírita livrar-se daquele que considerava seu rival e oponente. Em todo o processo, lamentavelmente ignorou a presença das sombras nos bastidores das tramas engendradas por sua mente. João Marcos irritava-o; sua simples presença, ainda que não acintosa, provocava estranhos arrepios e instantânea exacerbação de ânimos...

Surpreendeu-se desejando eliminá-lo, esganá-lo literalmente... Às vezes, em instantes de lucidez, a razão se impunha e intimamente questionava se o companheiro estava realmente a prejudicá-lo; então, infalivelmente a resposta surgia negativa. Mesmo após as eleições, João Marcos se conformara com a derrota, oferecendo-se prestativa e amigavelmente para qualquer tarefa, conforme o desejo de Célio. Nunca mais o jovem médico se aproximara de Maria Clara com intenções afetivas, limitando-se a cumprimentos de praxe, talvez porque intuísse o feroz ciúme que corroía Célio. Em tudo se evidenciava a boa vontade do rapaz e isso, ao invés de asserená-lo, muito o irritava. Era como se o outro estivesse passando um mudo atestado de supremacia espiritual, diminuindo-o aos próprios olhos e aos dos freqüentadores e sócios do Centro, sem falar em Maria Clara, o hipotético pivô da rivalidade.

Quanto à rotina fora da Casa Espírita, tudo se equilibrara sensivelmente. Célio imprimira novos rumos à sua carreira profissional, humanizando-a. Disciplinara cargas horárias, delegando responsabilidades aos demais membros da equipe, surpreendendo-se agradavelmente com os resultados. A alimentação em horas incertas e nada sadia foi substituído por outra muito mais adequada, sob a orientação de nutricionista especialmente contatada para a questão. Sentia-se mais leve e disposto e o sorriso voltou a seu belo rosto moreno, revelando a dentição alva e perfeita, despertando suspiros na ala feminina. Antes, consideravam-no um egoísta arrogante e maçante; agora, sua presença era solicitada e novas amizades se estreitaram. Com Maria Clara aprendera muito sobre o amor entre homem e mulher, resgatando-o da mera carnalidade e das conveniências sociais, e isso lhe fizera imenso bem, possibilitando o resgate da auto-estima e da confiança nas pessoas.

Não raras vezes, Célio se perguntava sobre o porquê de não obter os mesmos resultados no ambiente religioso. Abraçara os postulados espíritas com ardor, freqüentava a casa regular e pontualmente, auxiliava nas obras assistenciais e se desdobrava nas tarefas de direção e, no entanto, assim que pisava no edifício claro e bem cuidado, estranha agitação e irritabilidade incomodavam-no. Não poderia ser somente João Marcos, embora o processo se desencadeasse com mais força ao com ele deparar. Que estaria ocorrendo?

Certa noite, durante a atividade de atendimento fraterno, adentraram o recinto pela primeira vez um senhor em deplorável estado, em cadeira de rodas, conduzido e amparado por um rapaz jovem e de belos e marcantes traços. Chamou a atenção de Célio a forma como atendia o doente, com extrema dedicação e paciência, limpando-lhe a boca freqüentemente, secando-lhe a fronte emagrecida, achegando-lhe às pernas inertes a leve coberta de algodão. Constituíam pai e filho e haviam sido encaminhados à instituição por um médico espírita, no intuito de os auxiliar, principalmente devido à ansiedade de ambos, não minorada por outros meios medicamentosos. Olhando-os, Célio escorou-se à mesa, acometido de súbito mal-estar. Temeu que o episódio de tempos atrás se repetisse, tamanha a intensidade dos sintomas, procurando com olhos aflitos a figura calma e amorosa de Maria Clara, ocupada em dialogar com o filho do inválido. Em vão esboçou um gesto, não reconhecido pela moça a não ser quando sua mão bateu pesadamente contra a mesa e o ruído a alertou. Tremores intensos tomavam conta de seu corpo e, para sua repulsa e desespero, ainda pôde notar João Marcos se apressando em socorrê-lo, amparando-o nos braços, evitando que se ferisse na quina da mesa, levando-o imediatamente para uma sala ao lado, onde o instalou em um dos sofás, cuidando para que não caísse ao chão. Maria Clara achegou-se, tomando lugar ao lado do noivo, segurando-lhe a mão gélida e suada. Embora assustada, sentiu a suave presença espiritual a intuir:

– Converse com ele como se fosse alguém mediunizado, minha irmãzinha. Será semelhante a doutrinar um espírito sofredor. A única diferença é que você estará falando com o próprio espírito de Célio, em reminiscências de anterior existência. Coragem!

– Célio! Conte-me o que você está sentindo, o que vê, para que possamos ajudá-lo.

Ouvindo-lhe a voz baixa e suave, o moço se agitava, refutando o diálogo:

– Nada, não tenho nada! E não me chamo Célio! Máximus, meu nome é Máximus! Não quero falar sobre isso! Quero ir-me daqui, sair deste lugar. Não podemos conviver no mesmo espaço eu e ele... É impossível! Eu o odeio! Odeio! Odeio!

– Quem você odeia, quem?

– Quem poderia ser, Lívia? Teu pai, teu pai...

A moça entendeu que ali realmente não estava Célio, mas sua pretérita encarnação. O que teria desencadeado o transe? Somente poderia ter sido a presença do senhor na cadeira de rodas e seu filho... Arriscou:

– Ele está doente? Meu pai, como você diz, está doente? Você toma conta dele? Ele não se movimenta e não fala?

– Sabes que não, por que me perguntas?! Ou será que não sabes, Lívia? Como poderias se estás longe, perdida para sempre, talvez morta... Eu te vendi... A ti e ao nosso filho! Teu pai... Teu pai... Eu o deixei enfermo, maltratando-o com forjadas notícias a teu respeito, dia após dia, mês após mês, ano após ano... E eu cuido dele, entendes? Trato-o muito, muito bem, mas, no silêncio de seu quarto, leio-lhe as missivas por mim inventadas, atribuindo-as ao suposto seqüestrador, vendo-o chorar tua degradação, a desgraça que eu forjei! Lívia, será que és tão infeliz quanto eu escrevo em minhas cartas a teu odioso pai?

Passado e presente unidos, clamando por inadiáveis reajustes... A história, com muita paciência e jeitinho por parte de Maria Clara, detalhou-se. Ao final, a moça indagou:

– Quem é meu pai?

– Flávius Tarquinius! O poderoso Flávius, senhor dos exércitos, assassino!

– Olhe bem, meu irmão! Quem você vê? Meu pai está aqui?

A fisionomia do jovem consultor refletia imensa angústia, como se buscasse por algo mais:

– Duas imagens se sobrepõem... Flávius e João Marcos! Eu odeio a ambos!

– E eu, quem sou eu?

– Como? Tu és Lívia, minha adorada Lívia, que eu fiz prostituir e matar...

– Meu amor, nós aprendemos que já passamos por muitas existências. Se hoje não somos uma maravilha, imagine no passado... Fizemos coisas atrozes! A culpa que carregamos em nós constitui o passaporte legalizado concedido por nossa consciência ao sofrimento. No entanto, não precisa ser assim necessariamente. Deus, que é amor, tem maneiras mais suaves de nos permitir reparar os erros do pretérito através da caridade. Tudo isso é passado. Estamos em São Paulo, ano de 1999! Quem sou eu agora?

– Maria Clara?!

–Sim, Maria Clara, meu amor. Em nova oportunidade, nova existência. O amor que nos unia não foi destruído pelos atos impensados! Estamos juntos novamente e juntos trabalharemos pelo Cristo e com Ele. Entendo que nosso passado é muito forte, a ponto de impregnar seu relacionamento com João Marcos com os ressentimentos de outrora. Ele, ao que parece, tem lidado com a questão de forma mais equilibrada. Fomos chamados à lide evangélica, reunidos em um mesmo espaço, provavelmente para a dificílima tarefa do autoperdão e do perdão aos inimigos de outrora. Não é por acaso!

Com muito tato a moça direcionou o diálogo para as fortes emoções do passado, possibilitando um escoamento do conteúdo emocional, libertando opressões nocivas. Quando Célio se asserenou, João Marcos se aproximou em lágrimas, envolvendo-o em longo abraço. Até então, limitara-se a permanecer no canto da sala, escutando o desabafo do companheiro. De nada se recordava, mas finalmente compreendia as dificuldades de ambos, a aversão supostamente gratuita. Embora o esquecimento deitasse um véu sobre as ocorrências passadas, ainda assim os sentimentos persistiam e as emoções se manifestavam, à revelia das máscaras impostas pela sociedade, inclusive as determinadas pelo grupo religioso. Em meio ao pranto, o moço recordava palavras de espíritos esclarecidos, alertando os companheiros de Casa e de Causa Espírita sobre o fato de que muitos ali se encontravam, em companhia de desafetos do passado, com o intuito de se acertarem, superarem diferenças e trabalharem pelo Cristo. O Evangelho Segundo o Espiritismo... Qual capítulo mesmo? Foi com voz emocionada que falou ao atordoado Célio:

– Célio, perdoe-me! Eu não sabia o que estava fazendo! Plantei a semente ingrata do orgulho, da vaidade, do desamor,e até hoje colho seus frutos amargos... Por favor, desculpe-me! Sejamos amigos!

– Eu é que tenho de lhe pedir perdão, meu caro. Afinal, procuro briga desde que aqui cheguei... Não sei como você tem agüentado tanta provocação de minha parte.... Gostaria de um buraco bem fundo onde enfiasse a cabeça! Que vergonha, meu Deus!

Prevendo mais culpa à vista, Maria Clara tratou de atalhar:

– Então estão ambos perdoados! Se Deus nos perdoa as faltas, e olha que não são poucas, por que vocês seriam tão duros um com o outro? Chega de tristeza! Que tal um cafezinho? Se eu me esforçar, até um pedaço de bolo surgirá... Meu Deus! Será que cuidaram do inválido e de seu filho? Vão nos julgar doidos, afinal vêm para serem ajudados e os médiuns têm "faniquitos"...

– Não se preocupe, minha amiga. A Helena continuou o atendimento e tudo está bem. Enquanto você falava com Célio, ela me avisou à meia voz. Fique tranqüila...

Três meses depois, casavam-se Maria Clara e Célio, em cerimônia simples e linda, tendo o companheiro João Marcos realizado inspirada e bela oração. Naquele momento, uniam-se dois amores do passado: Lívia e Máximus. Também prosseguiam, no esforço de trilhar a longa jornada do amor incondicional, os antigos desafetos de outrora: Máximus e Flávius. Onde estaria Ana Lúcia?

Após a lua-de-mel, na primeira sessão mediúnica, manifestou-se uma jovem enfermeira de voz suave e elevados conceitos, declarando-se mentora espiritual de Célio, finalmente em condições de com ele trabalhar, uma vez que este se rendera ao Cristo, facultando o acesso de entidades espirituais voltadas às lides na seara do doce Mestre Nazareno.

João Marcos tornou-se inseparável do casal, o popular tio dos filhos de Maria Clara e Célio. Tempos depois do casamento dos amigos, esquecíamos-nos de mencionar, em uma noite de palestra na Casa Espírita, ele conheceu alguém que se assenhorou de seu coração...

Onde estão hoje? Em um dos muitos Centros Espíritas da cidade de São Paulo, sob seus verdadeiros nomes, espíritas, servidores do Mestre.

Depoimento

Prezados irmãos, companheiros espíritas na Seara do Mestre, exortamos-vos uma vez mais ao amor. Léon, caro amigo, narra com indiscutível fidelidade a história de nossos amigos Máximus, Flávius e Lívia, ensejando-nos comentários oportunos e esclarecedores. Podereis questionar a inclusão de nossa humilde pessoa nesta narrativa, ainda que na qualidade de depoente, pois em momento algum nosso nome aparece diretamente relacionado aos fatos. No entanto, tivemos o prazer de albergar os três espíritos envolvidos em nossa colônia Espiritual, Alvorada Nova, e, à maneira de pai amoroso, sentimo-nos ligado a eles. Por outro lado, a médium co-autora do presente trabalho tem recebido de nossa parte a assistência a ele necessária e não poderíamos deixar de tecer considerações sobre a Casa Espírita em geral, quando emprestamos nosso nome a muitas delas, espalhadas pela imensidão do Brasil.

Muitos de vós se encantarão com o conto, recebendo-o como romântica narrativa, carregada de conceitos cristãos, tendo como fundo a figura indescritível do Mestre. Todavia, apreciaríamos chamar-vos a atenção para o fato de que muitos Centros Espíritas partilham semelhantes dramas, enfrentando o desamor e a desunião. Grupos se desfazem mercê de puerilidades; espíritas convivem em ambientes hostis, permitindo o assédio de irmãos desencarnados ainda imperfeitos; crescem os ciúmes, a inveja, o despeito, o orgulho, o egoísmo, a vaidade...

Não raro as Casa Espíritas se transformam em arenas onde se digladiam os que se chamam de "irmãos", por razões as mais diversas, inaceitáveis à luz da doutrina do Mestre e dos postulados de Kardec. Ensinam-se preciosos conceitos tais como reencarnação, vidas passadas, lei de causa e efeito, influenciação espiritual, obsessão... Ainda assim esquecem-se os espíritas de que não são diferentes dos demais encarnados inseridos em outros contextos religiosos, estando sujeitos à imperfeição de seus próprios espíritos, primeiramente, circunstância para a qual só existe um remédio eficaz: o aprimoramento interior. Olhai de frente os vossos companheiros de seara espírita. Esperais espíritos afins tão somente? Ou será que o acaso vos reuniu? O companheiro de mesa mediúnica está convosco na existência terrena pela primeira vez? Temos que conviver com aquele que nos desagrada, provocando até repulsa? Reencontramos afetos de outrora? Aplicai, portanto, às vossas vivências aquilo que estudais e ensinais! Esforçai-vos em aperfeiçoar vossos sentimentos, insistindo por vos libertar das chagas morais!

Lembrai-vos de algo sumamente importante: sois trabalhadores da última hora, não por serdes os mais importantes ou por deterdes conhecimentos além dos demais, mas tão somente por haverdes vos negado vezes sem fim ao Mestre, ou, o que é ainda mais constrangedor, por havê-lO servido indignamente, atados à hipocrisia do mundo, presos ao poder e ao dinheiro. Hoje, como espíritas, tendes a vos iluminar os conceitos do Consolador Prometido. Apresentai-vos para o trabalho, mas aberto esteja o vosso coração para o amor e o perdão. Que a caridade não se restrinja ao pão, à palavra, mas que seja realmente aquela ensinada por Jesus e tão bem explicada pelo mestre lionês no capítulo XV de O Evangelho Segundo o Espiritismo.

Máximus, Flávius, Lívia... Personagens do passado de regresso à

Terra, estagiando novamente em nosso planeta-escola. Estão aprendendo a amar... Se vós ainda não souberdes amar vosso companheiro de senda espírita com a incondicionalidade do Mestre, procurai pelo menos respeitá-lo e aceitá-lo, calando vossos ciúmes e melindres em prol da tarefa maior. Sede tolerantes; omissos jamais. Sede perseverantes. Se assim o fizerdes, com o correr do tempo notareis que a paz se instalará, permitindo que vossa presença seja reduto consolador, iluminado por Jesus.

Cairbar Schutel

Raquel, a dançarina

"Se amais os que vos amam, que graça alcançais? Pois até mesmo os pecadores amam aqueles que os amam. E se fazeis o bem aos que vo-lo fazem, que graça alcançais? Até mesmo os pecadores agem assim!"(Lucas, cap. VI, v. 32 e 33).

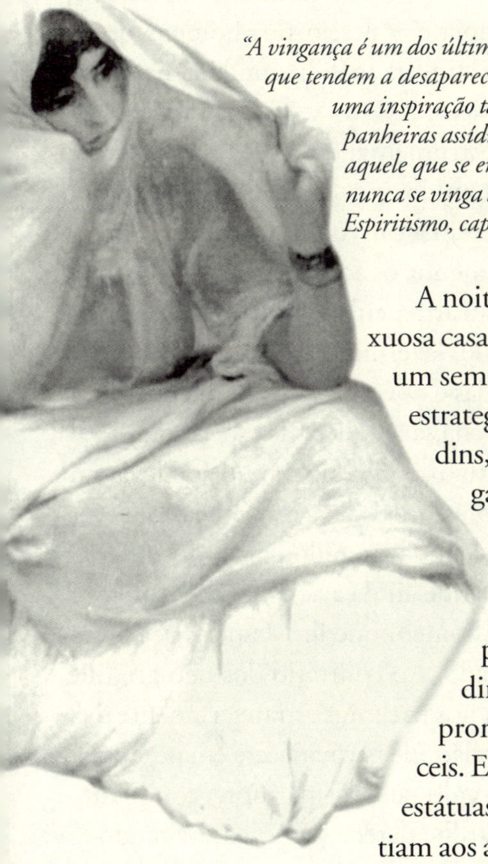

"A vingança é um dos últimos remanescentes dos costumes bárbaros que tendem a desaparecer dentre os homens. (...) A vingança é uma inspiração tanto mais funesta, quanto tem por companheiras assíduas a falsidade e a baixeza. Com efeito, aquele que se entrega a essa fatal e cega paixão, quase nunca se vinga a céu aberto." (O Evangelho Segundo o Espiritismo, cap. XII).

A noite caíra há algumas horas. A luxuosa casa, cujo exterior se iluminava por um sem número de archotes dispostos estrategicamente pelos estupendos jardins, acolhia homens e mulheres elegantemente trajados, vindos dos mais diversos pontos da cidade. A brisa noturna conduzia o som das risadas e da música para longe de seus muros, iludindo os que os ouviam com a promessa de prazer e felicidade fáceis. Entre as alamedas floridas, níveas estátuas em mármore precioso assistiam aos arroubos dos casais sob os caramanchões floridos e perfumosos ou simplesmente protegidos pelo anonimato cúmplice dos bancos à meia luz. No imenso salão de festas, à luz ardente de velas aromáticas, sobre tablado ricamente revestido e adornado com sedas e adamascados, uma mulher dançava, os longos véus ondulando ao ritmo de seus movimentos sinuosos e cheios de graça, pulseiras e colares de ouro tinindo, como se acompanhassem os instrumentos que a faziam bailar. Lenta e sensualmente, livrava-se dos panos transparentes, deixando-os cair ao solo, revelando o corpo muito jovem, de perfeita beleza, sumariamente protegido por pequeno traje recoberto de pedrarias. Os longos cabelos, no precioso tom do ouro velho, alcançavam-lhe a esguia cintura, refulgindo à luz perfumada. Olhos semicerrados, entrevia com satisfação a volúpia e o desejo nos homens que a fitavam fascinados, bem como a inveja mal dissimulada nas belas mulheres.

Aos sons acelerados do instrumental, o corpo evolucionava cada vez mais rápido, os pés desnudos e delicados, adornados por finas correntes de ouro, parecendo alçar vôo, impulsionados pela inspiração da dança. Gradativamente, os acordes tornaram-se mais lentos e suaves, o corpo da dançarina enlanguesceu, voluptuosamente os acompanhando, até que ela terminou a apresentação sobre o solo, abandonada entre as sedas e os véus, em sedutora e sugestiva entrega, em meio ao silêncio da sala repleta de espectadores.

Aplausos e gritos de incentivo acompanharam o ágil levantar da bela mulher, enquanto que pressurosa serva a envolvia com longo manto branco, ocultando o ainda trêmulo corpo dos olhares cobiçosos. Fitando a assistência que ainda a aclamava, os imensos olhos verdes procuravam pelo homem que lhe despertara a atenção mal iniciara o sensual bailado. Ao contrário dos demais, que preguiçosamente se reclinavam nos triclínios estrategicamente dispostos pelo elegante e luxuoso salão, ele permanecera em pé, apoiado displicentemente a uma das colunatas de mármore; conquanto não ignorasse a dança, seu olhar lhe parecera irônico, irritando-a.

Acostumada com elogios e demonstrações de admiração, a atitude do belo oficial romano ferira-lhe os brios de mulher bonita e disputada, sempre com os homens aos pés, suplicando atenção. Sabia que, mais tarde, quando a noite se fizesse mais densa e os sentidos plenamente exaltados pelo vinho e pela paixão, concederia seus favores, sempre regiamente retribuídos, a alguém que lhe aprouvesse, usualmente pesando na balança as condições financeiras do candidato. Naquela noite, no entanto, estranha atração a impelia àquele que, sentia-o, desdenhava do sucesso de sua performance, menosprezando o entusiasmo geral em relação à sua pessoa.

Acolhida efusivamente em barulhento grupo, onde o vinho corria, jamais deixando vazias as soberbas taças de prata lavrada, tentou desviar a atenção, aparentar indiferença, o coração aos saltos. Sensível aos galanteios, deixou-se embalar pela doce e ilusória musicalidade das palavras, permitindo-se sorrir complacente, respondendo cativante aos que a cercavam, disputando um lugar a seu lado. No entanto, dissimuladamente acompanhava cada movimento do moço, decepcionada constatando que não mais a olhava, parecendo entediado em meio ao festivo e desregrado ambiente. A taça permanecia quase que intocada, sustentada pela forte e bronzeada mão, e ele sistematicamente recusava as ofertas dos criados que se movimentavam discretamente pelo salão, portando preciosas jarras de vinho e bandejas repletas de delicadas e finas iguarias. Sentiu-se inexplicavelmente ferida, como se a hospitalidade de sua casa estivesse aquém da pessoa do inacessível estranho. Pela vez primeira, envergonhou-se da atitude de alguns convivas, em franco entretenimento amoroso, indiscreta e audaciosamente... Presa de incompreensível ciúme, constatou o interesse declarado de muitas jovens, todas belas e lindamente adornadas e vestidas, que dele se aproximavam, intentando despertar-lhe a atenção e o desejo, abertamente se oferecendo... Embora gentilmente delas se afastasse, constrangido com as audaciosas abordagens, preferindo permanecer só, ainda assim o angustioso sentimento de posse, o zelo, o medo da perda talvez, persistiam em seu coração!

Repentinamente, ele se encaminhou para um dos grupos de jovens oficiais e lindas mulheres, trocando breves palavras, secundadas pela evidente intenção de se retirar. À porta, recebeu das mãos do servo extravagantemente trajado, o manto que o envolveria, apressando-se em abandonar o recinto.

Pressentindo sua iminente e reservada saída, a moça venceu rapidamente o espaço que os separava, segurando-lhe o braço. Embaraçada e confusa com os sentimentos até então desconhecidos, que lhe aceleravam o coração e a faziam tremer, murmurou, voz trêmula e tímida:

– Escolhi-vos! Vinde, segui-me!

Surpreso, a contragosto a acompanhou, ambos se dirigindo a uma saleta próxima, disfarçada por pesados cortinados e deserta. Educado, temendo ofendê-la com uma recusa às vistas dos criados e dos convivas, entendendo perfeitamente o natureza do convite, pois lhe conhecia a fama através das histórias que circulavam no acampamento e nos postos de guarda, optara por segui-la. Muitos dos companheiros, desprovidos de fortuna como ele, economizavam o soldo, sonhando com a possibilidade de adentrar a luxuosa casa de prazeres e talvez possuí-la, ainda que por uma única noite, suplantando ricos e poderosos. Durante meses, fora forçado a compartilhar das conversas, ainda que como mero ouvinte, acabando por segui-los na incursão noturna para não os desfeitar, sentindo-se desambientado em meio à balbúrdia, à alegria que soava falsa a seus ouvidos, ansiando por retornar ao quarto silencioso e se dedicar à leitura antes do sono reparador.

Adentrando a vivenda, observara o luxo e a riqueza de detalhes, analisando os convivas, compreendendo que todos ali estavam em busca dos prazeres do sexo, ainda que remunerado, certamente muito bem pago a julgar pelo palacete e pela qualidade e disponibilidade do vinho e das exóticas iguarias. Quanto às mulheres, todas belíssimas! Ela ainda não chegara à sala, como se planejasse triunfal entrada quando todos a aguardassem... Intimamente, questionara se a mulher tão falada e cobiçada poderia ofertar algo mais do que as outras, a ponto de se tornar o sonho de tanta gente... Ao surgir finalmente, entre aplausos entusiásticos, iluminada pelas velas que circundavam o tablado, estranha tristeza lhe inundara a alma. Não pensava que fosse tão jovem! A cabeça orgulhosamente erguida, como se afrontasse o mundo sem avaliar as conseqüências... Linda, sem dúvida! No entanto, a beleza parecia-lhe desperdiçada ali, naquele ambiente, corrompida por palavras e pensamentos da escória que a desejava. Enquanto bailava, não conseguia desviar os olhos dela, atentando para os longos e diáfanos véus alçados ao ar, com a dolorosa sensação de que se tratava de frágil borboleta ousando desafiar a luz que fatalmente lhe queimaria as delicadas e translúcidas asas, lançando-a sobre a poeira do solo, entregue à dura realidade, talvez inapelavelmente destruída.

Despindo-a do orgulho, da ostensiva superioridade, das jóias preciosas e dos ricos e provocantes trajes, revelaria a ingênua e inconseqüente menina... Agora, ali à sua frente, na saleta íntima e acolhedora, sentia-se constrangido. Ela provavelmente lhe adivinhara a pequenez de posses, simples oficial que conquistara o posto por suas qualidades e perseverança, sem padrinho ou fortuna. Jamais economizaria sonhando tê-la, como os outros! Isto certamente ela não entenderia... Ele ansiava por sentimentos e emoções mais puros e duradouros, não somente um lindo corpo...

Gentilmente dispensou o privilégio, pretextando urgência em reassumir o trabalho. Sugeriu-lhe outra escolha, até mesmo porque não a poderia recompensar condignamente, deixando-a entre as almofadas de convidativo divã, estupefata com o inusitado desfecho. Pela primeira vez, deixara-se levar pelo coração e recebera tão afrontosa negativa! Nunca alguém a rejeitara antes!

Lágrimas de raiva e humilhação escorriam-lhe pelas faces, borrando a maquiagem cuidadosamente feita por hábil criada. Irritada, abandonou intempestivamente a saleta, escolhendo a porta habilmente dissimulada entre as luxuosas cortinas, que conduzia diretamente a seu quarto de dormir, onde, sobre o leito amplo, entregou-se ao pranto, em franco desequilíbrio, como criança a quem se nega o brinquedo desejado. Pensamentos cruzavam-lhe a mente e a cabeça latejava de modo doloroso, pungente. Aquela horrível criatura certamente espalharia aos quatro ventos o vexame a que ela se expusera! Ririam dela! Seria motivo de chacota... Como enfrentaria os que lhe freqüentavam a casa? Não poderia permitir que tamanha desgraça acontecesse! O orgulho falava alto dentro daquela alma, sugerindo represálias. Acabaria com ele! Como ousara, simples soldado que era, recusá-la, a ela que se acostumara a desdenhar de ricos e poderosos, e estes ainda assim persistiam, a seus pés, honrando-a com presentes e flores, tentando persuadi-la?!

A manhã encontrou-a insone e febril, a se revolver no perfumado e macio leito. Teria que agir às primeiras horas ou se tornaria alvo dos risos de toda a cidade! Os surpresos e desprevenidos criados viram uma senhora desfigurada e ansiosa, em horário tão inusitado, a bradar por roupas e desjejum, que permaneceu praticamente intocado sobre a mesa. A liteira conduziu-a, encoberta por protetor manto, a luxuosa vivenda, cercada de amplos bosques e jardins. Um nada menos surpreso serviçal deixou-a aguardando em encantadora varanda, iluminada pelo sol da manhã, entre alvos arcos de mármore e flores, indo em busca do senhor que dormia... Recusando assentar-se em qualquer um dos artísticos bancos, percorreu o pequeno espaço agitadamente até que ouviu o ruído de passos, quando tratou de rapidamente se acomodar e recompor a atribulada fisionomia. O dono da casa, surpreso com a visita em hora tão imprópria, visivelmente encantado com a presença da jovem, tomou-lhe das pequeninas mãos, galantemente as beijando, acenando aos criados para que os servissem.

Após a troca de cumprimentos exigidos pela menos formal das etiquetas, o nobre romano indagou dos motivos da visita, certamente importantes e urgentes, a julgar pela hora... Será que finalmente resolvera aceder-lhe aos rogos, aceitando compartilhar de sua intimidade? Sabia dos sentimentos que o ligavam a ela... Não perdera as esperanças ainda...

Então, ágil e silenciosamente, os serviçais dispunham sobre o tampo de mármore das mesinhas pequeninos pastéis de mel, frutas e jarras de vinho e sucos de frutas, acompanhadas de taças que solicitamente encheram. A jovem mal se serviu, embora não houvesse ceado na noite anterior e muito menos se alimentado ao levantar, limitando-se a morder tenro pastel, logo abandonado. Voz trêmula, lágrimas escorrendo pelas faces, contou ao ardoroso admirador a história que, diga-se de passagem, diferia totalmente da original, adequada aos seus propósitos. Fora agredida, humilhada, ultrajada, e tudo isto em sua própria casa, por obscuro integrante do exército de Roma! Quando? Na noite anterior, quando a ele se recusara, após desagradável e insistente assédio! Para não causar maiores problemas aos dignos cidadãos romanos que lhe freqüentavam a casa, julgara conveniente calar-se, aguardando a justiça que ele certamente lhe faria! Seria eternamente grata e ele teria provas concretas disso, acreditasse-o!

Sensibilizado com as lágrimas, finalmente prestes a concretizar a conquista tão esperada, considerada até então impossível, rendeu-se às súplicas, comprometendo-se a dar contas da empreita à noite, em sua casa, quando todos se retirassem.

Serenada, a dançarina abandonou o palácio, aliviada pela certeza de que conseguira a planejada vingança, além de frustrar a maledicência! Até aquele momento, não lhe passara pela cabeça que o jovem oficial poderia não a ter afrontado, portando-se educada e gentilmente, para si guardando os detalhes da noite anterior... Vivendo há anos em ambiente desprovido de grandeza moral e de sentimentos nobres, julgava o posicionamento do jovem segundo as regras que tão somente conhecia.

Enquanto isso, o oficial assumira os deveres da manhã com a mesma serenidade de sempre. A noite fora-lhe também insone, mas por razões diversas. Embora tranqüilo quanto à atitude que assumira, a imagem da linda mulher não lhe abandonava a memória. Usara de toda a diplomacia para não a magoar, mas sabia que a ofendera! Impossível não perceber isso nos indignados e surpresos olhos, na boca trêmula e cerrada! À noite, voltaria à casa dela e tentaria explicar-se. No fundo, gostaria de vê-la novamente, sondar-lhe a alma, conhecê-la melhor... O incidente, ao qual usualmente não atribuiria importância, incomodava-o, pois ela era especial, muito embora não concordasse com seu modo de vida! Pensando melhor, ela se interessara realmente por sua pessoa, não colocando preço no afeto ofertado... Uma criaturinha tão linda e delicada! Quais caminhos a teriam conduzido àquela vida difícil? Talvez ainda houvesse tempo para mudanças! De sua parte, não conseguira dela desviar os olhos um instante sequer, embora dissimulasse! Com toda certeza se entenderiam... Impossível que uma mulher tão bela, de olhos inocentes e boca gentil, quisesse persistir naquele destino!

Às primeiras horas da manhã, soldados que não conhecia buscaram-no. Acompanhou-os, reconhecendo na ordem o selo de importante autoridade, julgando tratar-se de ocorrência de trabalho. Viu-se, para sua imensa surpresa, conduzido à obscura prisão, onde costumavam relegar ao esquecimento pessoas cuja presença, de algum modo, ameaçavam a tranqüilidade do governo. Às suas perguntas, inicialmente calmas e controladas e, mais tarde, desesperadas, limitaram-se a calar, em mutismo enlouquecedor. Ainda reclamando seus direitos de cidadão romano, foi lançado à escura cela. Aos poucos, o terror dominou-o, compreendendo que ali estaria esquecido pelo mundo! Ouvira falar de desmandos geradores de tais punições, mas, cumpridor de seus deveres, jamais julgara ser atingido tão duramente!

Horas, dias, meses... Na infecta masmorra, passou da agitação à prostração. Tudo guardava semelhança com aterrador pesadelo, do qual despertaria de uma hora para outra, inserido novamente no contexto de confortadora realidade. Nos momentos de maior lucidez, alinhava hipóteses, buscando localizar as causas do injusto tratamento, revisando sua atuação profissional, nada encontrando que o desabonasse. Em meio à solidão, defendendo-se dos ratos enormes que teimavam em disputar com ele a pouca comida, fitando as poucas estrelas que conseguia entrever pela pequena janela gradeada, uma lembrança encantadora povoava-lhe a mente, derradeira e única consolação. Ela dançava! A sala, dantes repleta de convidados e pretendentes, achava-se vazia. A coreografia sensual e ardente transformava-se em poético bailar, repleto de ternura e sensibilidade... As mãos delicadas e cálidas tomavam-lhe novamente o braço, agora descarnado e trêmulo, retirando-o do pavoroso lugar...

Na casa luxuosa, os criados acompanhavam assustados a surpreendente transformação da jovem ama. As noites passadas em desenfreada orgia, vinho e música a atordoá-la, sedando os sentimentos que inutilmente persistia em negar, não tinham o poder de facultar o sono benfazejo e tranqüilo de antes. O admirador apaixonado, que lhe satisfizera os desejos de vingança, cedo se cansara da novidade da conquista, desviando seus olhares e atenções para outro alvo feminino menos entristecido e mais ardoroso. Fora-lhe um extremo alívio, pois que sua presença constante recordava continuamente o que fizera!

Cada vez mais bonita, como se os deuses que adornavam seu altar doméstico lhe facultassem o dom do belo, ignorando-lhe o sofrimento, dele zombando, entregava-se a uns e outros. Os cofres, cada vez mais repletos de ouro e riquezas, confirmavam seu poder. Na ânsia de agradá-la, enviavam-lhe preciosidades, simplesmente olhadas, relegadas aos cantos, destituídas de importância, nada afastando a apática indiferença, a tristeza infinita... Estátuas de escultores famosos, retiradas de níveos blocos de preciosos e caríssimos mármores, esquecidas pelas salas ou a adornar as alamedas dos jardins caprichosos da casa; perfumes em frascos primorosos, displicentemente usados por ela; riquíssimos tecidos, de distantes países, transformados em vestes que ela mal fitava quando as criadas com elas a vestiam. Silenciosa, somente se animava à noite, na sala ampla e repleta de convivas, como se dos outros extraísse, ainda que por horas somente, o interesse que lhe abandonara a vida.

Após a cruel vingança, da qual o nobre cidadão lhe daria contas ainda na mesma tarde, pois a ansiedade em finalmente possuí-la não lhe permitira aguardar a noite, entre as cobertas acetinadas do leito, a consciência passara a pesar dolorosamente e a imagem do jovem oficial não mais a abandonara. A magnífica corrente de ouro e pedras preciosas com que o romano lhe adornara o esguio e alvo pescoço queimava sua pele como fogo! Pobrezinha! Ainda não conseguia entender que o verdadeiro algoz atendia pelo nome de remorso e nada tinha a ver com o precioso adorno!

Ninguém jamais tocara, nem de leve, no melindroso assunto. Inicialmente, julgou haver interceptado com presteza os comentários do jovem, antes que espalhasse a notícia do humilhante repúdio; depois, inteligente que era, percebeu que ele tivera tempo suficiente para tecer comentários se assim o desejasse, pois fora detido após muitas horas, conforme lhe informara o cúmplice na vingança. Em seguida, para sua maior tortura, embora não o quisesse, passou a estabelecer comparações com os lhe freqüentavam a casa repleta de prazeres: vazios, incapazes de emitir opiniões próprias, submetendo-se aos caprichos das companheiras semelhantemente imaturas... Nenhum tão belo, de olhos tão expressivos, de braço tão forte...

A atitude adotada pelo oficial, inicialmente classificada como arrogante, assumia dignidade a cada dia que passava. Ela se oferecera! Ele a recusara! Fora sincero! Afastara todas as outras também... Talvez não desejasse simplesmente um corpo bonito... Ela mesma estava cansada de corpos simplesmente! Sonhava com algo mais... Depois do sexo, o vazio se tornava maior, sentia necessidade de carinho, amor, ternura... Os homens simplesmente passavam por seu leito, sem deixar marcas, numa interminável sucessão da qual restavam haveres materiais somente. Antes, todavia, isso bastava... Por que era diferente agora?

Assustada, procurava afastar tais pensamentos, pois o orgulho a impedia de reconhecer o erro. Reparar a injustiça? Impossível! Cairia no ridículo, além de se sujeitar à vingança do oficial assim que estivesse livre! Temerosa das conseqüências de seus atos, decidia esquecer o infeliz acontecimento, deixando o tempo correr livremente. Então, arrimava-se à bebida e aos prazeres, parecendo escapar à letargia, bailando com renovador ardor e volúpia, levando os mais ricos e esbanjadores para seu quarto, esvaziando-lhes os cofres sem o mínimo pudor, tomada de uma febre inexplicável, um medo insano da pobreza, do descaso das pessoas! A aurora a encontrava invariavelmente desperta, tentando conciliar o sono, uma saudade estranha a dominá-la, uma dor que antes nunca sentira.

Ao contrário do que esperava, os meses decorriam e a tão esperada tranqüilidade não chegava...

Naquela noite, entre os convidados da farta mesa, alguém se lembrou de jocosamente citar a presença, na cidade, de estranho Profeta, atendendo pelo nome de Jesus. Entre zombarias e sarcasmos, contou que milagres eram a Ele atribuídos, curas surpreendentes e, embora os da mesa insistissem em desacreditar, ele persistia no assunto, repetindo as histórias, as taças constantemente reabastecidas de vinho a incentivarem as narrativas repletas de magia e encantamento. Embora ébria, sentiu-se surpreendentemente desperta. Diziam-nO na parte pobre da cidade, entre os humildes, pois certamente somente estes dariam acolhida a tão inconcebíveis idéias... Durante o dia pregava, fazendo da praia o cenário para Suas palavras. Ajudava os pescadores a lançar e recolher as redes... Alguns deles, os pescadores, acompanhavam-nO por toda a parte, dizendo-se Seus discípulos. Discípulos de um pobre carpinteiro! Diziam que viera dar notícias de um Novo Reino. Os romanos que se cuidassem, pois o povo acreditava ser Ele o Salvador prometido, o Messias das Escrituras... Rindo, os convivas ameaçavam-nO, numa exposição de possíveis represálias caso ousasse intentar contra o poder reinante.

Pretextando repentina e séria indisposição, a moça apressou a retirada dos retardatários, dispensando a costumeira companhia masculina, praticamente fazendo expulsar os mais insistentes. Precisava pensar! Mal o alvorecer se anunciava, envergando singela veste, encoberta por protetor e sóbrio manto, acomodou-se na liteira, ordenando aos escravos que a deixassem na praia, nas cercanias do local relatado pelo falante comensal. Estranhando a atitude da senhora, reconhecendo que ela estava cada vez mais esquisita, os carregadores se assentaram sob uma frondosa árvore, à espera da voluntariosa criatura.

Sandálias nas mãos, os pés descalços rapidamente venceram a distância que a separava das águas, palmilhando a areia úmida pela maré que a alcançara durante a noite. Buscou a proximidade das ondas e sua frieza a acalmou, reanimando-a e lhe conferindo coragem. Ao longe, conseguia visualizar barcos aprestando-se para adentrar o mar. A praia, praticamente deserta, iluminava-se aos poucos, os primeiros raios de sol pressagiando luminoso dia.

Há quanto tempo não via o nascer do sol e a beleza da manhã, criatura notívaga que ainda adolescente se tornara!

Junto às embarcações, cerca de vinte pessoas se detinham, admirando a rósea claridade que se distendia no horizonte. Dentre elas, mesmo à distância, Alguém lhe despertou a atenção. Iluminado pelos tênues raios de sol, longos cabelos à brisa da manhã, manto qual vela enfunada ao sabor do vento, pés descalços como os dela... Imediatamente O conheceu como Aquele a quem buscava. Inexplicável emoção contraiu-lhe a garganta e os olhos arderam em lágrimas. Acelerou os passos, em direção a Jesus de Nazaré, praticamente correndo ao Seu encontro!

Subitamente, parou! Qual jato de água fria, a consciência de sua real situação fê-la estacar, temendo a reação daquele Homem de quem diziam maravilhas. Mestre O consideravam, Divino Rabi O nomeavam. Repudiá-la-ia, não a escutaria, sabendo-a pecadora aos olhos do Deus que Ele representava, o mesmo Deus que seus pais lhe ensinaram a temer e respeitar desde pequenina, no lar humilde abandonado na juventude.

O passado não tão distante voltou devastadoramente. Lembrou-se de que, àquela hora, a mãe estaria assando o pão e esquentando o leite de cabra. Sobre a mesa alva, o queijo feito pelo pai, humilde lavrador. A beleza estonteante da filha única fora-lhe a perdição. Atendendo aos apelos do mundo, ansiosa em também ostentar belas vestes e faiscantes jóias, recusando-se a futuro obscuro e enfadonho, semelhante ao da mãe, a se acabar entre o fogão e os cuidados com a casa e os animais domésticos, abandonara o lar em enluarada noite, auxiliada por prestativo admirador, que se comprometia em enviá-la à cidade mais próxima com contatos arranjados e definidos. Antes, porém, debaixo de enorme árvore, sobre a relva macia e orvalhada, tratara de cobrar o preço de sua ajuda. Ela se sentiu enojada, com uma vontade enorme de regressar ao lar, tardiamente arrependida do gesto impensado. Voltar como? Desonrada? Orgulhosamente, prosseguiu, recusando-se a renunciar dos sonhos!

A sorte sorrira-lhe muito cedo. Logo abandonara a casa onde exercia o ofício, protegida por rico e idoso apaixonado, que lhe colocaria aos pés bens e atenções, divertindo-se em educá-la e prepará-la para a vida social entre os socialmente privilegiados. A inteligência brilhante e a força de vontade da jovem permitiram-lhe assimilar rapidamente os ensinamentos e, quando o bondoso protetor falecera, vitimado por fulminante ataque do enfraquecido coração, restaram-lhe a casa luxuosa, jóias e importantíssimos contatos masculinos que a incentivaram e apoiaram. A residência transformara-se em ponto de reunião dos que buscavam prazeres fáceis e alegria, dispondo de haveres para mantê-os. A beleza persistira a lhe descerrar as portas da fortuna, embora ironicamente fechasse as do coração, privando-a de emoções e sentimentos que se recusava a admitir até a noite em que conhecera o jovem oficial romano.

Breves instantes bastaram para que se recordasse de tudo aquilo! Ele, Jesus, nem a escutaria! Como contar a história do que fizera ao homem que amava? A verdade, finalmente admitida, caiu-lhe sobre a cabeça com efeitos de avassaladora pancada: amava-o, sim. Isso era amor. Achava-se imune a tal sentimento, menosprezando-o e restringindo-o ao sexo e às recompensas financeiras, zombando dos que afirmavam senti-lo, muitas e muitas vezes ela mesmo objeto central da afamada emoção, sonho de uma infinidade de homens que a cobiçavam e desejavam. E ali estava, prestes a se abrir com um Estranho, que provavelmente a colocaria no devido lugar, o das mulheres prostitutas...

Amedrontada, recuou, sem dEle desviar os olhos.

Para seu espanto, a altaneira Figura destacou-Se dos companheiros, adiantando-Se em sua direção. Como que colada ao solo, deixou-se ficar, observando os detalhes de Sua fisionomia à medida que mais perto chegava, encantada com os incomuns olhos azuis, claros e compreensivos, fitando-a também.

Instintivamente, ajoelhou-se, a água fria do mar molhando-lhe as vestes sem que ela disso se apercebesse, olhos na Divina Criatura que se achegava. Agora, via distintamente a terna expressão dos belos olhos, os cabelos transformados em ouro pelo sol da manhã, o sorriso bom e amigo. Nunca vira Alguém com tamanha formosura, a beleza a irradiar dEle, parecendo emanar do interior, superando todos os conceitos estéticos... Sentiu-se pequenina, ela até então orgulhosa dos dotes físicos com que fora agraciada! Suas mãos a levantaram gentilmente, sem que sua vontade nisso interferisse. O toque era cálido e terno, aquecendo-lhe a alma. Bondosamente a conduziu a tosco banco de madeira, sob antigas e frondosas árvores. Lá ela lhe abriu o ulcerado coração. Falou, falou, falou... Medos, angústias, desilusões, disfarçados sob véus de orgulho e indiferença, foram revelados à luz brilhante e pura da manhã, sob o olhar compassivo do Mestre. Contou-Lhe, envergonhada e arrependida, o que fizera àquele que agora reconhecia amar...

A praia enchia-se. Pessoas do local e de muitos outros lugares ocupavam-lhe os espaços, aguardando as palavras e ensinamentos do bondoso Rabi. Gentilmente, encaminhou-a à multidão e, ali, em meio aos sofredores do corpo e da alma, ela empreendeu o regresso que há anos não tivera coragem de fazer, temerosa das conseqüências de sua fuga, da sedução concretizada, iludida com as promessas de felicidade ofertadas pelo mundo, descobrindo que a mocinha inocente persistia na mulher cobiçada, encontrando-se nas palavras do surpreendente Homem. De dentro dela brotaram virtudes sufocadas por anos e anos de medo, ansiedade, indiferença e ambição, camadas de egoísmo e luxúria caíram por terra, relegadas a ínfimo plano, pelas palavras esclarecedoras do Mestre. Sentimentos e emoções recalcados surgiram à tona. Sentiu-se viva novamente, apta a enfrentar os atos que praticara, com coragem e discernimento.

Uma mulher com nova luz no olhar adentrou a casa onde estivera há mais de seis meses, solicitando punição para alguém que nada fizera de mal, temerosa da opinião da sociedade e dos próprios sentimentos. Ante o estupefato romano, vestes sujas de areia e marcadas pela água do mar, revelou a verdade. Mentira para salvaguardar as aparências e o orgulho. Ele nenhum crime cometera, somente ousara repudiar quem de graça se lhe oferecera. Que o ilustre senhor, por imenso favor, libertasse o jovem oficial injustamente acusado por ela, retornando-o às funções anteriormente exercidas. Castigasse-a, se assim o desejasse, mas atendesse ao seu pedido!

Olhando-a, o poderoso e fútil romano nela não reconheceu a mesma mulher por quem nutrira desvairada paixão. Já não lhe interessava, destituída da chama e do orgulho que lhe realçava a rara beleza e lhe atiçava o instinto de caçador, ávido pela inatingível presa. Desdenhosamente, dispensou-a, após acatar a solicitação com equívoca benevolência. Imediatamente, ordenou que libertassem o oficial, pois que antipatia nenhuma tivera jamais contra ele, limitando-se a atender a cativante pedido, de seu interesse pessoal na época.

Rindo, não fez questão de ocultar aos que lhe eram imediatos o caso, gabando-se da habilidade da conquista, efetuada a ínfimo preço e em suas próprias condições. Afinal, sentia-se isento de qualquer culpa, pois que acreditara na traiçoeira, mas linda criatura! O oficial liberto que com ela acertasse suas contas, teria seu apoio e carta branca para o que fizesse! Fosse ele, incitaria o povo ao apedrejamento, utilizando os métodos do país conquistado, lavando com sangue a afronta terrível. Afinal, por que a repudiara aquele tolo? Mais fácil seria se alimentasse suas ilusões, já que inusitadamente selecionado! Resolveu olvidar o desagradável incidente, prometendo a si mesmo tomar maior cuidado com chorosas queixas de mulher...

Retirado da prisão tão misteriosamente quanto ali fora parar, o confuso e adoentado oficial foi imediatamente conduzido ao alojamento militar, onde passou muitos dias sobre o leito, minado pelos maus tratos e pelas intensas emoções. Finalmente a febre o abandonou e, zelosamente cuidado por ajudante especialmente designado para isso, reintegrou-se à realidade, reassumindo suas funções.

Entre comentários e risos dos companheiros, entre os quais a história se alastrara, soube da verdade. Surpreso ao extremo, limitou-se a ouvir, calando os sentimentos, sufocando as emoções. Os dias que se seguiram à surpreendente revelação serviram para acalmar a agitação, restituindo-lhe a clareza de raciocínio. Disseram-lhe que ela tudo vendera, distribuindo a maior parte das riquezas entre os necessitados. Consideravam-na louca! Sumira da cidade, certamente temerosa de que ele a justiçasse... Ninguém se lembrou de criticar a interferência do nobre romano ou sequer de repartir a culpa do inominável e covarde ato! Sequer se atreveram a lhe contestar a irresponsável atitude, negando a um compatriota pelo menos o benefício da dúvida e o direito a justo julgamento!

A linda dançarina era o assunto em todos os lugares! Alguns a diziam enfeitiçada pelo Profeta que se achava na cidade, pregando, curando e alienando a mente de pessoas como ela, pois que a induzira a se desfazer de invejosa situação financeira e de sólida posição entre os importantes da cidade.

O jovem oficial resolveu então procurar Jesus e escutar Suas palavras, intentando entendê-la, já que não a conseguira olvidar, apesar de tudo o que ela lhe causara.

Informado, dirigiu-se à noite a humilde habitação onde diziam Se encontrar o tal Profeta, falando aos mais íntimos, como costumava fazer após a refeição noturna. Vendo-o chegar, o temido uniforme denunciando-lhe a origem e posição, muitos se afastaram temerosos. O Mestre, sempre sereno, não se surpreendeu com a visita. Pelo contrário, acolheu-o, convidando-o a se assentar à mesa junto a eles. Maravilhado, o moço ouviu-Lhe as palavras repletas de verdades que ele mesmo entrevia há muito em seu próprio coração. O meigo Rabi falou-lhes, na intimidade do lar simples que O acolhia, sobre a mulher, santificando-lhe a missão, exortando os homens de bem a protegê-la e ampará-la, libertando-a do pesado dano que a atingia, estigmatizando-a como mero objeto sexual, usado e negociado, à disposição dos instintos e desejos do homem. Olhando o jovem nos olhos, bondosamente discorreu sobre o perdão e o esquecimento das ofensas, falando sobre o amor que transcendia as conveniências da sociedade e da carne, elevando-se a páramos redentores.

Encerrada a pregação, quando todos se retiravam, o oficial ousou aproximar-se do Mestre, que lhe confiou o segredo pelo qual sua alma ansiava.

No sítio humilde, longe da cidade, em obscura aldeiazinha, encontrou-a junto aos pais. No olhar deles, constatou a alegria pela volta da filha jamais esquecida. A menina voltara simples como fora, os poucos bens bastando para colocar em ordem a pequena propriedade, propiciando-lhes prometedor recomeço.

A chegada do jovem oficial devolveu a alegria ao semblante resignado e triste da moça. Quis falar, pedir desculpas, ajoelhar-se-lhe aos pés, todavia ele não o permitiu, sugerindo que ela esquecesse. Contou-lhe sobre o encontro com Jesus e as profundas lições de amor recolhidas do convívio breve, mas fecundo...

O exército romano não opôs obstáculos ao desligamento do oficial, principalmente porque o poderoso cidadão que o enviara às grades endossou o pedido, ansioso em dele se livrar. Na pequenina propriedade, iniciou uma nova etapa existencial junto à renovada companheira, seguidores fiéis do Mestre gentil e compreensivo.

Depoimento

A Terra, escola que nos proporciona importantes oportunidades evolutivas, vezes sem conta, através de lições profundamente amargas e indiscutivelmente benéficas por se tratarem de aguilhões incentivadores de mudanças de sentimentos, constitui abençoado cenário de episódios de tamanha relevância que jamais nos abandonam a memória, milênios hajam decorrido!

Naquela quase madrugada, pois o dia mal se anunciara, ao adentrar a casa do nobre e importante romano, prostituída e infeliz, mergulhada no lamaçal formado pelas ilusões do mundo, anestesiada pelas paixões, encontrei criatura em idênticas condições vibratórias, apta a atender às minhas injustas pretensões de vingança, ditadas pelo orgulho e vaidade exacerbados. Além da mágoa oriunda da inconcebível rejeição, preocupava-me com os possíveis resultados que um escândalo traria à reputação de mundana bela e desdenhosa do amor, disputada a peso de ouro, conquista inacessível que povoava os sonhos eróticos de muitos. Como estava iludida! Escusos interesses fizeram com que o romano proferisse a injusta sentença e nos tornamos cúmplices na traição.

Obedecendo aos sábios e perfeitos dispositivos da lei de ação e reação, as conseqüências do ato insano pesaram-me de tal forma que, para auferir relativa paz, fizeram-se necessárias mudanças, reformas íntimas profundas, renovadoras. Bendita dor! Revolveu-me os recônditos da alma, permitindo que emergissem sentimentos nobres, sufocados pela existência desregrada e dissoluta, pelo egoísmo, pelo orgulho, pela vaidade... Embora iniciantes, foram centelhas de amor que me conduziram ao Amor Maior: Jesus. Açoitada pelos remorsos, em meio a ambiente que se me tornara hostil e adverso, fui-Lhe ao encontro e a partir daí jamais dEle me afastei. Sua doutrina mostrou-me os caminhos do recomeço, e o perdão incondicional do homem amado aliou-se à beleza e magnitude do momento inesquecível, permitindo-me desfrutar existência longa e espiritualmente proveitosa.

Houvesse aquele influente romano negado a concessão do absurdo e injusto pedido, talvez eu dispusesse de tempo para refletir melhor, talvez enxergasse a nobreza d'alma daquele por quem me apaixonara, compreendendo que ele jamais tripudiaria sobre os sentimentos de alguém, mesmo sendo este alguém uma mulher equivocada com o amor e o sexo, cujo nome rolava de boca em boca, tema predileto da soldadesca. E, à noite, ele me procuraria... Muitas vezes ponderei sobre nossa doentia troca de interesses, sobre nossa afinidade vibratória, resultando em sofrimento e aprendizagem, propiciando a educação de meu espírito em erro e a compreensão do verdadeiro significado do amor, resgatando-me da acomodação, da viciosa rotina de luxo e prazeres inconseqüentes. Tempos depois, em reencarnação subseqüente, recebi como filho querido aquele que fora a maldosa autoridade, em deplorável estado de demência e alienação no Mundo Espiritual, cabendo-me a difícil e preciosa tarefa de educá-lo segundo os preceitos do Mestre muito amado. Então, o Cristianismo se espalhara pelo império romano, à revelia dos muitos que tentavam sufocá-lo, e seus adeptos enfrentavam o suplício, servindo de banquete aos animais famintos, ardendo como tochas, tombando sob os golpes dos gladiadores... Mais uma vez servia eu ao Mestre e, atada ao poste de martírio, elevei a dulcíssima voz, dom precioso, louvando meu doce Jesus. Como esquecer?

O filho muito amado havia ingressado, apesar da educação recebida, nas tropas que ameaçavam os seguidores do Rabi crucificado, negando Jesus acintosamente, ironizando Sua humildade. Novamente o poder e o dinheiro lhe acenavam, facilitando sua queda...

Reencarnações repetiram-se. Vagarosamente, amparando-nos, o amor lapidando arestas, paciente e gradativamente, evoluíamos. Aquele que um dia fora meu esposo, acompanhou nossa trajetória, muitas vezes assumindo o papel de pai na senda regeneradora de uma alma obstinada.

Atualmente integramos equipe socorrista do Mundo Espiritual, irmanando-nos no atendimento a lares terrenos, principalmente no que concerne aos de difícil relacionamento entre pais e filhos. Sabeis qual o comentário que nos aflui aos lábios com maior freqüência? "Que falta faz Jesus nesses lares em conflito e dor!" Realmente! Quão fácil se tornaria a escolha adequada se o Mestre norteasse os passos das criaturas! Os tempos mudam, as coisas se modernizam, as situações clamam por atitudes saneadoras... Jesus continua presente, atual, sábio como nunca e imprescindível à criatura...

Sob as vistas amorosas do Criador e de nosso Governador Espiritual, a evolução do planeta Terra se processa na velocidade inerente às conquistas e necessidades de cada ser, mas sempre em processo interativo com nosso próximo, esteja ele reencarnado ou não, em contínua permuta de vibrações, energias e emoções, numa aprendizagem que flui naturalmente. Assim, o mal de hoje privilegia o bem de amanhã, a claridade sucede às trevas, sem pressa ou violação do ser, com Jesus sempre presente, a velar por nós pacientemente, aguardando que nos tornemos criaturas angelicais no porvir.

Raquel, a dançarina.

Outros livros da editora

De Francisco do Espírito Santo Neto

Os Prazeres da Alma

ditado por Hammed

Esta obra, a exemplo do livro *As Dores da Alma*, é objeto de estudo do comportamento e dos potenciais humanos baseada em *O Livro dos Espíritos*. O benfeitor Hammed denomina *Os Prazeres da Alma,* sentimentos como a sabedoria, a alegria, a afetividade, a coragem, o autoconhecimento, a lucidez, a compreensão, o amor, o desapego, a compaixão, o perdão e outros tantos. Hammed busca no trecho do *Novo Testamento* (Marcos 12:37) "E a multidão O escutava com prazer!" a inspiração para o título deste livro.

As Dores da Alma

ditado por Hammed

Nesta obra Hammed faz uma análise dos "sete pecados capitais" e, ao mesmo tempo, um estudo sobre a depressão, o medo, a culpa, a mágoa, a rigidez, a repressão – o que ele denomina as "dores da alma". Constrói pontes entre os métodos da sociologia, da psicologia, da pedagogia e diversas questões de *O Livro dos Espíritos*. Uma excelente reflexão sobre o comportamento humano.

Renovando Atitudes

ditado por Hammed

Hammed, neste livro, diz que só podemos nos transformar até onde conseguimos nos perceber. Ensina-nos como ampliar a consciência para que possamos enxergar as verdadeiras intenções que motivaram nossos atos e atitudes e, por conseqüência, melhoraram nosso procedimento em relação à vida. Obra baseada em *O Evangelho Segundo o Espiritismo*.

Impressão
RR Donnelley Moore Brasil
(São Paulo, SP)